中国科学院规划教材·经济管理类核心课系列

计量经济学

王 涛 主编

科学出版社

北京

内 容 简 介

与目前的多数同类教材比较，本书知识体系较为系统和完整，注重知识的理解、应用和实际操作的学习，为此省略了详细的推导和证明的过程，成为侧重应用和知识扩展的基础性计量经济学教材。本书是初次学习计量经济学，并能够达到扩展应用的理想教材，也是更好地理解和学习中高级计量经济学必备的基础性学习资料。

本书适合高等院校经济管理类本科生和硕士生使用，也可作为其他社会科学研究工作者进行实证分析方法学习的重要参考书。

图书在版编目(CIP)数据

计量经济学 / 王涛主编. —北京：科学出版社，2015.6
中国科学院规划教材·经济管理类核心课系列
ISBN 978-7-03-044763-0

Ⅰ. ①计… Ⅱ. ①王… Ⅲ. ①计量经济学-高等学校-教材 Ⅳ. ①F224.0

中国版本图书馆 CIP 数据核字 (2015) 第 123225 号

责任编辑：兰　鹏 / 责任校对：李　影
责任印制：霍　兵 / 封面设计：蓝正设计

科学出版社 出版
北京东黄城根北街 16 号
邮政编码：100717
http://www.sciencep.com

新科印刷有限公司 印刷
科学出版社发行　各地新华书店经销

*

2015 年 6 月第 一 版　　开本：787×1092　1/16
2015 年 6 月第一次印刷　　印张：14 3/4
字数：349 000

定价：35.00 元
(如有印装质量问题，我社负责调换)

前　言

记得 20 世纪 80 年代初，一本奥斯卡·兰格的《经济计量学导论》让我如获至宝，但是学起来还是有不知所云的感觉。世纪之交，在"海归"们的努力下，计量经济学成为经济类本科专业的 8 门核心课程之一，真正开始在中国得到普及。所以在 15 年前的很多专业教学计划中都开设了这门课，可是作为其基础的统计学类和数学类等先修课程，却在同一份教学计划中没有列出。这种状态让我们的教学很艰难，因此在中国的教材中多少都要带上部分预备知识性质的教学内容。那时由于师资短缺，我也在几个学校讲授过这门课程，而每次讲授的内容都不一样，往往是根据学生的知识结构及其掌握情况来调整教学内容。本书就是在我多年的教学讲义的基础上系统成稿的，包含着我个人的学习体会，也包含着同学们经常遇到的问题和对常犯错误的提醒，通过本书的学习，可以少走很多弯路。

从国内流行的多数教材上看，其主流的教学体系，多带有数学和统计学应用的痕迹，不像是经济学。这与我们的多数师资来源于数学和统计学的传统有关，这使得教材的系统性不理想。同时也使得课程中应用性教学的内容不足，以至于在课程结束后，还会有相当一部分同学感觉不到该课程的真正用途，甚至几年后就将有关的知识全部忘记。这些科学应用上的理解问题，在本书中都尽量以通俗的方式解释和论证，并利用软件来尝试其自我的实现。在我的教学中使用过 Excel、SPSS、SAS、EViews、R 等软件，最后我选择了 R 软件，不只是其公益性质，更是在于它适合于计量经济学的批判性创新思维方式。

记得 20 世纪 90 年代看过的一本书《改变你的思维方式》，因为它与计量经济的主题思维相一致，所以对我的帮助很大。当时我推荐给了很多学生，但是多数都没有看下去，说是看不懂，实则是不愿改变固有的思维造成的。科学研究需要不断批判和不断创新的思维方式，然而学习中的习惯思维方式往往会影响你的思考和判断力，使你沿着其固有的方向去不断地完善已有的内核与外延系统。这就是科学流派产生的原因，也是很少有人在某一领域独树一帜的根源所在。经济学的主流框架，需要具有计量经济学的批判性思维的人才来创新和发展，然而我们的教学并没有注重这种思维方式的培养。

在次贷危机引发全球经济危机之后，人们重新审视经济学，甚至很少过问经济的英国女王，也发出了为什么没有人预告危机的"女王之问"。而经济学家们对"女王之问"的多次回答，并不令人满意。这在更深层次上说明，传统经济学解释现实的有限性。同时，全球性的环境问题、主权争端和债务危机等矛盾冲突又注定了经济学的危机。而在国内的"钱学森之问"，同样也引发了对我国教育改革的思考。在科技发达、信息剧增、经济新常态的历史变革时期，掌握批判性的创新思维尤为重要。计量经济学的灵魂就在此，所以我们将计量经济学视为经济学科中最重要的、值得花时间去学习的课程。为此，将我的学习体会奉献给广大的读者，希望能给大家带来意想不到的收获，也诚恳地希望得到同仁的批评指正，使其不断完善。

在此，向科学出版社及为本书编写付出劳动的路春艳、田秀杰、沈亚男、符建华等老师表示感谢！

王　涛

2015 年立春于冰城哈尔滨

目 录

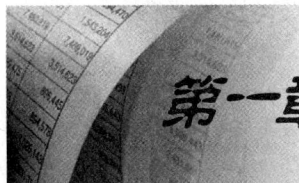

第一章

绪　论

学习新课程必须对该课程的知识体系有所了解，系统掌握其基础理论和基本方法，同时还要为知识的应用做好准备，这就是本章的中心任务。本章和第二章的内容可以看成是基础知识单元，是学习计量经济学要首先掌握的最基本的知识。

■第一节　计量经济学简介

学习新知识与结识新朋友一样，首先要了解他的基本信息，他是什么样的人，他的来龙去脉，与我的关系怎样，以及对我有什么用途等，这正是本节的主要内容。

一、计量经济学的学习意义

计量经济学是什么样的学科？对我们有什么用途？这些是我们学习计量经济学的过程中，始终要明确的内容。

(一)计量经济学的含义

计量经济学(econometrics)又称为经济计量学，这是翻译者对该学科的特点理解不同所造成的结果。该学科的创始人是挪威的经济学家拉格纳·弗里希(Ragnar Frisch)，他在1926年创建该学科时的通俗解释是统计学、经济理论和数学的结合，即量化了的经济理论与统计观测相融合的结晶。这种融合在21世纪初的中国主要表现在教学过程中，其课程特征更接近于统计学和数学，或者说在学习中使用这两门课程的知识更多一些，而经济学的内容相对较少。同时在经济研究和管理等领域，正确使用计量经济学这一工具获得的研究成果也相对很少，这与国际主流经济研究存在着较大的差距，因此给初学者的感觉是定量的内容多于定性的分析，所以将其译为经济计量学也是可以理解的。

计量经济学是人们在探索经济实证研究方法的过程中，广泛地应用统计学、数学等方法而产生的，适合于小样本观察的、思维严谨的、可操作性较强的现代社会科学领域的研究方法。它借助数学语言和工具，利用数理统计学的抽样推断思想与方法，通过对经济统计学等关于社会经济状况的观察，建立精确反映社会经济关系的方程式或方程组，来模拟现实社会经济现象的生成过程，并发现其变化规律性，或寻找其决定性的因果关系。对这一模拟过程的简单概括就是经济建模过程，所以说计量经济学就是对经济建模的理论与方法进行研究的学说。

(二)学习计量经济学的意义

我们学习计量经济学，基于以下主要原因。

1. 经济理论分析需要实证

(1)由于经济理论或思想都是在一定的时空范围内有效的，如适用于美国的经济规律拿到中国来就未必是规律了；改革开放之前的规律应用到改革开放之后，就未必能继续发挥作用了。所以不同时空的经济理论，都需要在不同的时空范围内进行验证，绝不能照搬照抄。而要验证其适应性，就要求我们熟知经济实证分析的方法，这也就形成了对计量经济学的最低需求。

(2)为避免不同分析框架下的理论局限性，有必要掌握计量经济学。不同的经济学流派之间，主要是分析框架的差距，这样使用规范的经济分析方法所得到的不同结论，就是思想性的框架不同造成的，这就难免产生盲人摸象的效果。在没有经过实证的各种理论之间往往存在很多的矛盾，并产生了大量争论性的问题。计量经济学的实证正是消除这些争议的重要手段，也是判别分析框架科学性的主要途径。

(3)经济分析的绝大部分内容都属于实证分析。现代经济分析过程可以概括为四个主要环节：一是环境的界定，即明确研究的主体及其基本单位，分清研究对象的层次结构，熟悉相关的规则和资源的禀赋等情况；二是主体单位的行为假设，即对不可观察的事物或行为规律做初步的假定，以得到可能的规律性认识，这类假设是否正确需要我们进行实证性的检验；三是经济均衡分析与测算，即各行为主体的经济行为，在环境和行为假设的约束下，最终会达到什么样结局的分析；四是规范性的判断，即均衡分析的结局是否为我们所期望的结果，以及行为、规则等内容是否合理的判断。在这四个环节中，人们认为前三个环节都属于实证分析的过程，而第四个环节属于规范经济分析的过程。其实这些环节只是逻辑上的划分，某个环节和整个分析过程都需要实证和规范的交替，且实证过程是最重要的环节，尤其是行为假设、均衡分析及政策调整等环节。这就好比每篇独立的论文，都是一个完整的模型，都需要使用计量经济学，而文章中的子模型会有很多，更需要对计量经济方法的灵活应用，绝不像某些同学所认为的，在论文的某个地方为了模型而放个"模型"。

2. 现实的观察未必是事实

抛开系统性的研究，在我们日常的经济和管理实践中，也经常需要探索一些规律性的东西。然而发现规律的研究方法却很缺乏，原因主要有以下三个。

(1)我们多戴着有色的眼镜看世界。每个人都会因其所处的环境及个人经历，从自己的视角来理解经济和管理问题。而这一视角是否片面，凭直觉是不准确的。需要从理性上，利用计量经济学的方法，对我们的所见进行逻辑合理的实证分析。

(2)我们观察的范围有限，容易产生盲人摸象的结果。受我们所处时空范围的限制，静态观察和动态观察都难免产生局部的片面结果，尤其是动态规律需要长期的分析和研究，然而现实中我们所观察的时期往往都是很短的，反映不出本质的规律。这就需要我们查找更多空间的和更长时期的样本观察数据，来证实不同时空的经济现象。而在这种观察基础上所得到的规律性认识，主要依靠计量经济的方法来实现。

(3)对经济的静态观察代替不了动态分析。人们习惯于静态的分析，而忽略动态的系统分析。很多静态中的"囚徒困境"问题，在动态的不断学习中是可以得到修正或解决的。这样经济理论的静态分析结果，在动态的实证中可能就不成立，而我们的经济分析中常会产生这样的偏差，为此，使用计量经济方法进行实证是很有必要的。

二、计量经济学的产生与发展

了解科学产生和发展的过程，有利于理解该科学的性质和理论体系的发展演变方向。

(一)思想与方法的萌芽时期

经济学萌芽于1676年威廉·配第所写的《政治算术》，马克思认为这是经济学的开篇；而主流经济学却认为经济学的基石之作是1776年亚当·斯密出版的《国富论》。这两部相差一个世纪的著作在英国历史上都是具有重大影响力的，甚至都是加快人类文明历史进程的巨著。《政治算术》的核心是客观系统地分析国家之间的竞争实力；而《国富论》的中心是揭示市场中看不见的手的原理，即理性思维和决策均衡规律的探寻。这些都是实证经济分析的精髓。19世纪初期，英国法学哲学家边沁在《幸福的微积分学》中提到每个人都会理性使用其人生损益计算器，来安排自己的生活；1826年，德国的杜能在《孤立国》中关于农业和国民经济关系的形象描绘似乎是最早的模型构建；1838年，考纳德的《财富理论的数学原理研究》是思想超前的法国最早的均衡分析模型；1881年，艾奇渥斯(Edgeworth)的《数理心理学》，主要将人类社会各类事物的可量化的东西都演化为数学分析，这些都是努力以精准的数量化分析对社会经济问题进行的研究和探索。然而，直到19世纪高斯最小二乘法(ordinary least square, OLS)的产生与广泛应用，才算是找到了比较有效的实证分析的工具。

(二)计量经济学的产生

在20世纪初，挪威的弗里希(Frisch)，法国的弗朗索瓦·迪维西亚，美国的欧文·弗歇尔、亨利·穆尔、亨利·舒尔茨、保罗·道格拉斯、柯布等，结合数理经济学和统计学的方法，利用经济数据进行了大量的经济分析和检验，为计量经济学的产生奠定了良好的基础。但他们的做法很不规范，影响了他们之间的交流与合作。为此，人们希望并努力来创建一个良好的交流平台，进而催生了计量经济学。

1926年挪威奥斯陆大学的弗里希教授与欧文·弗歇尔、弗朗索瓦·迪维西亚等学者反复交流和磋商，提出以计量经济学作为该学科的名称，并于1930年12月29日，在美国俄亥俄州克里夫兰成立了世界计量经济学会，欧文·弗歇尔当选第一任主席。计量经济学会还创办了 Econometrica 学术杂志，并于1933年正式出版发行。

(三)计量经济学的发展

1932年考利斯(Cowles)先生出资，成立了考利斯委员会(Cowles Commission)，这是一个促进经济学、数学和统计学结合的研究性机构。在资助了 Econometrica 学刊的同时，还组织了哈威尔莫(Haavelmo)、库普曼斯(Koopmans)、阿罗(Arrow)、德布鲁

(Debreu)、克莱因(Klein)、马克威茨(Markowitz)、马德龙(Modiglini)、西蒙(Simon)等在内的很多计量经济学家,从事计量经济学的规范性研究。他们所创建的经典计量经济学的规范研究方法,被称为经典假设下的CC方法论。

计量经济学在20世纪40～60年代进入了壮大发展时期。由罗伯特·威纳(Robert Wiener)和安德烈·柯尔莫哥洛夫(Andrey Kolmogonov)提出了在传统方法基础上进行时序分析的基础理论,成为经典计量经济研究方法论的重要补充。

20世纪50～70年代,以库普曼斯的动态经济统计推断,以及库普曼斯和胡德(Hood)的线性联立经济关系的估计为标志,计量经济学进入了联立方程模型的时代。

20世纪70年代石油危机等大型、关键性的预测失误,对计量经济学提出了挑战,并促进了现代非经典计量经济学的产生,即由鲍克斯(Box)和杰克逊(Jenkins)提出的以ARMA为主要内容的BJ方法论体系基本形成。在CC方法与BJ方法的反思和融合的过程中,1974年格兰杰(Granger)提出伪回归问题;20世纪80年代西姆斯(Sims)将单时序发展到多时序的VAR理论。

计量经济学发展到今天已经成为经济学的主流[①],形成了包括单方程回归、联立方程模型、时间序列分析三大支柱系统,具有比较严密的理论基础和方法论体系,由适合不同研究对象的大量计量经济模型构成了庞大的学科群。

(四)计量经济学与诺贝尔奖

截止到2014年,荣获诺贝尔经济学奖的学者共有75位,其中有16位是因对计量经济学的直接贡献而获奖的;有20多位担任过世界计量经济学会会长;有30余位学者的获奖成果应用了计量经济学。该学科的创建者是第一位获奖者,这也说明了计量经济学使经济学走上了真正的科学殿堂。本书中的主要学习内容,就是弗里希(1969年)、丁伯根(1969年)、列昂惕夫(1973年)、库普曼斯(1975年)、克莱因(1980年)、斯通(1984年)、弗兰科·莫迪利安尼(1985年)、罗伯特·索洛(1987年)、特里夫·哈维默(1989年)、罗伯特·福格尔(1993年)、詹姆斯·J.赫克曼(2000年)、丹尼尔·L.麦克法登(2000年)、恩格尔(2003年)、格兰杰(2003年)、萨金特(2011年)、西姆斯(2011年)等诺贝尔奖获得者们的贡献。这些大师们的智慧火花,为我们开启了科学研究的指路明灯,使我们认知世界的路程缩短了很多,更为我们探索新的未知领域打下了良好的基础。

三、计量经济学的研究对象及其内容

如前所述,计量经济学的研究对象就是经济建模,而这一建模过程又可以在逻辑上区分为如下四个环节:计量经济模型的设计(即设模)、模型参数的估计(即算模)、模型的检验(即验模)和模型的使用(即用模)。

(一)计量经济模型的设计

计量经济模型以变量来表述研究对象及其影响因素的观察结果,以方程式或方程

---

① 克莱因:"计量经济学已经在经济学科中居于最重要的地位,在大多数大学和学院中,计量经济学的讲授已经成为经济学课程表中最有权威的一部分。"萨缪尔森(Samuelson):"第二次大战后的经济学是计量经济学的时代。"

组表述这些研究对象及其影响因素之间的关系，一个模型一般是由如下四个基本要素构成的。

1. 变量

反映我们研究对象及其影响因素的观察数据，构成了模型的变量要素，它基本上可以分为两大类，即解释变量(explanatory variable)和被解释变量(explained variable)。其中，被解释变量是我们研究的核心内容，常用符号 Y 来表示。我们的研究依赖于对其观察所得到的现实数据，但是其被动的地位是确定的，即它是系统中的被影响结果。且因其受各因素和随机性的各种干扰的影响而表现出随机性的特点，因此我们寻求的总体回归方程将是一种被解释变量 Y 的平均意义上的条件期望方程。

解释变量代表着系统中影响研究对象的各种因素，一般情况下只观察一个因素影响的回归分析叫作一元回归分析，而对两个及以上的因素进行回归分析时叫作多元回归分析。在分析中要观察在解释变量的不同控制下，相应的被解释变量的反映，所以说解释变量是确定性的变量。但在经济现象观察中，我们很难对各解释变量进行控制，这也是我们在现实中遇到的一大难题。

2. 回归方程及其形式

回归方程是反映研究对象各变量实质性关系的模型主体部分，由于现实事物的普遍联系性，常常隐含着未知的因果关系。任何一个系统，在影响系统的各因素作用下，都能保持一种稳定的状态，而对这一稳定状态的形成机制的寻找过程，已成为现代回归分析的核心内容。因此，在回归分析中，人们常将系统的稳定关系，以方程式的形式来表示，且以研究对象为被解释变量，以各影响因素为解释变量，建立起解释变量决定被解释变量的回归方程。该方程的形式是多样的，常被分为线性和非线性两类。

在计量经济学中，线性关系的回归方程是最常见的，因为它是基础，且简单、容易理解，所以是我们首先要学习的内容。然而现实中经济现象的复杂性，却常表现为非线性的特点，要准确描绘这些复杂形式，需要我们研究和开发更多视角的分析方法，如解释变量的一元与多元，被解释变量的线性与非线性、确定与随机、二元选择与多元选择等。这些变量之间的组合方式，就构成了方程的形式，需要我们不断地调算或检验才能确定。

3. 经济参数

经济参数是各类模型中变量之间的关系系数，它反映着我们要探求的经济规律，即因果关系的最终结果。这是我们必须求解才能得到的内容，如模型中各回归系数等。该要素实质上是计量经济分析的最终成果，但它关系到我们经济分析的恰当有效性。

4. 模型的误差项

计量经济模型所探究的是如何使用回归方程来反映解释变量与被解释变量之间内在联系。然而模型的错误设定、不科学的估算及对现实观察的偏差等随机因素的干扰，都会使系统产生一定的偏离，这种偏离我们称为模型的残差。残差的大小及稳定程度，表明了模型的质量和有效程度。

由上述四大要素构成的、能真实反映总体经济关系的理想方程，我们称为总体经济模型，它往往是未知的、需要我们去探究和寻找的模型。而在探索过程中，我们要通过经济理论或经验来设定总体模型的可能形式，再用样本数据来实证我们设定的模型是否正确。可见模型的设定是我们建立模型的基础和灵魂，是计量经济分析的关键和基础环节。设计模型所涉及的常识性知识是本章后续学习的重点。

(二)模型参数的估计

由方程式或方程组构成的各类经济模型，其本身只能表明现象之间是否有联系，而方程中各类参数才是真正说明现象之间规律关系的载体，更是模型求解的对象，是我们建模所追求的目标。而利用样本观察到的各类数据都是很多因素交织作用的结果，使得本来并不明确的数量关系变得更加模糊了，因此我们需要一系列的统计方法，将这种模糊的关系查找到，并做到尽可能准确，这就是模型参数的估计问题，而解决的方法有很多，如最小二乘法、极大似然(maximum likelihood, ML)估计法、矩估计法和贝叶斯估计法等。有关的基础知识是第三章学习的重点。

(三)模型的检验

我们设计和估算的模型是否科学合理，以及如何改进模型使其达到更加科学的结果，需要我们做大量的检验和监测工作。所以对模型进行各类检验的学习，将占据计量经济课程的绝大多数时间，并成为我们学习的主体内容。具体的检验内容包含如下四个部分。

1. 统计显著性检验

当我们根据样本数据对模型的参数进行估算时，该样本的特征是否能够代表总体特征的相关检验就是统计显著性检验。由于模型参数的估算是根据样本数据进行的，那么某个参数是否显著，以及参数整体上或模型整体上是否显著等都需要进行统计检验，而这类检验实质上就是对样本数据之间的关系是否显著所进行的检验。该类知识的进一步学习是第四章学习的主要内容。

2. 经济意义检验

当我们估算出模型的各参数时，其数值的大小、符号的方向、相互之间的关系等内容，是否符合经济理论或经验的要求，以及根据理论或经验的认知能否得到样本资料的支持等方面的检验，就是经济意义的检验。该类检验主要是第五章学习的内容。

3. 模型要素的计量检验

经济模型是以方程式或方程组的形式存在的，而每一个具体的方程，基本上都是由变量、参数、误差及方程的形式四个基本要素构成的。我们对各方程中的基本要素及方程之间的各要素关系等内容是否符合我们建立的标准和规范的检验就是要素的计量检验。这是本书第六至十章学习的主体内容，我们要探寻很多方法来实现。

4. 模型的实践性检验

根据样本观察所建立的经济模型，如果能够通过上述三类的检验，基本上就是很优秀的模型了。然而为了模型在现实应用中能够达到更优秀的理想要求，有必要在实践的环节中做进一步的检验和改进。而进行这类实践应用性的检验，主要是通过预测的准确性和模型的实用性等使用环节进行的，它是我们检验体系的最后一关，也是最重要的一环，将在第十一章中学习。所以说真正通过了检验的模型，是指通过了上述四个方面检验的模型，这才是合格的、可以使用的模型。

(四) 模型的使用

经济模型是进行各类经济分析的最有效的工具，主要可以满足以下四个方面的需求。

1. 经济结构分析

任何经济模型都是对一个经济系统的模拟，其各构成要素与系统整体的数量关系，都可以体现为数量结构和作用程度的关系。这是经济结构分析(如边际分析、弹性分析、比较静态分析等)最为理想的实现条件，是其他经济分析方法所无法做到的。因此，计量经济分析最主要的功能，就是使经济结构分析成为可能。

2. 经济预测分析

经济预测与其他预测一样，是人类对未知领域探求的重要手段。而在众多的预测方法中，计量经济模型的预测是最为有效的，它不但可以做出精确的数值预测，还能够对其预测结果的把握程度做出分析。经济预测多是对未来或未知领域的推测和估算，有时对精度的要求不高，所以对精度较高的计量经济模型来说，预测是其最为简单的应用。

3. 经济政策的评价与决策参考

在现实的经济决策中，往往存在着多种选择。而各种选择会产生什么样的后果，则可以通过计量经济模型进行模拟和测算。因此，在经济政策制定、评价和模拟测算中，计量经济模型都是最为理想的主要工具之一。

4. 经济理论的检验与发展

任何经济理论或学说，都可以看成是一系列的假设，而这些假设是否成立，需要以实验的方式或方法进行一系列的检验。计量经济学的检验和测算过程就是针对这些假设进行的，其检验的结果可以证实或证伪这些理论或学说。所以，可以应用计量经济学的方法，检验经济理论是否科学。

第二节 单方程计量经济模型的基本形式

单方程模型在计量经济学中是较为简单的，它是反映相对独立的系统关系的基础性模型，是初级学习的主要内容。只有系统地了解单方程的知识，才能扩展到对多方程等复杂关系的研究。作为基础性研究对象，学习单方程模型的构成和特征是后续学习的必需，所以本节的学习内容将是后续的学习能否顺利进行的关键。

一、总体单方程模型

做任何事情首先都要明确目标，计量经济建模就是要寻求模拟总体的系统，而该系统的形式很多，其中最简单的形式就是单方程的线性模型，为了由浅入深、循序渐进地学习有关知识，我们就从这最简单的形式入手，来了解计量经济学。

(一) 总体模型的描述

为了帮助初学者理解经济模型及各构成要素的意义，可以通过如下的一元线性回归模型案例来观察和学习。

1. 案例背景

【例 1-1】设某社区由 1000 户家庭组成，要研究该社区的各家庭人均月消费支出 Y 与人均月可支配收入 X 之间的关系，可以建立 Y 与 X 的回归模型。根据凯恩斯所采用的绝对收入假说下的消费方程的研究，以人均月收入水平为解释变量，以人均月消费支出水平为被解释变量，来构建宏观消费模型。其数据关系如表 1-1 所示。

表 1-1　千户社区收入与消费原始数据简表

收入水平/元	800	1200	2000	2800	3500	4300	5100	6000	7300	8500
消费水平/元	561	638	1000	1800	2000	2800	4004	3900	4004	4257
	594	748	1300	1900	2004	3106	4036	4065	4135	5290
	627	⋮	⋮	⋮	⋮	⋮	⋮	⋮	⋮	⋮
	638	968	1900	2500	3200	3985	5002	5362	6743	7745
各组户数/户	4	32	105	130	260	180	150	100	33	6
平均消费/元	605	960	1500	2240	2800	3500	4800	4800	5840	6800

表 1-1 是为了理解总体经济现象的特征而假设的数据，因为现实中不可能获得社会经济现象总体的全部数据。即使是大数据时代的到来，也只能通过计算机获得其记载所形成的大量相关的间接数据，其代表性和系统性都需要开发新的统计方法来解决。所以这里假设我们能够观察到的总体真实数据如表 1-1 所示，我们所追求的总体经济关系的模型就体现在表 1-1 的各数据之间。

2. 总体模型案例的基本形式

根据该 1000 户家庭的收入和消费数据，可描绘其消费与收入的关系模型如下：

$$Y = f(X) + \varepsilon = \beta_0 + \beta_1 X + \varepsilon \tag{1-1}$$

其中，各构成要素分别介绍如下。

(1) 变量：其中的 Y 代表着人均消费，是该模型中的被解释变量，其具体数据应该是表 1-1 中的最后一行；而 X 代表人均收入，是该模型中的解释变量，其数据应该是表 1-1 中的第一行。

(2) 参数：模型中的 β_0 和 β_1 是我们要估算的规律性结果。其中的 β_0 是不随人均收入变化的人均消费的一般水平；β_1 是人均收入每发生单位的改变将对人均消费影响的程度系数。

(3) 误差：在模型正确的情况下，其中的 ε 是随机干扰等因素造成的误差项。

(4) 方程式：方程 $f(X) = \beta_0 + \beta_1 X$ 为反映 X 与 Y 的平均关系的回归函数，因式 (1-1) 中的 $f(X)$ 部分属于只有一个影响因素的线性决定模型，所以我们称其为一元线性回归模型。

从理论上讲，总体回归方程如果是正确的，即式 (1-1) 所代表的确定形式就是总体回归方程。我们可以将表 1-1 中每一组的收入水平和平均消费的数据资料，代入到该回归方程中，就会得到该组数据构成的消费方程，而将表 1-1 中的 10 组数据都代入，则会得到 10 个方程构成的方程组，求解该方程组就会得到模型的各参数值，则总体回归方程就有了确定的形式。之后，将人均收入代入到该总体回归方程中，就会得到各回归值和误差等数据。

(二)总体回归方程

总体回归方程 $f(X)$ 在例 1-1 中表现为截斜式的一元线性回归方程，其中的截距为 β_0，斜率是 β_1，该回归方程表明在给定解释变量 X 的条件下，被解释变量 Y 的期望轨迹，常称为总体回归线(population regression line, PRL)，或称为总体回归曲线(population regression curve, PRC)，也叫总体回归函数(population regression function, PRF)或总体回归的非随机表达式。如果将该方程推广到一般的情况，可以代数的形式表述如下：

$$E(Y_i \mid X_{ki}) = \beta_0 + \beta_1 X_{1i} + \cdots + \beta_K X_{Ki} \tag{1-2}$$

其中，$1 \leqslant i \leqslant N$，表示第 i 组观察值，则该一般式中的 Y_i 是被解释变量；$1 \leqslant k \leqslant K$，$X_k$ 为第 k 个解释变量；β_0 为截距项，β_k 为偏回归系数；K 为解释变量的个数，N 为观察值的总量。方程中各要素的主要经济含义如下。

1. 被解释变量的条件期望

在回归方程中 $E(Y \mid X)$ 是依据解释变量 X 确定的条件下，依条件概率测算的期望值。即在给定解释变量 X 值的条件下，被解释变量 Y 的条件均值(conditional mean)或称条件期望值(conditional expectation)。例如，在例 1-1 中 800 元收入的一组中就有：

$$E(Y \mid X = 800) = (561 + 594 + 627 + 638) / 4 = 605$$

条件期望实质上表明：在解释变量 X 值确定时，被解释变量 Y 的平均响应。这说明如果方程的因果关系成立，则 X 应该是起决定作用的因素，并且在其决定下，Y 的响应也应该是确定的并随着 X 而改变的。只是由于随机性的干扰所起的作用，Y 发生了一定的偏离，而这种偏离是相对于条件期望的，即属于围绕条件期望值的临时性波动。

2. 解释变量与偏回归系数

在一元回归方程中，只有一个解释变量，其回归系数也只有两个，即截距项和斜率项；而在多元回归方程中，各系数 β_k 被称为偏回归系数，表示在其他解释变量都保持不变的情况下，X_k 每变化 1 个单位时，Y 的均值 $E(Y)$ 的变化情况；β_k 给出了 X_k 的单位变化对 Y 均值的直接的净(不含其他变量)的影响值。

如果把常数项看成一虚拟解释变量的常系数，该虚拟变量的取值就应该是 0 或 1。这样在有 K 个解释变量模型中，解释变量的数目就是 $K+1$ 个。因此有些场合，我们将回归方程以不包含截距项的形式来表述。

(三)总体回归方程与现实的差距

总体回归函数说明在给定解释变量 X_i 下，被解释变量平均水平的决定。但是这一平均水平与各个具体实际值之间的偏差，是各回归元之外的各种随机因素综合作用的结果。对误差的描绘一般表示为

$$\varepsilon_i = Y_i - E(Y_i \mid X_{ki}) \tag{1-3}$$

式(1-3)所反映的内容是实际观察值与总体回归值的离差(deviation)，因其主要反映了总体回归模型系统所受到的随机干扰的作用结果，所以常称为随机误差项(stochastic error)或随机干扰项(stochastic disturbance)，并在模型中以 ε_i 来表示。

二、样本回归模型

在现实的统计观察中，人们往往只能自总体中抽样获得样本统计资料，并据其来估算回归模型。这一推算的模型与总体的真实模型有所不同，我们称之为样本回归模型(sample regression model)。要理解样本回归模型，并对比其与总体回归模型的差异，就要明确如下几个方面的内容。

(一)样本回归方程

样本是自总体中获得的代表总体的数据集合，如在例 1-1 中我们从 1000 户的总体中抽取其中的 10 户，便组成了一个样本。这是现实中可能获得的真实数据的集合，然而这类样本会依我们观察的方式不同，而存在很多种可能。各种可能的样本之一，如表 1-2 中的数据资料所示。

表 1-2　10 户居民消费的抽样调查数据　　　　　单位：元

收入水平	800	1200	2000	2800	3500	4300	5100	6000	7300	8500
消费水平	594	883	1426	2300	2800	3500	4060	4900	5700	6500

将表 1-2 中的样本数据以图形表示，如图 1-1 中的散点图所示。

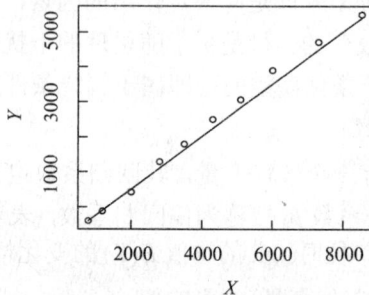

图 1-1　样本回归直线与样本数据的散点分布图

在上述数据绘制的散点图中，找出一条尽可能好地拟合各散点的直线，就是该样本数据回归方程的几何含义，简称为样本回归方程或称为样本的回归函数(sample regression function, SRF)。由于样本来自总体，所以样本的回归线会与总体回归线很接近，可以作为总体回归线的估计依据。如果将例 1-1 的样本回归方程推广到一般的形式，则有

$$\hat{Y}_i = b_0 + b_1 X_{1i} + \cdots + b_K X_{Ki} \tag{1-4}$$

其中，$\hat{Y}$ 为样本回归方程的回归值，或称为理论值，也叫总体回归的估计值；b_0 为样本回归方程的截距项，是总体 β_0 的估计，而 $b_1 \sim b_K$ 为样本的各偏回归系数，是总体 β_k 的

估计，其中 $k = 0,1,2,\cdots,K$ ；$X_1 \sim X_K$ 为各解释变量的样本观察值。

(二)样本的残差

1. 残差的概念

样本的回归值表明在样本的各解释变量 X 的作用下，被解释变量 Y 的平均水平。而这一平均水平与各个具体实际值之间的偏差，一般表示为

$$e_i = Y_i - \hat{Y}_i \tag{1-5}$$

式(1-5)所反映的内容是现实观察值与样本回归值的偏离，其具体内容是样本解释变量之外的所有因素共同作用的结果，即为解释之外的剩余项(residual)，所以也常将之称为剩余变差。

该偏差与总体回归模型中的误差不同，不仅包含着随机因素的干扰，还包含着如下主要内容：①在解释变量中被忽略因素的影响作用程度；②各类变量数据的观测、记录、计算等产生的各类偏差和误差值；③样本模型关系的设定错误等造成的偏差。

正因为如此，样本模型的偏差，被称为残差。表明扣除现有影响因素 X 的作用后所剩余的偏差，而不能像在总体模型中那样叫作随机干扰误差。

2. 样本残差的客观性

样本残差项是客观存在的，其产生的根源可以从以下三个方面来理解。

(1)理论的含糊性。我们建模的目的，就是验证理论猜想的正确性。而这些经济理论的不确定，必然会产生与真实情况的偏差，因此这类偏差都会集中到模型的残差项之中。

(2)数据的欠缺。在建立计量模型过程中，我们所遇到的最大困难就是对研究对象及其影响因素的准确计量。由于我们的能力有限，很多情况下不能对总体进行相应的系统观察，所以使用样本数据就很普遍，而样本数据就必然存在代表性偏差，以及在没有数据的情况下，还会产生缺失影响因素的偏差，甚至使用滞后或超前的数据还会产生时移性偏差等。

(3)模型精简程度的偏差。建立计量经济模型的目的是将复杂的现实以模型的方式简练地表达出来，所以我们的模型以简练为原则。但是，简练本身就必然要在一定程度上脱离现实，而为了接近现实，人们又会将模型复杂化，而复杂的模型又失去了建模的意义。因此，这种简练与复杂的程度选择的矛盾是客观存在的，也必然会引起样本模型的偏差，并在残差中得到体现。

(三)样本回归模型的一般表述

将样本回归线看成总体回归线的近似替代，则可以在样本回归值 $\hat{Y}_i$ 的基础上，加上残差 e_i，则样本回归模型可表示为如下形式：

$$Y_i = \hat{Y}_i + e_i = b_0 + b_1 X_{1i} + \cdots + b_K X_{Ki} + e_i \tag{1-6}$$

式(1-6)以样本资料的估算获得，其中的 e_i 称为样本残差或剩余项，代表了所选解释变量之外的影响因素和随机干扰等作用的集合，也可以看成是总体随机干扰项 ε_i 的估计量。习惯上将引入随机误差项的样本回归方程，称为随机式回归方程或样本回归模型。

1. 样本模型的矩阵表示

样本回归模型常以矩阵的形式表述为

$$Y = XB + e \qquad (1\text{-}7)$$

该矩阵方程各要素的具体内容可表示如下：

$$Y = \begin{pmatrix} Y_1 \\ Y_2 \\ \vdots \\ Y_n \end{pmatrix}, \quad X = \begin{pmatrix} 1 & X_{11} & X_{21} & \cdots & X_{K1} \\ 1 & X_{12} & X_{22} & \cdots & X_{K2} \\ \vdots & \vdots & \vdots & & \vdots \\ 1 & X_{1n} & X_{2n} & \cdots & X_{Kn} \end{pmatrix}, \quad B = \begin{pmatrix} b_0 \\ b_1 \\ \vdots \\ b_K \end{pmatrix}, \quad e = \begin{pmatrix} e_1 \\ e_2 \\ \vdots \\ e_n \end{pmatrix}$$

2. 样本回归模型与总体回归模型的关系

在例 1-1 中，我们可以根据样本回归方程来估计总体回归方程，如使用样本的一元线性回归方程 $\hat{Y}_i = b_0 + b_1 X_i$ 来估计总体的回归方程 $E(Y_i \mid X_i) = \beta_0 + \beta_1 X_i$，则需要设计一种方法来构建样本回归方程，以使样本回归方程尽可能地接近总体回归方程(该总体回归方程永远未知)；同时也是使样本回归系数逐渐趋向总体回归系数的过程，即对于 $k = (0,1)$，使 $b_k \to \beta_k$ 的过程就是计量经济的建模过程。为此，我们有必要了解一下样本回归方程与总体回归方程的关系，具体如图 1-2 所示。

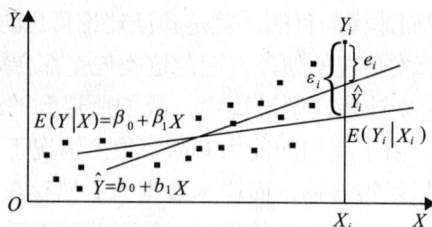

图 1-2　样本与总体回归方程相对于实际观察值间的关系图

由于样本的随机性，样本回归方程的可能形式有很多，而我们所寻找的方法是以样本回归方程接近总体回归方程的可能性最大为好，且以总体回归方程为最终的极限。

三、计量经济模型的质量标准与基本假设

在现实中，总体真实情况往往是未知的，所以在探求总体真实模型的过程中，就需要我们对其构成的基本要素及其特征和关系做出较为合理的假设。这些假设一方面需要通过实证来证实或证伪；另一方面也是计量研究的判别标准或分析准则。具体内容如下。

(一)总体误差项的假设

在总体模型中的误差项是由随机因素构成的，属于独立同分布的正态平稳性变量，即

$$\varepsilon_i \sim \text{i.i.d.} N(0, \sigma^2) \quad (i = 1, 2, \cdots, N) \qquad (1\text{-}8)$$

该假设的具体内容包含着零均值、同方差和无自相关等多个基本假设,具体说明如下。

1. 零均值假设

零均值是指误差项的期望值为零，即

$$E(\varepsilon_i) = 0 \quad (i = 1, 2, \cdots, N) \tag{1-9}$$

这是误差项最根本的性质，是指随机性干扰对模型没有正的或负的确定性影响。

2. 同方差假设

同方差是指模型误差的变动程度保持在一定水平上不变，即始终围绕其零均值水平上下波动，且其波动的幅度也是基本相同的。常用符号表示为

$$\mathrm{Var}(\varepsilon_i) = \sigma^2 \quad (i = 1, 2, \cdots, N) \tag{1-10}$$

式(1-10)表明误差的变化幅度有界，并非无穷。

3. 无自相关假设

该假设是指模型中的各项误差之间是相互独立的，即

$$\mathrm{Cov}(\varepsilon_i, \varepsilon_j) = 0 \quad (i \neq j \text{且} i = 1, 2, \cdots, N, j = 1, 2, \cdots, N) \tag{1-11}$$

该假设说明误差的干扰是暂时的或局部的，对不同的时间和空间的研究对象都没有长期的影响。

例如，在例 1-1 中，这三个假设的直观图示如图 1-3 所示。

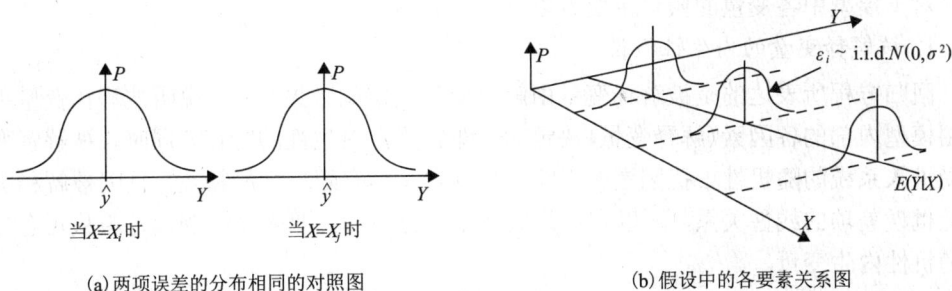

(a) 两项误差的分布相同的对照图   (b) 假设中的各要素关系图

图 1-3　服从基本假设时的一元线性回归图

当基本假设不成立时，所反映的内容就表现为异方差、自相关等情况，如图 1-4 所示。

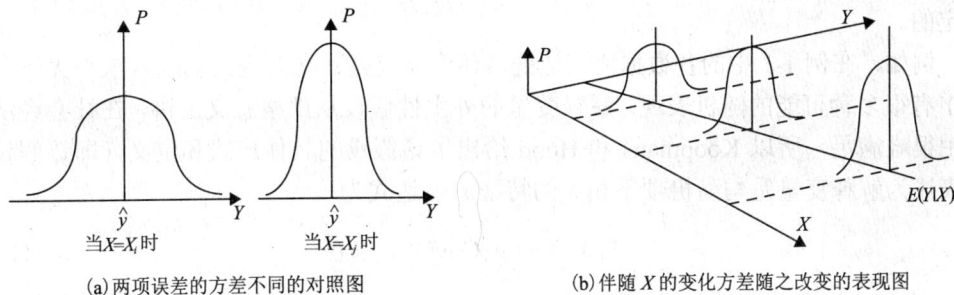

(a) 两项误差的方差不同的对照图   (b) 伴随 X 的变化方差随之改变的表现图

图 1-4　违背基本假设时的各要素的可能关系图

对照图 1-3 和图 1-4 的差距，有利于认识误差项基本假设的性质。如果再换一个视角，以矩阵的形式表述这些基本假设，具体内容如下：

$$E(\varepsilon\varepsilon') = E\begin{bmatrix}\begin{pmatrix}\varepsilon_1\\\varepsilon_2\\\vdots\\\varepsilon_N\end{pmatrix}(\varepsilon_1\varepsilon_2\cdots\varepsilon_N)\end{bmatrix} = E\begin{pmatrix}\varepsilon_1\varepsilon_1 & \varepsilon_1\varepsilon_2 & \cdots & \varepsilon_1\varepsilon_N\\\varepsilon_2\varepsilon_1 & \varepsilon_2\varepsilon_2 & \cdots & \varepsilon_2\varepsilon_N\\\vdots & \vdots & & \vdots\\\varepsilon_N\varepsilon_1 & \varepsilon_N\varepsilon_2 & \cdots & \varepsilon_N\varepsilon_N\end{pmatrix} = \begin{pmatrix}E(\varepsilon_1\varepsilon_1) & E(\varepsilon_1\varepsilon_2) & \cdots & E(\varepsilon_1\varepsilon_N)\\E(\varepsilon_2\varepsilon_1) & E(\varepsilon_2\varepsilon_2) & \cdots & E(\varepsilon_2\varepsilon_N)\\\vdots & \vdots & & \vdots\\E(\varepsilon_N\varepsilon_1) & E(\varepsilon_N\varepsilon_2) & \cdots & E(\varepsilon_N\varepsilon_N)\end{pmatrix}$$

根据同方差假设，其主对角线上的各元素都应该为 σ^2；根据零均值和无自相关两个假设，其非主对角线上各元素都应该为 0；结合三个假设，则误差项的方差–协方差矩阵应为 $\sigma^2 I_N$，即有

$$\begin{pmatrix}\sigma^2 & 0 & \cdots & 0\\0 & \sigma^2 & \cdots & 0\\\vdots & \vdots & & \vdots\\0 & 0 & \cdots & \sigma^2\end{pmatrix} = \sigma^2 I_N \tag{1-12}$$

这种以 $\sigma^2 I_N$ 表述误差项基本假设的方式，是误差假设的最简单形式。而我们所建模型是否符合这些假设的相关检验，将在第七章中介绍。

(二)关于变量的假设

对于模型中各变量的假设主要有以下三个方面。

1. 被解释变量的内生性假设

回归方程所表达的是被解释变量由解释变量决定的因果关系，说明被解释变量主要是由模型内部的各因素(解释变量)决定的，即它具有内生性的特点。同时，被解释变量还受进入系统的随机性干扰因素的影响，所以它又具有随机性的特点。且因被解释变量与随机误差项的线性关系，所以它也是服从正态分布的，即被解释变量是服从正态分布的随机性内生变量。

2. 解释变量的外生性假设

解释变量外生性(exogenous)假设是指解释变量属于确定性的、由模型外的因素决定的特征。即在计量经济研究中，人们的注意力都集中在被解释变量的解释上，而解释变量的决定问题不在该模型的研究范围内，其数值的大小是由模型外的确定性因素决定的。

例如，在例 1-1 中的各数据所表达的具体含义就是：在给定人均收入水平 X 下，消费 Y 有很多种可能的随机表现。解释变量的外生性假设从严格意义上讲，在社会经济现象中很难满足。所以 Koopmans 和 Hood 给出了该假设的具体形式和定义，即该假设可以表述为解释变量是与随机项不相关的特征。表达式为

$$E(X\varepsilon) = 0 \text{ 或 } \text{Cov}(X,\varepsilon) = 0 \tag{1-13}$$

Fumio Hayashi 在 2000 年将该假设表述为

$$E(\varepsilon \mid X) = 0 \text{或} E(\varepsilon_i \mid X_1, X_2, \cdots, X_n) = 0 \tag{1-14}$$

该外生性假设不仅要求本项(期)X与ε相互独立，而且要求其他各项(期)的X与本项(期)的ε独立。其现实意义在于：回归方程反映了Y与X的全部关系，误差项中已经不存在对模型起重要作用的影响因素了，即使是通过被解释变量Y与解释变量X的联系也是不存在的。

3. 无共线性假设

无共线性(noncollinearity)是指各解释变量 X_k 之间不能是线性的关系。对于模型中各解释变量间的线性关系，我们可以这样来表述，如果存在不全为零的 c_i，使得

$$c_0 + c_1 X_{1i} + c_2 X_{2i} + \cdots + c_k X_{ki} = 0 \quad (i = 1, 2, \cdots, n) \tag{1-15}$$

成立，则称为解释变量间存在完全共线性(perfect multicollinearity)。如果将式(1-15)中的"="改为"≈"或加上一个纯随机项时，我们则称之为近似的共线性(approximate multicollinearity)或交互相关性(inter correlated)。

该假设要求各解释变量之间不存在共同的线性关系，这在现实中并不常见。因为完全的共线性和完全的独立是现象之间关系的两个极端，在现实的建模实践中都是很少见的；而处于两个极端之间的情况却很常见。我们需要采用一系列检验方法来判断解释变量之间相对的密切程度，并在密切程度较高的一组变量中选择具有代表性的变量作为解释变量纳入到模型之中，使模型中的解释变量具有各方面的代表性。有关变量的各类检验，将在第八章介绍。

(三)对模型中参数的假设

在回归方程中对参数的假设很多，主要是根据经济分析的需要来设定。例如，假设参数是固定不变的、假定某解释变量的参数在某取值范围之内、假定某几个变量的参数之和为定值等。对这些假设的分析往往是经济分析中较规范的技术，如对参数稳定性和可预测性的分析等，都将在第六章中具体学习。

(四)对模型形式的假设

回归分析中对模型的形式也常存在很多假设，如我们目前只接触了一元和多元的线性回归模型，这里就存在一个线性稳定系统的假设，即我们所建立的经济模型，要在客观描绘经济现实的同时，还要达到符合经济活动分析的需要。所以我们的模型既要能反映出我们所能控制的变量的影响和作用程度，还要能反映出研究对象的相对稳定状态，以及模型各要素之间的稳定关系等内容。

对各种模型形式的假设及其有关的检验，是计量经济学的主要研究内容，将在第九章和第十章中介绍。

■ 第三节 计量经济建模的核心技术

计量经济建模的核心内容，主要包含以下四个方面的内容。

一、经济思想与理论

经济思想是人们对现实经济活动规律的一种初步认识，而经济理论则是对经济规律性概括的一种学说体系。由于我们对经济生活观察的视角不同，认识上的差距和错误等问题必然存在，所以经济思想或理论的科学性就需要得到实践的验证。只有经过检验得到证实的理论，才能称为定律，才是真正的经济理论。而这种实证过程就是计量经济的建模过程，也是我们学习计量经济学的根本目的。

计量经济建模的核心就是对已有的或不成熟的经济理论、思想、假设、假说等进行实证性质的检验过程。而这些不成熟的待验理论或思想，不仅是经济研究的对象，更是经济建模工作的灵魂，是我们建模工作的第一要素，这也说明经济理论类课程必然是本课程的基础。

根据我们对研究对象的熟知程度不同，建模的基本过程可以分为如下两类。

(一)从具体到一般的建模过程

这一过程要求我们对研究对象及各影响因素的关系要有较为明确的认识，只是其作用的程度未知时才能够使用。其常用的方法就是逐步回归，即逐一判断各影响因素的作用程度，并按其作用程度的大小，将各因素逐个加入到模型之中。当加入的解释变量达到能够解释研究对象的绝大多数的变动时，就停止这一过程，并尽量做到以较少数影响因素来构成解释程度较大的理想模型。

(二)从一般到具体的建模过程

这一过程是我们对研究对象的各影响因素了解甚少时普遍采用的建模方法。该方法首先要将系统中反映各影响因素的各类经济观察，都纳入到模型之中，构成一个庞大的普通模型；其次对模型进行各种检验，以剔除那些没有显著影响的因素，达到精简模型的目的。

在上述两种建模思路中，经济理论决定着各类影响因素的选择，进而也决定着我们建模的质量和意义。有关经济理论的知识不是本书学习的主要内容，为了体验这部分的学习，我们设置了本章第四节的内容，可供学习参考。

二、对现实经济活动的统计观察

对现实经济规律进行实证分析的第二个重要因素，就是统计数据。它作为经济现象本身的反映，是检验经济理论的依据。由于多数统计数据都是取样观察的结果，数据都存在着代表性的问题，即是否能全面、系统地反映需验证的经济理论的本质特征是统计数据的局限性。

由于统计观察的局限性，现实统计数据的属性与经济理论是有关联的，所以不同的数据只能验证其特有的经济理论。例如，描述各空间分布状况的截面数据，只能验证现象之间静态的经济规律；而时间序列数据往往可以用于验证动态的规律性；只有面板数据才是较全面的统计数据，适合于动静结合的理论验证。因此，我们的学习是区分数据类型进行的，即有截面计量分析、时序计量分析及面板数据的计量分析等内容。这三类数据的建模的思路也会有所不同，具体介绍如下。

(一)截面数据建模

截面数据(cross-section data)又称为横截面数据集(cross-sectional data set)，它是指在同一时间对总体中的各不同单位的数量进行观察而获得的静态数据，它所描述的是现象在某一时刻的不同单位间的分配情况。如附表 2 所示，2011 年我国各地区的宏观经济数据就是截面数据，是固定观察 2011 年的各地区经济指标在空间上的分布情况。

在这种观察视角下，即使选择很多的统计指标来构建经济模型，也只能是静态的、反映指标之间的同期因果关系的方程。在我们缺乏长期观察的数据，只能获得静态指标体系时，可以使用此种建模方法。不过这类建模理论，在自然科学和静态性研究中被广泛使用，且已成为学习基础性计量经济分析的主要内容。

(二)时间序列建模

时间序列(time series)也叫时间数列，又称为动态数列或时间序列数据集(time series data set)。它多指某一单位的某一数量标志，在不同时间表现的数据。也可以是同一总体的数量特征在不同时间所获得的测算数据序列，它所描述的是现象随时间而变化的情况。如附表 1 和附表 3 所示，1978~2013 年我国的国内生产总值(GDP)及其各项指标的数据序列。

由于时间序列能够反映出事物的动态特征和变化规律，它已成为计量经济建模的最主要的研究对象和使用工具。通过单一的时序数据，就可以建立许多具有良好预测性能的基础性模型，如自回归、移动平均、随机游走等模型。这类模型是反映动态规律为主的基础模型，如果将同类时间频率多种指标的时序数据并列，则组成动态指标体系的数据框或称为数据集。通过这种数据框我们可以得到，指标之间的动态和静态的规律性认识。所以学习中使用时序数据，不仅可以建立动态模型，也可以建立静态模型。

(三)面板数据建模

面板数据(panel data)是截面和时间序列数据的结合，它使数据库具有三维特点，即截面空间个体 i、时间 t、指标信息 k 的数据结构。面板数据还可以称为时间序列截面数据(time series and cross section data)、综列数据或纵横数据(longitudinal data)等。其基本分类如下。

(1)平衡与非平衡面板数据：如果面板数据系统中的每一个单位和每一个时期都有观测值，则称其为平衡面板数据(balanced panel data)或平行数据；若面板数据中缺失若干个时间或空间的观测值，则称为非平衡面板数据(unbalanced panel data)。

(2)独立混合截面 (independently pooled cross section)数据：是指来自同一总体的、在不同时点上随机抽样获取的数据，其各数据并不一定是同一成员单位在不同时间上的反映，所以在不同的观察视角不一定是同分布(identically distributed)的。这类数据虽然可以代表总体，但是动态的衔接和可比性却是很弱的。

面板数据是单一指标具有时间和空间分布的数据集合，所以使用单一指标就可以同时对其静态和动态两方面进行规律性的探索。如果再结合多种指标，则指标之间构成的面板数据指标体系，就可能使我们的模型能够反映出静态的、动态的指标之间的各种规律性。

不论是截面数据,还是时间序列,在软件中多数情况下都是以向量来表述。而面板数据在软件中,常使用矩阵或数组来表述。由于面板数据的复杂性,目前还属于中高级计量经济研究的内容,本书只做简单的介绍和使用,可参见本书第九章第四节的有关内容。

三、实证分析的方法

在经济理论与统计数据之间,进行实际验证的方法有很多。而较为科学的、经得起考验的就是计量经济方法,它是以回归分析为核心,结合多种检验所形成的实证研究的主流方法。

计量经济学的实证方法,不但要适合经济理论和统计数据的需要,还要求建立一系列的质量评价标准,来约束和提升模型的科学与合理性。这种评价体系多以各种假设的形式存在于模型之间,以及单一模型中的各变量之间。依据这些标准判断及不断改进模型,以求得符合我们要求的理想模型。所以这些标准的建立和使用,也就是我们学习计量经济学的主要内容了,即本书第三章及以后的全部内容。

四、统计分析软件

20 世纪能够产生计量经济学,并在 21 世纪得到普及,其根本原因就是计算机技术的发展和统计软件的开发。计量经济学的各种估计和检验的方法,都需要进行大量的数据处理,而进行数据处理就必然使用统计软件。因此,学习计量经济学,就必须熟练掌握某种统计分析软件的使用。现实中流行的统计软件很多,如 SAS、SPSS、STAT、MATLAB、EViews、R 等,其中最适合初学者使用的就是 EViews,它是专为计量经济建模而设计的、基础性的检验程序较全面的软件。其缺点是编程扩展不方便,且价格较昂贵。

本书综合考虑各种因素,为同学们选择了 R 软件,作为学习建模的主要工具。该软件不但是免费的,更主要是其编程非常方便,且极易扩展功能,与其他软件的衔接也很方便,同时 R 拥有最为庞大的程序库,有 5000 多类程序的软件包。方便的编程和庞大的软件包,使我们探索性研究的成果很容易得到验证和实现。为此,本书第二章将对这一软件的使用方法,做较为全面的介绍。

■ 第四节 生产函数的构建案例

生产函数是反映生产成果与生产要素之间因果关系的方程,由于从不同的生产理论出发,必然会引出不同的生产函数。而要论证生产函数的科学性,只凭传统的辩论性研究是不行的,需要我们进行一系列的实证性检验。

一、生产函数构建的理论基础

任何模型的构建都需要思想和理论的引领,关于生产函数模型的相关理论主要有以下两种。

(一)生产劳动与要素生产理论

在经济学的早期,由于社会生产活动的范围较窄,劳动主要是对基本生活资料农牧产品的生产活动,所以 17 世纪中期的威廉·配第就有了"劳动是财富之父,土地是财富之母"的说法。随着社会分工的加细,产业种类不断增加,生产劳动领域也在不断扩大。到了亚当·斯密的年代则认为所有增加物质产品价值的劳动都是生产劳动的过程[①]。从奴隶社会的劳动成果占有制的消亡,到资本主义私有财产制社会进步的观察中,亚当·斯密对生产劳动的定义产生了两种理解:一是指可以与资本交换的劳动;二是指能创造出物质产品的劳动。由于市场经济的迅速发展,物质交换的广泛性和不可或缺性,萨伊等学者产生了所谓的三要素学说,即劳动创造工资、土地创造地租及资本创造利润等形式主义的东西。甚至到现在还有所谓的四要素或更多要素学说等类似的静态观点。

(二)劳动价值论

劳动价值论从威廉·配第那里萌芽,到大卫·李嘉图那里形成,在卡尔·马克思那里得到了辩证的考证,且已经认识到了创造剩余价值的劳动都是生产劳动的结论[②],这种理解不但包含物质产品的生产,还包含着非物质产品的生产。这一点是至关重要的,他从另一个侧面证明了劳动价值论的客观性和广泛性,即单纯的劳动是能够创造价值的。而之后的很多学者却都无视《资本论》中关于演员为资本家演出创造剩余价值的实例,认为马克思的生产劳动理论就是物质生产劳动。这不但忽视了马克思关于非物质生产劳动也创造价值的重大发现,还为资本投入也创造价值的认识做了形式上的辩解。

斯通教授等根据凯恩斯理论创建的国民经济核算体系中,将所有社会化的生产活动都视为生产劳动的同时,也将全社会三次产业的生产劳动都纳入到了核算体系之内,即第三次产业的劳动也是创造社会财富的生产活动。这说明在宏观层面上已经抛弃了萨伊的三要素学说,使劳动价值论本质上成了社会最终公认的、普遍接受的理论事实。然而遗憾的是当今的主流经济学教科书中并没有系统的生产劳动理论,甚至有着抛弃劳动价值论的倾向,并产生了以资本化的要素理论来替代或否定劳动价值论的倾向。

二、生产函数的形式与要素问题

生产函数的理论差异,主要体现在各自的框架要素及其组合上,即模型的形式上。

(一)生产函数的形式

生产函数是反映生产活动产出成果与其决定因素之间因果关系的函数。在经济学说史上最知名的生产函数就是柯布和道格拉斯提出的 C-D 生产函数,它以总产出是劳动和资本两个因素决定的非线性形式构建的,即 $Y = AL^{\alpha}K^{\beta}$。之后有很多学者对其进行修正,其核心就是如何恰当反映科技进步等因素的作用。索洛的做法是在扣除劳动和资本的作用后,将剩余的部分看作是科技进步作用的结果,所以称之为索洛余值;阿罗的做法是

---

① 亚当·斯密. 国民财富的性质和原因的研究(上卷). 北京: 商务印书馆, 1981: 303.
② 马克思, 恩格斯. 马克思恩格斯全集(第26卷). 北京: 人民出版社, 1972: 42.

在劳动和资本的规模报酬固定的前提下，增加一个反映人类知识积累的科技因素，并以社会资本总存量来反映知识的积累结果；卢卡斯借助舒尔茨和贝克尔的人力资本说法，将劳动的一般技能水平称为人力资本，认为人力资本的边际收益大于零，同时以休闲时间用于学习的效率与社会平均资本水平来刻画人力资本要素，并以单独的因素形式将其加入到 C-D 生产函数之中；罗默在加入人力资本要素的同时，将资本品的总量纳入到生产函数之中，反映出随着社会分工的细化，资本品总量的增加也能使社会总产出增加。还有一些学者在努力将知识经济的因素加入到生产函数之中，但是这些探索都是易于生产要素理论，并将各类要素同等看待，只做到形式上的完美，而忽略了要素之间的本质作用及其因果关系。也正因为如此，生产函数至今也没有得到广泛的认同形式。

(二)生产要素问题

在传统理论的各个流派中，共同的认识是劳动要素能够创造财富。但是又有相当多的人认为资本等要素与劳动有同样的作用，并能与劳动共同创造社会财富。其实劳动生产过程就是劳动者主体作用于物质客体促成其能量转换的过程，以及劳动者主体之间所提供的服务等做功过程。其主体的作用力是主动的，而客体及客体之间的作用和关联，以及其变化的结果都是主体引导的，所以说生产函数应该反映这种主体对客体的作用程度，以及主体之间的作用影响等内容的关系形式。然而，在西方主流的生产函数中人们将资本拟人化的处理，实质上是将客体位移到主体的位置上，其所建立的生产函数必将是混淆因果的，其目的不只是为了保护资本，更主要的是使资本能迅速不断地增值，以达到剥夺劳动成果的目的。资本所有者利用其掌控资本的可量化特点，在社会生产的各个环节都要寻找一系列的借口，来构成其掠夺财富的理由。例如，资本在生产中只不过是转移到新产品中的生产资料，而理应以转移价值的形式得到补偿。但是现实的操作中，我们却看到除了这种第一轮次的补偿之外，还要计提折旧进行第二轮次的补偿，同时还要以利息为标准进行各期的 n 个轮次的补偿，之后还要以利润分配的形式进行 n 轮之后的补偿，现在又有了股权增发等形式获得新的补偿，最后还要以未分配利润的形式占有所有的剩余。这种实际的不公平的分配制度，在穿上了所谓公平合理的三要素外衣后，所建立的资本主义制度保护下的财产分配机制，是产生社会两极分化的根源。

1. 资本的计量问题

在以总产出作为被解释变量的生产函数中，引入资本要素作为解释变量并没有错误，因为总产出中包含中间投入的转移价值。同时资本是人类长期的生产劳动逐渐积累起来的结果，是历史上的劳动创造的财富，所以可以看作是动态的生产函数的一种形式，而这种以折旧和时间价值等形式所得到的报酬也有一定的合理性。但是因资本的可存储性及其转移的便利程度，而引起的可控制性，使得资本与劳动相比，在组合生产及市场交换中处于优势的地位。也正因为如此，资本家利用这种优势来实现其在分配中的最多占有，这是资本主义社会的普遍现象。而在我国这一世界上少见的社会主义国家中，国家的性质是要以努力消除剥削为己任，这是人类尝试实现劳动价值论的难得场所。因此，我们设计的资本要素应以转移价值的形式出现在生产函数之中。

2. 劳动要素的计量问题

对劳动在生产中的贡献或创造价值的能力测算，是生产函数的核心。但是至今也没有一个可行的好办法来解决，且人们还在不断地探索中。传统的一般做法是：在理论研究时多以劳动时间为依据来计量劳动的投入量；而在现实的实证中又多以劳动者人数来计量劳动的投入量。这两种计量虽然常用，但并不准确，而使用投入生产中的劳动工时来计量似乎更科学一些。由于每人每天的工作时间都相差不多，则工时的差异就体现在工人的人数差异上了，这也是多数人使用劳动者人数代表劳动投入量的根本原因。同时在劳动的计量中还存在着如下两个重要的问题，也是目前还没有真正解决的。

一是生产的规模问题，即是以投入到生产中的劳动力总量，还是以投入到生产中的资本总量来度量的问题。在现实中评价企业规模时有多重标准，即有的使用职工人数总量为标准，有的是以资本总量为标准，还有的使用人数和资本两个标准来共同衡量。

二是生产的效率问题，由于现实中的每个劳动者，其生产效率都不同，所以他们创造财富的能力有着明显区别。这在生产函数中是很难计量的，如果能将其计算出来，并纳入到生产函数之中，将是生产函数的重大进步。而现实中的多数做法是以一个平均的水平来代替这些不同的差异，特别是在马克思主义的政治经济学中，是在全社会平均的劳动强度和技术水平的假设下做系统分析。因此，在经济实践中，我们没有把握好效率差异问题，以绝对平均主义的思想进行社会分配，从而造成了同酬不同工的违反劳动价值论思想的做法，并极大地挫败了广大劳动者的生产积极性。

3. 科技因素的计量问题

科学技术是人们在长期的生产和生活实践中总结出来的，符合物质和社会发展变化规律性的知识。将这种知识以技能、机械或软件等多种形式表现出来，就是人们所说的科学技术。在生产和生活中人们普遍拥有的技术技能，我们常称为现有技术；而新发现的很难掌握的、往往只有少数人才能掌握的技术，我们常称为高新技术。一般情况下现有技术只能形成普遍的生产能力，而高新技术往往会提高现实的生产效率，给新技术拥有者带来高额的回报。在广泛的追求利益最大化的市场经济中，这种高额的回报会促进人们不断追逐高新技术，从而带来了新技术的不断发明、扩散、普及、再发明的循环过程。这一过程是促进人类社会文明和发展的重要原因，它来自人类劳动经验的总结，更是劳动要素不可分割的基本特征。

在传统的生产函数中，以平均生产效率进行系统分析，将劳动者之间的技术差异抽象掉了，所以也就没有所谓的科学技术的差异了。这是明显的脱离现实的假设和处理方式，必然会使传统的生产函数在实证中表现为动态上的不稳定，虽然将这种差异视为科技进步的作用有一定道理，但是并不准确。如前所述，人们以资本为科技衡量的依据也不准确，它只反映了物质技术的一小部分成果，因此我们在这些领域还需要做更多的探索。也正因为如此，自改革开放以来，社会的主要矛盾及收入差距，主要来自劳动者与资本资源掌控者之间，这也是我们目前必须正视的社会腐败现象的根源。如果不从理论上解决这一问题，也将挫伤广大劳动者的生产积极性。

三、劳动价值论的生产函数设计

根据劳动价值论、生产组织方式及核算范围的不同，生产函数的形式也有所不同，具体从如下三个方面考虑。

(一)个体生产函数

从个体劳动者出发观察生产活动,主要表现为人的劳动作用于生产资料的过程。而该过程是因人而异的,即不同的人有着不同的生产效率,则静态生产函数为

$$Y_A - K_A(1+\delta) = \sum Y_i = A_i L_i + A_j L_j = \left[A_i c + A_j (1-c) \right] L_A \tag{1-16}$$

其中,Y_A 为个人 A 的总产出量,$Y_A - K_A(1+\delta)$ 为 A 在一个生产周期新创造的价值量;A_i 为第 A 人在第 i 种产品上的劳动生产率,即 A 在单位工时内所创造的第 i 种产品的数量;L_A 为劳动者 A 的劳动投入量,即生产第 i 种产品所耗费的工作时间 L_i 与非 i 产品 j 的生产所耗工时 L_j 之和;c 为 L_i 在 L_A 中的比重。若从动态上考虑,个人的生产技术水平是会随着新技术的改进而产生突变的,其函数形式为

$$Y_A - K_A(1+\delta) = Y_i + Y_j = \left[A_i(t)c + A_j(t)(1-c) \right] L_A \tag{1-17}$$

其中,$A_i(t)$ 和 $A_j(t)$ 是关于劳动生产率的变参数函数,是随着工作或学习时间改变的生产效率。由于时间分配的限制,t 不可能是无限制的,所以可以进一步设个人生产率函数为

$$A_i(t) = e^{\sum L_i} \tag{1-18}$$

该函数反映了生产者在第 i 种生产上所用的工时 L_i 越多,其经验就越丰富,则技艺也就越精湛,进而生产的效率也就越高;然而由于时间资源的有限性,随着 i 工作的增加,必然会使得在非 i 上的时间减少,所以其生产非 i 的效率就要下降了,即有 $\sum L_i = \sum c L_A$。通过导数可知该生产率函数是个递增的函数,符合生产效率的基本特征。

$$\frac{\partial A_i(t)}{\partial L_i} = t e^{\sum L_i} \geqslant 0$$

当 $L_i \geqslant 0$ 时,必有劳动的投入,即 $t \geqslant 0$,则导数也必大于等于零;且只有各期的 L_i 都为零时,上式中的等于零才能成立。对个人生产函数的导数如下:

$$\frac{\partial Y}{\partial L_i} = \frac{\partial (Y_i + Y_j)}{\partial L_i} = \frac{\partial \left[e^{\sum L_i} c + e^{\sum L_j} (1-c) \right] L}{\partial L_i} = e^{\sum L_i} (1 + t L_i) > 0$$

可见,随着工作和学习时间的延长该导数在加大,且在 t 一定时,随 L_i 的增加而提高,同时在 L_i 一定时,也因 t 的增大而表现为产量的增加。

(二)企业生产函数

企业是社会化大生产过程中的基本生产单位,其生产活动是在分工序的情况下,通过协作等方式进行的。企业的生产组织方式有两个方面的作用:一是可以减少各工序之间的市场交易;二是分工序的协作可以提高各个工序的专业化程度,进而提高生产效率。但是企业化的管理也带来了各工序的协调和要素瓶颈等问题,为此企业的生产函数主要应考虑各生产要素的协调与工序效率的提高等问题。其形式可表现为

$$Y_B = B_j(t)L_B{}^{\alpha} \tag{1-19}$$

Y_B 为企业 B 实现的增加值，因企业的生产是较个人更专业化的生产方式，需要在社会化大市场中实现其价值交换，进而达到分配生产所得的目的。所以增加值是一个价值量的总量指标，包含着机会成本和利润等可供分配的内容。

$L_B{}^{\alpha}$ 为企业 B 投入劳动总量 L_B 的产出弹性系数 α 次方，当产出弹性系数 $\alpha=1$ 时，是企业生产组织处于要素使用的最佳状态；而当 $\alpha<0$ 时为规模报酬递减的状态；当 $\alpha>0$ 时为规模报酬递增状态。

$B_j(t)$ 为企业综合生产力函数，是各工序等企业内部的分工所形成的生产能力，它取决于企业内的个人生产能力及其组合的基本情况。它是企业科技的具体体现，应该包含如下主要内容：①物质产品的创造技术，它取决于自然科学技术水平的高低，主要是物质资本与劳动力的结合运用，主要体现在货物产品的消耗关系上；②劳务管理的水平和技术，它取决于社会经济管理的技术和知识，主要包括生产产品的选择、生产工艺的划分、工艺之间的物资及劳务的分配、产品市场的开发及物流管理等活动内容。

在企业的组织和管理下，其所产生的生产效率，应明显大于单个劳动者生产效率的简单加总，即 $Y_B > \sum Y_A$，$A \in B$。与新古典经济学的不同之处，在于物质科技能力一定时资本和劳动要同步增长，即需要依靠单一要素来提高产出能力，要改变资本与劳动的配置，这实际上是改变了生产效率函数。所以综合生产力函数是动态的，在不同的历史时期，随技术的改变而表现不同。如果像传统方法那样处理技术问题，并将资本与劳动视为可替代的要素，则是很不恰当的。

(三)区域宏观生产函数

宏观生产函数是对一个地区的生产能力进行描述的模型。它首先是各类企业和个人的生产能力及市场组织协调能力所实现的最终结果。即宏观的生产总值应该是各企业和个人实现了的，满足社会需要的实际使用和销售的产品价值量，扣除其生产中转移价值部分后的增加值。这一生产结果是全社会劳动力的新创造价值，也是生产投入的劳动力规模与生产效率函数共同作用的结果。其函数形式如下：

$$Y = C(t)L^{\alpha} \tag{1-20}$$

其中，Y 为地区增加值；L 为从业的劳动者所投入的劳动工时数，在普遍的平均工作时间基本相同的前提下，主要表现为劳动力人数的规模；α 为现有技术水平下劳动力规模的产出弹性系数；$C(t)$ 为全社会的生产要素组合能力的技术函数，代表科技能力水平，即社会的生产效率。

社会的生产效率是较企业生产力更综合的生产力函数，它是物质技术生产能力和资源配置的管理利用能力等交互作用的结果。企业的技术能力是由个人的技术水平决定的，其资源的配置是靠半协商确定的相对平均的分配制度和行政命令来实现的，并在市场经济的环境约束下从事生产活动，并兼顾企业的收益和社会的责任等多方面的目标。而社会生产效率则是全社会的综合生产率，它较企业生产效率的制约因素更多，且在市场的约束下，主要靠政府的行政命令和制度安排来调整资源的配置。

■ 本章小结

本章主要介绍了计量经济学的来龙去脉及其主要的研究内容。研究的核心就是其要构建的计量经济模型，该模型的现实情况、我们构建的方式及其组成要素的各种假设是我们学习的重点。而建模的关键是对经济理论的理解、数据资料的掌握、实证方法的科学性、统计软件的使用等四个核心问题，它们决定着我们建模的质量。为了体会这些内容的学习，本章最后以生产函数的构建思想为例，进行了模型的设定体验。

■ 思考与练习

1. GDP 是 20 世纪的伟大发明，同时由于人们对其片面追求，也给我们的生态和生活质量带来了一系列新的问题，请你从人类未来的目标及其评价的视角，建立一个综合评价模型，并思考其中各指标的计量、观察、评价、使用的方法，并将该思想命名为 SL1.1，以备后续实践练习。

2. 结合你的专业或未来的工作目标，构建一个专业核心问题的结构模型，并搜集与其相关的各类统计数据，同时将该问题命名为 SL1.2，以便在后续学习中，作为实践性研究的主要对象。

第二章

计量经济数据处理及 R 软件的实现

计量经济分析需要使用大量的统计数据,并通过统计软件来实现。目前统计软件很多,但多数都是以盈利为目的开发的商业性软件,其正版的价格都很昂贵,是高校师生很难承担得起的。同时因其研发队伍的限制,其软件的功能也是有限的。国内的绝大多数教材中所使用和讲授的软件,都是低版本的淘汰程序。为此,我们选择了公益性的 R 软件,作为我们学习的工具。

■ 第一节　R软件及其基本操作

工欲善其事,必先利其器。学习计量经济学必须借助一些工具和手段,R 软件就是其学习和实践的有利工具。

一、R软件及其基本使用方法

任何软件的使用都要首先了解其基本操作内容,这是学习软件的第一步。

(一)R软件及其运行

1. R软件简介

R 软件是一个开放式简单编程语言,由 AT&T Bell 实验室的 Rick Becke、John Chambers、Allan Wilks 开发的 S 语言实现的,是集统计分析与图形直观显示于一体的统计分析软件。该软件最早是由 Auckland 大学统计系的 Robert Gentleman 和 Ross Ihaka 于 1995 年编制的,目前由 R 核心开发小组(R Development Core Team, RDCT)来维护,将全球不断扩展的各类优秀的统计应用程序打包,并及时纳入到软件中来,以更快更系统的方式服务于大众。R 软件的特点可归纳如下:

(1)R 软件是完全免费的。我们可以通过 R 计划的网站(http://www.r-project.org)了解有关 R 软件的最新信息和使用说明,得到最新版本的 R 软件和基于 R 软件的应用统计软件包。

(2)R 软件的版本多样化,支持目前主流的操作系统 Mac、Linux 和 Windows 系列。

由于我国绝大多数人使用的是 Windows 电脑系统，所以在这里只介绍 Windows 下 R 软件的使用。

(3)R 软件嵌入了一个非常实用的帮助系统。

(4)R 软件具有很强的作图能力。

(5)可以将 R 的程序容易地移植到 S-Plus 程序中，反之 S-Plus 的许多过程直接或稍作修改也可以用于 R 的程序中。

(6)通过 R 语言的许多内嵌统计函数，很容易学习和掌握 R 语言的语法。

(7)R语言创新性强，使用者可以自创函数来完成特殊的工作，同时还可以不断完善各专业的函数库，这也正是该软件的生命力所在。

2. R软件的安装与运行

我们可以从世界的很多地方网站下载得到 R 软件，其官网的版本最新，安装过程也是简单的默认即可。在安装启动后，我们可以看到运行平台 RGui(graphic user's interface)的主窗口，它由三部分组成：主菜单、工具条和 RConsole(R 的运行窗口)，如图 2-1 所示。

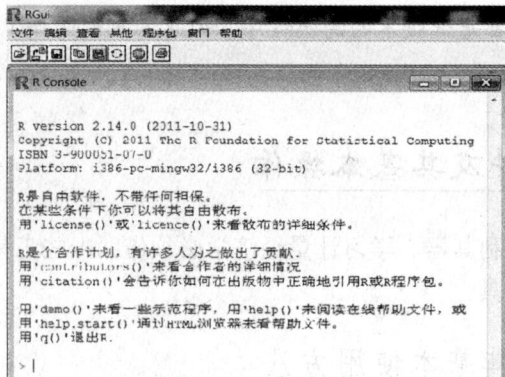

图 2-1　R 运行程序图

控制平台 RConsole[①]是数据集的建立、数据的分析、作图等统计分析和计算工作命令的发送地，同时也是计算和分析结果的显示处。在这里"＞"为等待命令的提示符，你可以在提示符后键入各种命令，来完成你的工作。R软件是通过命令来操作的，命令的格式是由函数名和括号中的参数构成的。即括号前的字符是函数名称，括号内的内容叫参数，用于指明操作的对象和操作的要求等内容，当然，进行简单的默认操作时括号内可以是空的。例如：

help(函数名)；或：?函数名　　　#得到相应函数的帮助文件。

q( )　　　　　　　　　　　　#是退出 R 软件的命令。

说明 1：#号后面的内容是对#号前的函数的使用说明。

---

① 在 R 软件中除控制平台外，还有三个操作平台，即交互式帮助平台 R_commander、强大的文本编辑平台 R_winEdt 及程序编辑平台 R_ESS+XEmacs，这三个平台主要是用于编程的，本书不做介绍。

说明2：在控制平台上，用右侧的↑键或↓键，可以重现和查找前面使用过程的命令。

(二)R程序中关于文件的基本操作

1. 设定工作目录

在R的工作中，需要设置一个当前工作目录，即工作文件及文件中的各种对象存储的默认目录。即在Windows中创建一个你的工作子目录，并在RGui平台中更改和查看默认的工作目录，可以通过文件菜单的"更改工作目录(Chang dir...)"下拉项，并在视窗中选择确定，也可以使用R中的命令如下：

setwd("路径") #将工作目录更改为路径所指的地点，路径要以字符串形式表示。如"E:/RWORK"，即需要使用引号，且层次要以"/"或"\\"来表示。

getwd() #查看当前所在的工作目录。

2. 创建工作文件

工作文件是我们使用R软件最先接触的，即打开R软件就会产生一个工作空间，在该空间中，你可以创建很多工作对象，即在R软件的控制平台所操作的都是变量、矩阵、数组、字符、函数、图像等，我们称之为工作对象。而这些各种对象的某种组合便构成了一个工作空间，对某工作空间的存储，就是Windows中的一个文件，该文件的附加名为.RData，我们称之为工作文件。在RGui平台中，有关工作文件的R命令如下：

(1)可以利用文件菜单中的"保存工作空间(Save Workspace...)"的选择，将当前的各种操作对象保存在工作文件之中。但要注意给工作文件命名时，要加入".RData"的附加名。

(2)点击快捷按钮"保存工作空间"即可。

(3)使用如下命令：

save.image("路径\\文件名及附加名") #将当前工作空间以指定的文件名保存在指定路径所指的磁盘空间。

save(list=ls(all=TRUE，file="路径\\文件名.RData") #保存工作空间，省略了RData时，将保存为文本形式。

3. 查看工作目录的内容

查看工作目录中的工作文件列表的命令是：

dir() #查看当前目录有哪些文件。

4. 打开工作文件

打开工作文件，也叫加载工作文件，有如下几种方式。

(1)在工作目录中双击R文件名，就可以打开工作文件，这是最简单的方法。

(2)在RGui中，使用文件菜单中"加载工作空间(Load Workspace...)"的选项或使用加载工作空间的快捷按钮。

(3)在RConsole工作平台时，还可以使用如下命令：load("路径\\文件名")。

(三)R对象的建立

利用各类数据构建图、表、方程、函数等工作对象，是我们进行数据处理、计量分析的基本技能。在R软件的RGui控制平台中，要进行这些统计和计量分析，就需要先将分析中所使用的各类数据对象读入到系统的内存之中。所以要创建各类对象，就是定义某字符串所代表的具体内容的过程。该过程主要使用对象字符串的赋值命令，具体如下：

$$X <- \text{ 对象函数; 或: 对象函数 } -> X; \text{ 或: 对象函数} = X \qquad (2\text{-}1)$$

这三个命令的作用是相同的，意为将对象函数的内容赋值给 X 为对象名的工作对象，或者说以 X 表示各对象函数的内容。

其实三个命令都是 assign("X"，对象函数)命令的简写形式，一般情况下，因该种表达形式较为麻烦而很少使用，同时为了赋值方向的可读性，"="也很少使用。

1. 对象命名规则

各类对象名的命名规则很简单，只要注意如下三点。

(1)对象名可以使用单一的英文字符，也可以是字符串。字符之间可以加入"."或"_"，但首字符必须使用英文字母。

(2)由于在 R 软件中对字符的大小写敏感，要区别对待，即 x 与 X 是不同的字符。

(3)由于有些对象是 R 预设的，在命名自己的对象时，尽量不能与下列这些对象重名：break、else、for、function、if、in、next、repeat、return、while，以及前述的各种逻辑型对象等字符。虽然使用一些英文单词，有利于记忆，但容易重复。所以使用英文及缩写、汉语拼音及缩写、常用符号等相结合会更好。

例如，在提示符>后键入 Y<-10+2，回车后，数值型对象 Y=12 就建成了；提示符>后键入："10+2"->Z，则字符型对象 Z 就建成了，Z 的内容就是由 1、0、+、2 这四个字符构成的字符串；在提示符>后键入 10+2，回车后会在下一行给出[1] 12，表明计算结果有一个，且数值是 12。可见，如果对象函数或算式不被赋值到具体的对象名中，则在函数或算式运算后，只显示运行的结果，并不存入内存。即不使用赋值命令，也可以运行对象函数，这时的 R 就相当于一个计算器。因此，只有在需要存储某对象时，才有必要使用赋值命令。

2. 对象的读取与类型观察

在 R 中要想看到某对象的内容，只要在提示符 ">" 后，键入该对象名后回车，即可显示该对象的内容。其他相关的命令函数如下。

(1)要查看工作文件中的所有对象名称的命令如下：

ls()或 Objects()　　　　#这两个命令都是查看当前工作空间存在的所有对象名称。

ls(pat= "指定字符")　　#给出当前工作目录中所有对象名中含有指定字符的对象名的列表。

ls(pat="^指定字符")　　#给出当前工作目录中的所有对象名的首个字符为指定字符的各对象名列表。

(2)要观察该对象的类型属性，则需要使用如下命令：

mode(对象名)　　#查看对象的类型。

Length(对象名)　　#读取对象中基本元素数量(数组的长度)的函数。

ls.str(pat="字符", max.level=-1)　　#默认时查看对象的所有信息，参数是选择性查看。

（3）要在工作空间删除不需要的工作对象时，可以使用如下命令：

rm（对象列表）　　　#删除列表中的各对象，各对象之间需以半角的逗号分隔。

rm（list=ls（））　　　#删除内存中自己定义的所有对象。

rm（list=ls（pat="字符"））　　　#删除对象名中含有指定字符的所有对象，而字符前加"∧"时则删除对象名的开头为指定字符的所有对象。

3. 对象的逻辑显示

逻辑型数据是计算机程序和命令中常用于判断和提示等规定的字符。其中最基本的主要包括 T 和 F 两个选项，即 T=TRUE 为真，F=FALSE 为伪。在 R 软件中逻辑判断的符号还有如下几个：

（1）NULL　　　#表明该对象为空，即里面什么都没有。

（2）NA　　　#表示欠损值或称不定值，即数据缺损。

（3）NaN　　　#表示无法用数字表示的内容。

（4）Inf　　　#表示无限大，-Inf 表示负无穷，注意第一个字符是大写。

（5）character　#表示字符型数据，即用双/单引号括起来的字符。

二、R软件中数据对象的创建

R 软件中常见的数据对象及其创建的方法如下。

（一）数组的创建

R 软件中创建数据对象主要使用命令函数，结合赋值命令来完成。赋值中使用字符或字符串来为各对象命名，使用时输入其名字即可。其中最为基础的就是数组，它要求有严格的顺序和格式，有关的函数命令具体介绍如下。

1. 一维数组（向量）的创建

在 R 软件 RGui 的控制台中生成向量的方法有很多，其中最主要的也是最常用的命令就是列表赋值函数，其命令格式如下：

$$c（元素列表）\qquad\qquad(2\text{-}2)$$

该函数可以构成一个向量，其中"元素列表"中的各元素要以半角的逗号","为分隔符，且各元素可以是数据、向量、矩阵、字符等 R 中的有效数据对象。当元素是字符时，要将字符用半角引号引上；当元素是向量或矩阵时，可以实现向量或矩阵的连接，所以该函数也称为连接函数。

例如，X=（1 2 3），我们可以使用如下命令 X <-c（1,2,3）来实现。运行后在提示符后键入 X 回车后，就可以看到 X 的内容，显示方式为：[1] 1 2 3 ；如果给出命令 x <-c（4,5,6）；X1 <-c（X,x）；则键入 X1 回车后可看到结果将是[1] 1 2 3 4 5 6。与其功能相近的特殊数据创建命令有很多，现就主要的常命令介绍如下。

（1）创建等差向量。

seq（起,止,步长）　　　#创建一个从起数到止数，各相邻数据之间相差一个步长的向量。

例如，X2 <- seq（1,12,2），则 X2=（1 3 5 7 9 11）。该函数可以提高程序设计的效率。

注意：当等差为 1 时，可以直接使用冒号"："来替代该命令，即以"起:止"形式自动生成数据,如一个从 2 到 87 的自然序列,则直接以 2:87 输入即可。

(2)创建循环式向量。

rep(循环向量或字符,循环次数)　　#生成一个给定次数的部分元素循环(重复元素)的向量,其中的元素可以是向量,即可以嵌套重复。

例如,使用命令 X3 <- rep(7,6),则有 $X3$=(7 7 7 7 7 7);再如,X4<-rep(c("a","b"),3),则有 $X4$=("a" "b" "a" "b" "a" "b")。

(3)既有自然序数又有循环结合的命令。

sequence(3:5)->Z　　#表明自动生成 3:5 是自然数列构成的总序列,即 Z=(1,2,3,1,2,3,4,1,2,3,4,5)。

sequence(c(10,5))　　#生成序列(1,2,3,4,5,6,7,8,9,10,1,2,3,4,5,)。

2. 二维数组(矩阵)的创建

矩阵是按行和列对齐分布的数据形式,其同一行和同一列都应该属于同一属性的数据构成的数据集。在 R 软件中,矩阵对象创建命令如下:

$$\text{matrix(data=数据源,nrow=行数,ncol=列数,byrow=F)} \tag{2-3}$$

这是构建一个矩阵的命令,其中前三项参数必备;byrow 是决定数据源的数据是否按行排列,如果选 T 则是按行排列。数据源要是数组,程序将按列向读取数据分配到矩阵中去。当数据源为某常数时,则矩阵的所有元素都相同;当数据源的数据不足时,程序将自动从头接着赋值;而当数据过多时,将截选前面的数据。

例如,X5 <- matrix(seq(1,12,1),3,4)命令,则可以生成如下矩阵:

$$X5 = \begin{pmatrix} 1 & 4 & 7 & 10 \\ 2 & 5 & 8 & 11 \\ 3 & 6 & 9 & 12 \end{pmatrix}$$

再如,X6<-matrix(sep(1,12,1),3,4,T)命令,则可以生成如下矩阵:

$$X6 = \begin{pmatrix} 1 & 2 & 3 & 4 \\ 5 & 6 & 7 & 8 \\ 9 & 10 & 11 & 12 \end{pmatrix}$$

3. 多维数组的创建

向量是一维数组,矩阵是二维数组,当维数在三维以上时,就称之为多维数组。在 R 中多维数组可以使用 array 命令来建立,其基本格式如下:

$$\text{array(数据源,dim=c(维长列表),dimnames=c(各维名列表))} \tag{2-4}$$

该命令是利用数据源的数据建立一个 dim 中要求的维度数组。参数可以省略,而有特殊要求时,可以补充修改,例如:

dim(多维数组名)　#查看矩阵或多维数组的结构,即维数分布情况。

dim(数组名)<-c(各维程度列表)　#在不改变数据顺序的情况下改变数组的维度。

dimnames(数组名)<-c(各维名字符列表)　#为数组中各维各组命名。

4. 数组对象之间的引用

(1)自内存中的数据对象中读取生成向量对象。

array(源数据对象,截取的维数)　　#自原有的数据对象中截取部分数据组成新的向量函数，读取数据的顺序是先从第一列开始，至上而下，再逐列读取。

例如，在 X1 中取前 4 项的命令为 array(X1,4)->x1，则 x1=(1 2 3 4)。

diag(x)　　#当 x 为数值时，就生成一个 x 阶的单位矩阵；当 x 为向量时，就生成一个以 x 向量为主对角线，其他元素为 0 的方阵；当 x 为方阵时，将读取方阵中主对角线上的元素，构成一个向量。

signif(x,a)　　#截取 x 的 a 位有效部分的函数。

(2)由向量读取生成矩阵。

一是按行向量读取生成矩阵命令：

rbind(行向量列表)　　#以各向量为各行来构成矩阵。

例如，将前述的两个向量 X1 和 X2 合并成两行六列的矩阵，则有命令 X7<-rbind(X1,X2)，即矩阵 X7 为

$$X7 = \begin{pmatrix} 1 & 2 & 3 & 4 & 5 & 6 \\ 1 & 3 & 5 & 7 & 9 & 11 \end{pmatrix}$$

二是按列向量读取生成矩阵命令：

cbind(列向量列表)　　#以各向量为各列来构成矩阵。

例如，将前述的两个向量 X1 和 X2 合并成六行两列的矩阵，则有命令 X8<-cbind(X1,X2)，即矩阵 X8 为

$$X8 = \begin{pmatrix} 1 & 1 \\ 2 & 3 \\ 3 & 5 \\ 4 & 7 \\ 5 & 9 \\ 6 & 11 \end{pmatrix}$$

(二)数据框的创建

数据框(data frame)是 R 系统中特有的数据对象，它相当于一个规范的统计表。其中的每列都是一个变量，每行都是一个观测量。它可以看作是矩阵的推广，但是不如矩阵要求得严格，可以有为空的数据点，也可以看作是较为规范的同质列单。每列变量中的元素都要反映同样的内容，可以是 R 中有效的数据对象，即向量(数值、字符、逻辑)、因子、矩阵、数据框、列单等内容。可见数据框是可以嵌套的、较矩阵复杂得多的数据对象。但是各变量的长度需要一致，变量中各元素矩阵的结构需要一致。

1. 自内存中读取生成数据框

生成命令为

data.frame(向量列表)　　(2-5)

该命令是利用内存中已有的向量，列表生成一个数据框。

例如，利用前述的 $X1$、$X2$、$X3$、$X4$ 构成一个数据框，命令为

data.frame（X1,X2,X3,X4）-> y1；y2 <- data.frame（"序"=X1,"单"=X2,"重"=X3,"符"=X4）

则有

$$y1 = \begin{array}{cccc} X1 & X2 & X3 & X4 \\ 1 & 1 & 7 & a \\ 2 & 3 & 7 & b \\ 3 & 5 & 7 & a \\ 4 & 7 & 7 & b \\ 5 & 9 & 7 & a \\ 6 & 11 & 7 & b \end{array} , \quad y2 = \begin{array}{cccc} 序 & 单 & 重 & 符 \\ 1 & 1 & 7 & a \\ 2 & 3 & 7 & b \\ 3 & 5 & 7 & a \\ 4 & 7 & 7 & b \\ 5 & 9 & 7 & a \\ 6 & 11 & 7 & b \end{array}$$

如果在 $y1$ 的基础上只就各列的变量名进行修改，则可使用如下命令：

$$colnames（数据框名）<-c（各列名字符列表）$$

如果在 $y1$ 的基础上，只修改各列的变量名称，则可以使用如下命令：

$$Colnames（y1）<-c（"序","单","重","符"）$$

同样也可以得到与 $y2$ 相同的结果。

2. 自外部读取生成数据框

最常用的从 R 系统内存之外读取数据形成数据框的命令，基本命令格式为

$$read.table（"路径\\文件名", header=T） \tag{2-6}$$

该命令的使用技巧如下。

（1）路径和文件名参数的使用有如下三种情况。

一是自操作系统中的粘贴板读入数据，则将路径和文件名改为"clipboard"即可。例如，将 Excel 或 WPS 等文件中表格的部分单元（如 A1:F15）的内容复制，则可以很方便读入我们常用的数据了。

二是要指明路径和文件名，不过文件必须是规范的文本格式，即文件中的数据之间不能有多余的空格等。文本文件在当前目录可以不指定路径，直接写文件名。

三是将最常用的 Excel 电子表格中的数据读入 R 中，需要先将电子表格另存为.CSV 格式后，可使用该命令，不过文件名的附加名 CSV 不能省略。注意，读取之后要使用 close（文件）函数来关闭已打开的 Excel 的文件，以减少内存的消耗。另有 R 与其他统计软件的数据转换，需要调入专有程序包。

（2）header 参数的使用。该参数名可以省略，直接使用 T 或 F，T 是默认值，即读取时将第一行作为变量名处理。而选 F 时为不包含变量名，这时系统自动生成一系列的变量名 V1, V2, …的数据列。

（3）其他的类似函数。在该类函数中还有四个变形的近亲函数：一类是 read.csv（）和 read.csv2（），是用于以逗号","分隔数据时的命令；另一类是 read.delim（）和 read.delim2（），

是以指定字符为分隔符时的命令。

(4)指定数据类型的读入。与 read.table 命令相似，只是使用中要指定数据类型，命令格式如下：

$$\text{scan}(\text{"路径及文件名"},\text{what}=\text{list}(\text{数据类型列表})) \tag{2-7}$$

数据类型列表中以" "表示字符型，以 0 表示数值型，以 F 表示逻辑型等。

(三)列单对象的创建

列单(list)是 R 中更宽泛的数据表达方式，它可以将不同的对象排列到一起，并以定义的字符来表示，在我们进行计量分析的过程中，经常需要将图、表、算式、文字说明等内容放在一起，以灵活的方式呈现在分析报告之中。即需要在计算机的程序中，以图文并茂的形式给出一个一目了然的报告单的函数。该类函数在 R 中叫作列单，其命令格式为

$$\text{list}(\text{元素列表}) \tag{2-8}$$

该函数的功能是以并列的方式，将元素列表中的各种对象排列在一起组成数据对象，并可以使用赋值的方式为对象命名。元素列表中的元素只要是 R 中的有效对象即可，元素列表的形式可以带对象名，如"元素名 1"=对象 1、"元素名 2"=对象 2 等，这时以对象名标记各对象；若不带对象名，则以[[1]]、[[2]]等顺序标记。

在使用列单中各元素时，列单对象名[[i]]、列单对象名$元素名 i、列单对象名[["元素名 i"]]三者是完全等价的表述方式。

(四)时间序列对象的创建

时间序列(time series)是按照时间的顺序排列而成的数组，它与普通数组的区别就在于其专有的时间标度。由于时间单位的多样化需求，在计量分析中需要为分析数据附加顺序标记。该标记主要由标注的字符和标记的时间间隔等两部分构成，R 中依据这两方面的不同，规定了固定格式和频率的时间序列。在其使用中需要一些特殊的处理技术、识别和计算等方法，同时也因其常用且特殊而成为独特的一类数据集。其创建命令如下：

```
ts(data=NA,start=1,end=numeric(0),frequency=1,deltat=1,
ts.eps=getOption("ts.eps"),  class=, names=)
```
(2-9)

该命令的各参数说明如下：

data=数据源，可以是 R 的数据集等任何数据序列对象。

start=开始时间，如 1979 或 c(1979,3)，即要求是年或年月整数向量。

end=结束时间，格式也是年或年月。

frequency=时间频数，即 1 到 12 的时间周期，1 为年，2 为半年，4 为季度，12 为月。

deltat=时间间隔，与 fre 只能选择其一，是 fre 的倒数。

ts.eps=时间序列之间的偏限值。

class=时序的类型。

names=多元时各子序列的命名字符串列表。

三、数据对象的编辑与管理

当你需要对现有的数据对象进行修改、转换、存取等相关的编辑操作时，可以采取如下方法进行。

(一)数据修改编辑的方法

1. 编辑修改命令

在 R 软件中，对矩阵和数据框对象，都可以通过 edit() 函数命令来修改和编辑。格式为

$$edit(数据对象) \tag{2-10}$$

例如，在提示符>下，键入 edit(X8) 回车后，就会弹出名为 X8 矩阵或数据框的电子表格，你可以直接对其进行修改和编辑，或对原有矩阵或数据框进行扩大和缩小，但修改的结果只有重新赋值，才能保存。即只有 z<-edit(y) 命令的修改，才会在关闭后自动将修改的结果保存在 z 中。

如果只是修改原数据对象，则使用 y2<-edit(y2) 即可，编辑窗口如图 2-2 所示。

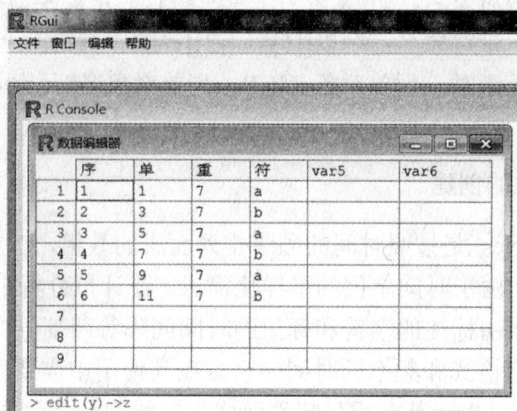

图 2-2　数据框的编辑

当数据对象不是当前的活动对象时，需使用 attach(数据名)来激活。对原数据对象进行更新修改的类似命令还有：

fix(数据对象名)　　　　　　　#在编辑窗口浏览或修改数据。
data.entry(数据对象名)　　　　#在编辑窗口浏览或修改数据。

2. 改变数据顺序的命令

在现实的分析中经常要改变数据的排列顺序，所以常使用如下命令：

rev(数据对象名)　　　　　　　#将原序列逆序排列(即首项将成为末项)。
sort(数据对象名)　　　　　　　#将数据各元素按从小到大顺序排列。

3. 对象显示的设置命令

有时我们在使用 R 对象时，需要其在形式上达到某些要求，这时可以使用环境设置函数，其基本形式为

options（digits=10）	#把整数表示能力设为 10 位。
options（warn= -1）	#可以忽视任何警告，即 warn=1 时，为不放过任何警告。
trunc（）	#截取整数部分，即取整函数。
round（）	#四舍五入函数。

（二）利用下标管理数组类数据的方法

R 中读取数据的更简单方式是使用方括号标记位置的方法，具体的定位命令如下：

a[i]	#向量 a 中的第 i 个元素。
a[i,j]	#矩阵 a 中的第 i 行第 j 列的元素。
a[i,]	#矩阵 a 中的第 i 行的所有元素。
a[,j]	#矩阵 a 中的第 j 列的所有元素。
a[,,1]	#三维数组中的第三维的第一个矩阵。
a[-1,,]	#三维数组中的第一维的第一个矩阵之外的各矩阵数据。

利用各定位方法，结合赋值命令，可以实现对各位置的子集数据进行赋值和修改等工作。例如，a[2]<-5，就是将 5 赋值给 a 向量的第 2 个元素，这也就实现了对该元素的修改。

（三）R 中数据对象的保存

在 R 中如果需要对某些数据对象进行存储，具体方法如下。

1. 文本格式命令

在 RConsole 中使用如下基本命令：

$$write.table（对象名,file="存放路径及文件名",row.names=F,quote=F） \qquad (2-11)$$

该命令是将数据对象存为文本文件。row 参数决定是否将行名写入文件，quote 参数决定变量名是否加引号表示。注意其相近命令有

write.scv（）　　　#该文件的格式与用法与 write.table 完全相同，只是在所存文件中各数据间的分隔符为逗号 "，"。

2. R 格式命令

具体命令为

$$save（对象名, "路径\\文件名.RData"） \qquad (2-12)$$

该命令是将数据对象保存为 R 文件格式，当双击打开该文件时，会自动打开工作空间，且空间中只有该文件的内容。

■ 第二节　基础计算与绘图

能够方便地计算和绘图是应用软件的最基本要求，R 软件的计算和绘图能力是很强的，只是需要记忆的内容较多。

一、R 软件的基本计算

利用软件进行计算，是人们使用软件最常用的功能，R 软件是这些软件中最方便使

用的一种，主要内容如下。

(一)计算规则与命令

在 R 软件中各类数据对象的运算方法非常容易掌握，各类运算符和运算函数简介如下。

1. 基本运算符说明

各类数据对象的运算符与数值运算符基本相同，具体内容如表 2-1 所示。

表 2-1　R 软件中的运算符列表

数值运算		比较运算		逻辑运算	
+	加	>	大于	!	非
-	减	<	小于	&	与(全部)
*	乘	>=	大于等于	&&	与(首项)
/	除	<=	小于等于	|	或(全部)
^	乘方	==	等于	||	或(首项)
%%	模(余数)	!=	不等于	xor(x,y)	异域
%/%	整除				

2. 常用的运算函数

常用的运算函数分类介绍如下。

(1)取极值函数：max(序列)为取最大值，min(序列)为取最小值，range(序列)为同时选取最小值和最大值。

(2)总计函数：sum(序列)为求向量总和，prod(序列)为求向量总积。

(3)累计函数：cumsum(序列)为累计求和，cumprod(序列)为累计求积，cummax(序列)为累计中的最大元素值，cummin(序列)为累计中的最小元素值。

(4)滞后：embed(序列,阶数)为滞后变量族生成函数。

(5)差分：diff(序列,阶数)为后项减去前一项的计算过程所形成的序列函数。

(6)符号判断：sign(序列及元素)为判断数据对象各元素符号的函数，其中以-1、0、1 分别表示负数、零、正数。

(7)绝对值：abs(数据)为数据各元素取绝对值的函数名。

(8)平方根：sqrt(序列)为求数据对象各元素的平方根的函数。

(9)对数：log(序列)为以 e 为底的对数函数，log10(序列)为以 10 为底的对数函数，log2(序列)为以 2 为底的对数函数。

(10)指数：exp(序列)为 e 的幂指数计算函数名。

(二)数组的运算函数

以矩阵的常规运算为例，说明如下。

(1)矩阵的转置。命令如下：

t(矩阵名)　　＃以矩阵的主对角线为轴，将矩阵的各行转为各列，其他顺序不变。

(2)矩阵的加减。与数值的做法相同，使用"+"和"–"号，如 $A+B->C$，这里要求 A、B、C 三个矩阵的结构要相同，同行同列的元素相加减。

(3)矩阵的乘积。命令如下：

A%*% B -> C   #A 的第 i 行向与 B 的第 j 列向同序位的元素相乘后相加总，形成 C 矩阵第 i 行第 j 列位置的元素。A 的列数(行维数)要与 B 的行数(列维数)相同，%*% 为乘法运算符。

(4)方阵的求逆。命令如下：

solve(矩阵名)   #求方阵的逆阵。

矩阵与其逆阵的乘积为单位矩阵，求逆阵的函数原形是 solve(A,b)，它属于线性方程组 $Ax=b$ 的逆运算函数，在 b 缺省时，系统默认其为单位矩阵。所以，人们就直接利用无 b 的函数，来求得 A 的逆阵。

(5)矩阵的特征值与特征向量的计算。对于方阵 X，如果有常数 a 和列向量 e 存在，使得 $Xe=ae$ 成立，则我们称 a 为 X 方阵的特征值，e 为 X 方阵的特征向量。而特征值和特征向量不是唯一的，通过对矩阵进行的谱分解，可以得到其所有的特征值和特征向量。即令方阵 $X=EAE'$，其中 A 是由 X 的特征值组成的对角方阵，E 的各列为 X 特征值方阵 A 的主对角各元素所对应的特征向量。该分解的命令为

eigen(方阵)   #该函数以列单形式给出特征计算的结果。

具体结果分为如下两部分内容：一是全部特征值为主对角线构成的名为"对象名 $values"的对角矩阵；二是由全部特征向量为列向量构成的，名为"对象名$vectors"的矩阵，该部分的各列分别是对应着第一部分各特征值的特征向量。

其实，该函数的完整形式包含着四个参数，一般只需要第一个参数 X，其他参数都可以忽略，如第二个参数是标明 X 是否为对称的标记，省略时函数自动判断，所以可忽略；第三个参数是标明特征值和特征向量是否同时列出，缺少时为 T，即要列出，而选择 F 时，则列出一个 NULL 的空信息，所以也可以不要。

(三)矩阵的主要统计计算

对一个矩阵的各部分进行统计的命令很多，而其中最为强大的命令就是 apply，其命令格式及使用方法如下：

$$apply(矩阵名,1 或 2,运算函数) \tag{2-13}$$

该命令的第一个参数是测算对象矩阵；第二个参数选择 1 时，是要求对矩阵的行向进行统计计算，而选择 2 时是要求对其列向进行统计计算；第三个参数是 R 中有效的计算函数，可以自己定义函数。例如，z<-apply(x,1,sum)命令，就是对 x 矩阵的各行求和并将结果放入 z 中。

(四)统计描述函数

统计运算主要是特征值的计算和分布的描绘。

1. 特征值的计算

有关统计描述的常规命令如下：

mean（变量）　　　　#计算变量的简单算术平均值。

median（X）　　　　#未分组时的中位数函数。

var（x）　　　　　　#计算变量 x 的方差。

sd（x）　　　　　　#计算变量 x 的标准差。

IQR（数据向量名）#计算数据向量的四分位差，注意该命令要使用大写。

quantile（数据向量名,probs=c（结构点列表））　#给出最小、最大和四分位数列表。

即参数 probs 的缺省值为 0,0.25,0.5,0.75,1 等五个位置点上的数值，改变百分比可以求得各百分点上的数值。

2. 概率分布的计算

统计分布的相关函数命令，在 R 中是以"d、p、q、r"这 4 个字符之一开头的，再加上表 2-2 中的各种分布名称的命令符来构成函数命令名。

表 2-2　主要统计分布命令主体字符表

命令符	中文名	命令符	中文名	命令符	中文名	命令符	中文名
norm	正态分布	unif	均匀分布	beta	贝塔分布	binom	二项分布
t	t分布	exp	指数分布	lnorm	对数正态	geom	几何分布
f	f分布	weibull	威布尔分布	Logis	逻辑分布	hyper	超几何分布
chisq	卡方分布	gamma	伽玛分布	cauchy	柯西分布	nbinom	负二项分布
pois	泊松分布	signrank	符号秩	wilcox	秩和	tukey	学生化极差

其开头的 4 个首位字符的含义介绍如下：d 表明是求密度的命令；p 表明是求较小制或较大制累计概率分布的命令；q 表明是求左侧或右侧概率为要求数值时的临界分位点的命令；r 表明是由程序给出符合参数要求的，服从各类模型分布的随机数据组成的随机向量。

在求得各概率函数的相关值时，只需要在上述 4 个字符后加上各函数主体字符就是规范的函数命令名，而不同的参数及用法需要查找帮助文件。在后续的学习中将陆续介绍。

二、基础绘图知识

图形是直观形象地反映事物特征的最有效工具，R 软件所提供的程序所绘制的图形精美，操作简单。现就最基本的内容介绍如下。

(一)R软件的基本绘图

统计学中最基本的图形就是二维的平面图，即由两个变量构成的图形。绘制该类图形的基本命令格式为

$$plot（横轴变量名,纵轴变量名,参数列表）\tag{2-14}$$

该函数中两轴的变量是必备的绘图要素，要求两个变量是长度相等的两个向量。没有参数时的图形，如图 2-3（1）所示。参数列表是根据需要而加入的附属要素，列表中的

各参数以逗号分隔,参数的加入形式是:参数名= "设置符"。各参数的有关信息如表 2-3 所示。

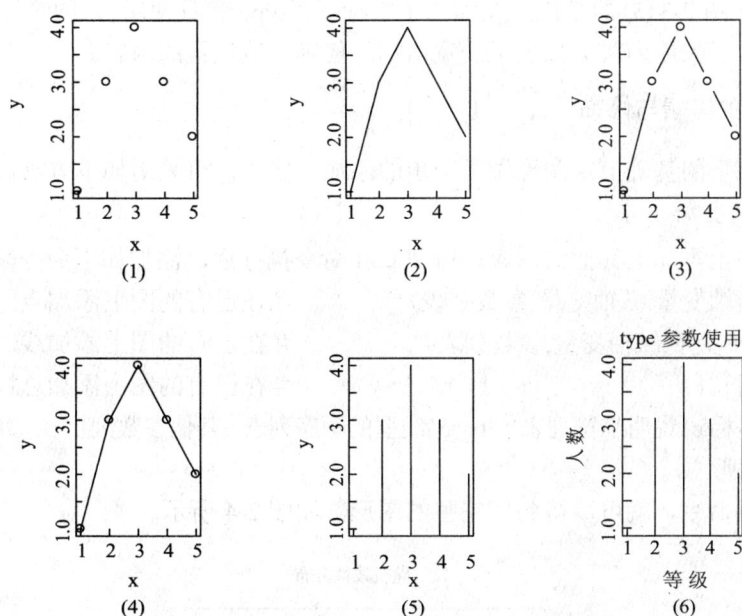

图 2-3 plot 函数的参数使用效果图

表 2-3 绘图参数说明表

参数名	设置符	功能解释
type	p	默认的散点图
	l	线型图
	b	点线图
	h	竖线图
	o	点线合一图
	n	不描绘图形
axes	T	有坐标轴
	F	无坐标轴
main	主标题内容	主标题在图像的上方居中
sub	副标题内容	副标题在图像的下方居中
xlab	横轴标题	在横轴下方标记的 X 轴所表示的内容
ylab	纵轴标题	在纵轴左侧标记的 Y 轴所表示的内容
xlim	c(最小值,最大值)	设置横轴的最小和最大刻度值
ylim	c(最小值,最大值)	设置纵轴的最小和最大刻度值
pch	字符	设置数据点标记显示的符号样式
lwd	1 或 2	1 是默认的线宽,2 是两倍的线宽设置
lty	1 或 2	1 是实线,2 是虚线设置
col	1~17	颜色设置:1 黑、2 红、3 绿、4 蓝、5 浅蓝、6 水粉、7 黄、8 灰等

资料来源: 王星. 非参数统计. 北京: 清华大学出版社, 2009: 20

选择不同的参数会得到不同效果的图形,如在图 2-3 中,有:图 2-3(1)~图 2-3(5)

就是分别加了 type = "p"、type = "l"、type = "b"、type = "o"、type = "h"等参数后的不同效果图；图 2-3(1)~图 2-3(6)各图下的标号(1)~(6)就是加了 sub 等副标题产生的效果；图 2-3(6)是在图 2-3(5)的基础上又添加了主标题"type 参数使用"，同时还加上了两轴的标题、加上了颜色为灰、加上了线宽增加一倍等参数设置的内容。

(二)图形的编辑与修饰

在基本图形的基础上对图形做进一步的添加与修改，可采用如下方法。

1. 图像的叠加

在基础图上再加上其他的内容，可在 plot 命令执行后，添加如下命令来实现：

```
points(横轴变量,纵轴变量,参数列表)              #在已有的图上添加点。
lines(横轴变量,纵轴变量,参数列表)               #在已有的图上添加线。
title("字符")                                    #在已有的图上添加总标题。
legend(坐标,c(说明字符列表),lty=c(线型的顺序列表),其他参数列)        #在已有的图上添加图示说明。
```

以上几条命令，就可以得到较完整的图形，如图 2-4 所示。

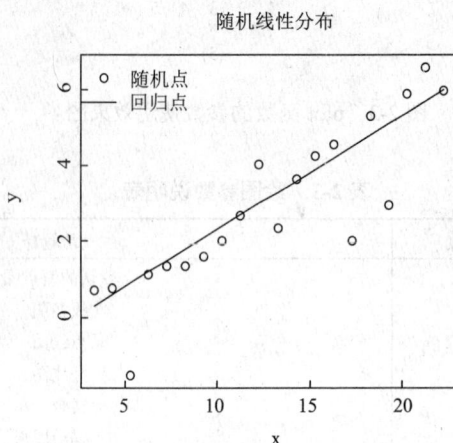

图 2-4　plot 的图像添加

图 2-4 中的主要程序如下：

```
>x=1:20
>y=rnorm(20,0,1)+0.3*x
>plot(x,y)
>title("随机线性分布")
>lines(x,0.3*x)
>legend(0,7,c("随机点","回归线"),lty=c(NA,1),pch=c("o"," "))
```

2. 其他图形的绘制函数

除散点连线图外，还有如下常用的绘图命令：

```
hist(变量,参数)         #对变量进行次数分配后绘制的直方图，如图 2-5(1)所示。
pie(变量,参数)          #饼形图的变量应该是 table 分组统计后的数据，如图 2-5(2)
```

所示。

barplot(变量,参数)　　#柱形图是以条形图示表示变量数值的图形，如图 2-5(3) 所示；在多个变量列表时，表现为多变量的并列，如图 2-5(4)所示；在使用 table 后是复含次数分配的图形，如图 2-5(5)和图 2-5(6)所示，两者的参数 beside 及变量列表的顺序不同。

boxplot(变量列表,bor=F)　　#当列表中有一个变量时，就画出一个箱线图；bor=T 时为水平放置各图形，而默认时是竖放图形。

stem(数据集名,scale=1,width=80, atom=1e-08)　　　#绘制茎叶图。

pairs(x,…)　　　　　　　#x 矩阵或数据框中两两列之间的散点图阵。

stars(x,full=T,dra=T)　　　　#以雷达式图像表述多元数据的星相图示，形状 full 和分支 dra 在默认时 T 为圆形，取 F 时为半圆形。

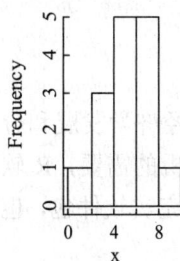

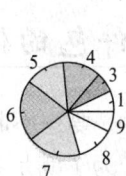

(1)x分布的直方图　　　　(2)x分布的结构饼图　　　　(3)x的数据图

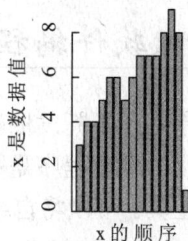

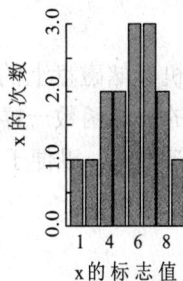

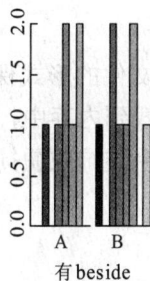

(4)x的次数分布图　　　　(5)x和y的复合分布图　　　　(6)y和x的复合分布图

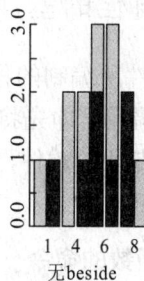

图 2-5　多图的合并布阵显示

3. 多图阵形布置

要同时在一个地方并列安排多个图形时，可以使用如下命令：

$$\text{par}(\text{mfrow}=c(\text{行数},\text{列数}))\tag{2-15}$$

或者

$$\text{layout}(\text{matrix}(1:图数,行数,列数))\tag{2-16}$$

在此命令之后要下达"行×列"个绘图命令即可。如图 2-5 所示。

绘制图 2-5 中的主要程序如下：

```
>x=c(3,4,4,5,6,6,5,6,7,8,7,8,9,8,1)
>y=c("A","B","B","A","A","B","B","A","A","B","B","A","B","A","B")
```

```
>par(mfrow=c(2,3))
>hist(x,sub="(1)",main="x 分布的直方图")
>pie(table(x),sub="(2)",main="x 分布的结构饼图")
>barplot(x,sub="(3)",main="x 的数据图",xlab="x 的顺序",ylab="x
是数据值")
>barplot(table(x),sub="(4)",main="x 的次数分布图",xlab="x 的标志
值",ylab="x 的次数")
>barplot(table(x,y),sub="(5)",main="x 和 y 的复合分布图",beside=T,
xlab="有 beside")
>barplot(table(y,x),sub="(6)",main="y 和 x 的复合分布图",xlab="无
beside")
```

■ 第三节　R软件编程与软件包的使用

任何事物都是在不断发展和改进的，要想不断适应计量经济学发展和分析技术的改进，只有固定化的函数程序是不够的，为了满足各类特殊分析的需要，R 软件提供了灵活方便的编程工具。可以将自编程序提供给 R 核心开发组来充实软件包，也可以从现有的 5000 多个软件包中获得你所需要的各类特殊程序。

一、R编程的基本原理

使用 R 软件所编制的程序，是以文件的形式保存在计算机存储磁盘上的，使用时要在控制平台上调用，即先将该程序加载到内存中，然后如 R 的普通函数一样使用。当然也可以编制成专业的软件，将控制平台装饰成快捷按键平台等形式，以便于用户在规定的范围内使用 R 软件。

(一)定义函数的命令

要建立一个 R 可执行的函数是很简单的，其基本命令如下：

$$函数命名<-function(参数列表)\{函数命令列表\} \tag{2-17}$$

执行该函数时，与 R 原有函数的使用一样，只要加入"函数名(参数列表)"后即可执行函数命令。

例如，我们可以创建一个两个变量的关系图，以不同的方式绘制、并列在一个图示中的函数。可以使用如下命令：

```
f 二维列图=function(x,y){par(mfrow=c(2,3))
plot(x,y,sub="(1)",main="散点图")
plot(x,y,sub="(2)",main="折线图",type="l")
plot(x,y,sub="(3)",main="点线图",type="b")
barplot(table(x,y),sub="(4)",main="x 与 y 的联合分布图",xlab="无
beside",beside=F)
barplot(table(x,y),sub="(5)",main="x 和 y 的复合分布图",beside=T,
```

```
xlab="有 beside")
    barplot(table(y,x),sub="(6)",main="y 和 x 的复合分布图",xlab="无
beside")}
```

该程序是将 X 和 Y 两个数列的图示以两行三列的形式分布，你可以作为练习试验修改该程序，在控制平台直接键入该定义的函数，不过键入时各回车处要以分号";"替换。由于该函数是以汉字命名的，一定要注意字符之间的大小写及全角和半角之间的切换。如果你要备份该程序，则可以文本格式将其命名保存。

注意：编写程序时，你可以在"文件"菜单中选择"新建程序脚本"，利用 R 提供的文件编辑器进行程序文件的编辑。当然也可以使用操作系统提供的记事本或写文板等文本编辑程序进行程序的编辑。

(二)自编程序的调用

如果想使用自编的程序，需要将自编的程序加载到控制平台的内存之中，可以通过以下两种方式来实现。一是使用"文件"菜单中的"运行脚本文件"后，选择要运行的文件即可。二是使用如下命令来实现：

$$source("路径及文件名") \tag{2-18}$$

通过该命令将自编程序调入后，该函数就可以与 R 中原来函数一样使用了。

二、R编程常用的结构命令

R 编程与其他编程方法没有本质区别，其结构设计都是相通的，甚至常用的命令都相同。在编程中我们要尽量使用向量化的处理方法，这是 R 的一大优点，它使程序变得相当简单。当程序中有必要使用结构性设计时，如下三个命令就足以满足我们的设计需要。

(一)命令的基本格式

1. 判断执行命令

如果在某种环境下，就应该进行某种操作时，我们可以使用如下命令：

$$while(逻辑)\{语句\} \tag{2-19}$$

该命令首先进行逻辑运算和判断，如果逻辑为真时，则执行语句给出的命令。例如：

```
>n=1
>s=0
>while(n<4){s=s+n; n<-n+1}
>s
[1]6
```

2. 有限循环命令

如果你想将某项工作进行有限的 n 次，则可以使用如下基本命令：

$$for(变量\ in\ 序列)\{语句\} \tag{2-20}$$

该命令以变量在序列中的循环取值来控制语句的执行次数。例如：

```
>sum=0
>for(i in 4:1){sum=sum+i}
>sum
[1]10
```

3. 备选式命令

这是需要进行判断并选择时使用的基本命令，格式如下：

$$if(逻辑运算)\{语句1\}else\{语句2\} \tag{2-21}$$

该命令首先进行逻辑运算和判断，如果逻辑为真时，则执行语句 1 的命令；如果逻辑为假，则执行语句 2 的命令。例如：

```
>n=8
>s=1
>if(s<10&n==4|sum>20){z=30}else{z=-20}
>z
[1]-20
```

注意：①上述命令都可以实现程序的循环操作，只是我们要注意怎样才能巧妙地构建一个循环变量，并能借助该变量实现程序的循环。②各命令中的语句命令是单一的一个命令，不能像某些书籍中所表述的那样，可以并列分号分隔。

(二)程序设计规范

1. 编程的基本原则

虽然 R 的程序设计简单，但是在进行程序设计和编制中，还要有效利用已有的资源，并遵循如下基本原则。

(1)简单原则。例如，一次性可以生成 100 个随机数据的函数使用，要比每次生成一个随机数据并循环 100 次的命令简单得多。

(2)使用结构化的设计思路，比简单的平铺直叙的方式优秀得多。

(3)要注意程序的可读性和易理解性。

2. 编程的习惯培养

要达到上述编程原则的要求，应养成良好的习惯：

(1)为了程序的可读性，要在各条命令间以空格的方式实现语句间的对齐。在某些程序编辑器中是可以主动形成的，所以建议使用这类编辑系统进行编辑。

(2)要善于使用注解，即在各语句的后面以"#"开头为解释的文字说明。

(3)文件名要具有普识性，要符合 R 规范的要求。即要以字母开头，不与关键词重名；要以普遍接受的习惯用词或字母来表述等。

三、R软件包的加载与使用

使用 R 内存中没有而软件库中拥有的程序，需要到 R 的专有服务器中下载安装，然后再加载后才能实现。具体的操作内容如下。

(一) 程序的下载

程序的下载需要如下步骤来完成。

1. 选择服务器

在操作控制平台上选择"程序包(Packages)"菜单，然后在下拉的选项菜单中选择"设定 CRAN 镜像(set CRAN mirror…)"选项，接下来在弹出的窗口中选择一个地点的服务器，如 china(xiamen)就是选择了在中国厦门大学的服务器。

2. 选择要下载的程序包

通过帮助文件或网络搜寻，明确你所需要的程序包的名称，在选定服务器后，在使用"程序包(Packages)"菜单的下拉选项"选择软件库(Select repositories)…"，就可以在服务器上以字母顺序来寻找你所要下载的程序包，点击就可以下载了。

3. 安装软件包

将所需软件包下载后需要安装，也是先选择"软件包(Packages)"下拉菜单中的"安装软件包(Install package)…"选项，并在弹出列表中按字母顺序来选择要安装的软件包，点击就自动安装了。

(二) 程序的加载

当使用外部程序包中的程序时，需要在控制平台上加载该软件包，加载的方法如下：首先，点击"程序包(Packages)"下拉菜单，并选择首项"加载程序包(Load packages)…"；然后，在弹出的窗口程序包列表中选择要加载的程序包，并点击确定。

当加载了程序包后，该包中的各程序就能够向内存中的程序一样使用了。另外要注意 R 程序会经常优化和更新，使用一段时间后，都要更新一下程序。更新的方法也是在程序包的下拉菜单中选择镜像后，再选择"更新程序包(Update packages)…"即可。

■ 第四节　科技贡献的度量案例

在建模的数据处理中，常需要一些统计技术进行加工测算，本节以技术进步为例来体会这一过程。

一、科技所带来的变化

全社会生产效率的提高与技术水平的进步直接相关，人类文明进步的过程已经表明技术的普遍掌握，能够提高全社会的生产效率，而这种综合生产效率的不断提高，则是社会不断进步的原动力。在市场经济中，技术由个体向社会的传播是个神奇的过程：在市场竞争中专业技术可以为其所有者带来高额的利润，为此人们努力以申请专利等方式来保护专有技术的使用，这种做法表面上并不利于技术的传播与扩散。但是其高额利润的实现，需要在市场上销售其生产的大量专利产品，这就必然产生专利产品的普及使用和专业化的分工，这在客观上就促进了使用新技术产品而引发的新一轮的技术创新。在这一过程中，传统的专利技术必将成为被社会逐渐掌握的普通技术，所以技术的不断创新和普及，就成为社会生产效率提高的根本动力。为此，在我们的分析中，要明确先进技术的特点。

(一)先进技术的特点

技术之所以先进，主要具有如下特点。

1. 先进的相对性

因为技术是劳动者发明的，只有掌握它的人才能利用它，所以说技术与劳动力要素是很难区分开的。然而技术并不是所有的劳动者都能掌握的，从静态上看，先进技术往往只掌握在少数人那里，并利用它来提高生产效率，以获得超额利润。从动态上看，原有的新技术会逐渐被人们学会，并在多数人都理解的情况下迅速达到普及。但是普及后的技术，就不能再算新技术了，然而更新的技术会不断产生，并不断被普及，社会科技的进步就是这样不断以相对循环的形式前进。

2. 技术的作用递增

一项技术从发明到普及需要一段相当长的时间，即在发明初期只能给发明者个体或他的团队带来利益，而只有在其普及后才真正为社会带来整体的福利。所以从宏观上衡量科学技术的作用时，就要从全社会福利产生后的结果来观察。为此，从动态的视角来观察，报告期的生产技术往往都高于基期的水平，两者的差距可以看作是基期的普遍技术与报告期高技术之间的差别。

3. 技术包含物质与心理两大类

对客观物质世界的认知所体现的科学技术进步是人们普遍认同的，然而在心理范围的进步却常被人们忽略。这两个方面体现了物质科技与管理科技的协调和统一，也是科学技术进步作用的一大特点。

(二)对技术进步的观察视角

由于技术进步的作用是人们公认的，却没有很好的核算测定方法，所以我们试探着做了些努力，以便能在一定程度上对技术进步的结果做出一些判断。具体思路是：从全社会的视角出发，观察社会进步的主要表现，并将其看作是全社会科技进步引起的全社会生产效率作用的结果。根据上述分析，我们选择如下主要指标来测定技术进步的程度。

1. 对生产结果的观察

技术进步的作用会使生产效率得到普遍提高，进而引起产量和品种的增加，所以社会财富也会普遍增加。当然社会财富的增加还有规模效应等因素的作用，但是主要成分还是技术进步的作用。为此我们选择人均 GDP 指标的主要变动，以 C1 来表示，并作为衡量综合生产效率的主要指标之一。由于采用人均指标，所以剔除了规模的作用，主要体现技术质量的作用，即该 C1 指标就主要反映了技术进步的程度。

2. 对技术进步引起的生产结构的改变

先进的技术常常体现为产品或工艺的生产效率提高，进而形成较高的专业化水平，并逐渐独立成专门的行业，使社会分工得到进一步加深和细化。这种细化主要体现在产业结构上，使服务行业增加，并体现在第三产业比重不断加大。为此我们选择了第三产业增加值占 GDP 比重的增长量，作为衡量物质技术和管理技术协调的重要指标之一，以 C2 来表示。

3. 从进步的实现条件上看

技术进步会促进专业化的产生，而专业化的实现又需要社会分工来完成，社会分工又必然引起社会交换业务量的增加，所以金融信用程度的加深也是必然的结果。为此我们选择了 M2 与 GDP 比值的变动，以 C3 来表示，作为金融深度加深的衡量指标之一。

4. 从动态的持续性的生产准备上观察

技术的进步还体现在扩大再生产的能力上，所以投资规模的增加或生产领域中人们掌控资本能力和水平的提高，也是技术进步的结果。为此我们选择了总投资与经济人口比值的变动，以 C4 来表示，并作为衡量技术进步程度的指标之一。

由于我们所选择的指标很多，且每个指标都部分反映了技术的进步程度，即各指标的主要成分是科技进步的作用，只能使用多元统计中的主成分分析方法，将各指标中的主要成分提取出来，并进一步综合成为一个反映科技进步的统计指标，作为技术进步效果的反映：

$$C_t = \sum r_j C_{jt}$$

式中，C_{jt} 为第 j 个衡量指标的第 t 期较 t-1 期的变化值；r_j 为第 j 个分量的主成分权重。

二、主成分分析原理

将多维数据所包含的主要信息，以线性组合的方式融入到少数的几个新生变量中，可以达到降维的目的。具体定义如下：设 $X = (X_1, X_2, \cdots, X_m)'$ 是 m 维随机向量，且其二阶矩存在，若权重行向量 α_1 在条件 $\sum \alpha_1^2 = 1$ 下，使得 $\mathrm{Var}(\alpha_1 X)$ 最大，则称 $Y_1 = \alpha_1 X$ 为 X 的第一主成分分量；若权重向量 α_2 在条件 $\sum \alpha_2^2 = 1$，且 $\mathrm{Cov}(\alpha_2 X, Y_1) = 0$ 下，使得 $\mathrm{Var}(\alpha_2 X)$ 最大，则称 $Y_2 = \alpha_2 X$ 为 X 的第二主成分分量；依此类推，一般表述为，对于任意的 $p = 1, 2, \cdots, m$，若权重向量 α_p 在条件 $\sum \alpha_p^2 = 1$，且 $k = 1, 2, \cdots, p-1$ 时，$\mathrm{Cov}(\alpha_p X, Y_k) = 0$ 下，得到的 $\mathrm{Var}(\alpha_p X)$ 最大，则称 $Y_p = \alpha_p X$ 为 X 的第 p 个主成分分量。

在多数情况下 $p < m$，会使原有的多维现象降维，即以较少的几个主要成分变量，来反映多维的综合变量。该分析中涉及如下定理和定义。

定理一：设 X 为 m 维随机向量，$\mathrm{Cov}(X) = (\sigma_{ij})$ $(i, j = 1, 2, \cdots, m)$ 存在，则 X 的第 p 个主成分 $Y_p = \alpha_p X (p = 1, 2, \cdots, m)$，其中 $\mathrm{Var}(Y_p) = \lambda_p$，则 λ_p 是 $\mathrm{Cov}(X)$ 的特征值中从大到小排列后的第 p 个，并称 α_p 为 λ_p 的特征向量。

定义一：设 $z_p = \lambda p / \sum \lambda_p$ 为主成分 Y_p 的方差贡献率，则 $\sum z_p = Z_p$ 为主成分 $Y_1, Y_2, \cdots, Y_p$ 的累计方差贡献率。

定义二：第 k 个主成分量 Y_k 与 X 的第 p 个分量的相关系数 $r(X_p, Y_k)$ 称为 X_p 因子的载荷量。

定理二：当 X 各分量的计量单位不同时，需要对 X 各分量进行标准化处理；而标准化后的相关系数与协方差相同，则 X 各分量与 Y 各主成分之间的相关系数阵 $R = (\lambda^{1/2})' \alpha$；且在样本 X 服从正态分布时，λ 和 α 就是其样本 X 的极大似然估计量。

主成分分析的 R 程序基本命令为

$$\text{princomp}（数据集,cor=F,\cdots）\tag{2-22}$$

该命令的最主要参数 cor=T 时，使用样本相关系数阵 R 做主成分分析；否则 cor=F 为默认时，使用样本协差阵 S 做主成分分析。具体的使用方法参见例 2-1。

三、科技贡献的主成分测算案例

(一)案例说明

【例 2-1】由于我国 1990 年以后才开始有货币供应量 M2 的统计，所以我们测定时只能使用 1990~2011 年的数据，主要包括国内生产总值 GDP(亿元)、经济人口 JJRK(万人)、第三产业增加值 SCZJZ(亿元)、货币供应量 M2(亿元)、资本形成总额 ZBXC(亿元)、总人口 ZRK(万人)、消费物价指数 CPI(%)等数据，如附表 1 所示。将附表 1 中的数据读入到 R 中需做如下处理：首先，将附表 1 中的全部内容复制，再建立一文本文件，如"sj2.txt"，并粘贴全部数据到该文件中；其次，对粘贴的数据做必要的编辑(如使用查找替换删除所有的分位点的逗号，将各列的标题加上引号以表明是字符等)；再次，将该文件存入 R 的工作目录中；最后，使用 sj<-read.table("sj2.txt",T)命令，将附表 1 中的数据读入到 R 内存中的 sj 数据框中。进一步生成技术进步的各表现指标，各指标要扣除物价的作用，其中子项和母项都有物价作用的不必扣除，具体如下。

C1 是人均 GDP 的改变，C1<-diff(100*sjGDP/sjCPI/sj$ZRK)；

C2 是第三产业增加值占 GDP 比重的增长量，C2<-diff(sj$SCZJZ/sj$GDP)；

C3 是 M2 与 GDP 比值的变动，C3<-diff(sj$M2/sj$GDP)；

C4 是总投资与经济人口比值的变动，C4<-diff(100*sj$ZBXC/sj$CPI/sj$JJRK)。

数据图示如图 2-6 所示。

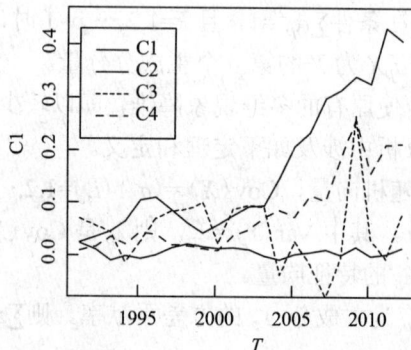

图 2-6　技术进步表现指标对比图

(二)使用R进行主成分测算

使用 R 软件进行测算，命令过程如下：

```
>KJ<-data.frame(C1,C2,C3,C4)
>princomp(KJ)->ZCF
```

```
>summary(ZCF,loa=T)
Importance of components:
                 Comp.1        Comp.2        Comp.3       Comp.4
Standard
deviation        0.1791414     0.07094519    0.02155358   0.007056839
Proportion
of Variance      0.8526119     0.13372271    0.01234235   0.001323060
Cumulative
Proportion       0.8526119     0.98633459    0.99867694   1.000000000
Loadings:
        Comp.1      Comp.2      Comp.3      Comp.4
C1      0.709       0.232       -0.654      -0.125
C2                  -0.213      0.975
C3                  -0.945      -0.305      -0.122
C4      0.705       -0.225      0.659       0.135
```

该计算结果中的 Standard deviation 是主成分的标准差，Proportion of Variance 是主成分的方差贡献率，Cumulative Proportion 主成分的累计贡献。从上述计算结果中，可以看出第一主成分属于综合生产技术进步的反映，其解释了这 4 个变量改变的 85.3%；第二主成分是属于市场化的程度的反映，且前两个主成分已经解释了 4 个变量改变的 98.6%；而从两个主要成分的加权核算结果如下。

1. 综合生产技术的测定

$$ZC_t = 0.709C_{1t} + 0.705C_{4t}$$

从这里可以分析出技术的进步主要体现在静态生产技术和动态投资技术上。

2. 市场化程度的测定

$$SC_t = 0.232\,C_{1t} - 0.945\,C_{3t} - 0.225\,C_{4t}$$

将两个主成分核算结果，如图 2-7 所示。

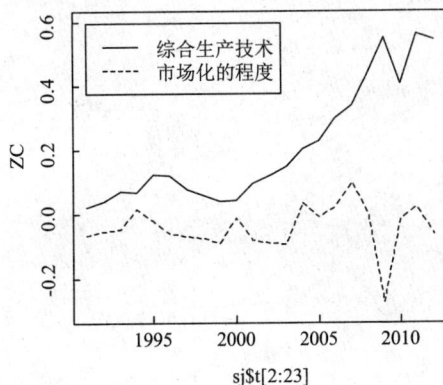

图 2-7　两个主成分核算分布图

■ 本章小结

本章内容是为了计量经济建模的可操作性而设计的，其主要是以公益性的开放式软件 R 为工具，学习的内容也是我们实现经济建模的基础。在了解计量建模的各类数据及其处理方法的前提下，才能实现经济研究的实证分析。所以本章所学内容都是计量建模中常用的技术手段或实用工具，一定要熟练掌握，尤其是各类基本计算函数和绘图方法，以减少后续学习中的翻书和查找的次数。

■ 思考与练习

1. 就本章中所学到的 R 命令，在软件上进行实际操作练习。可以利用附表 1~附表 3 中的相关指标数据分别进行观测或资料汇集，同时将数据调入到 R 内存中，并做统计描述和绘图，最后形成工作文件存储到磁盘中的指定目录。

2. 搜集第一章的思考与练习中所需的统计数据，并分别按照 SL1.1 和 SL1.2 的需要来建立各模型的数据框。可以将此项工作称为 SL2.2。

第三章

计量经济模型的估计

在设计出模型的基本形式后，如果我们掌握了对模型系统的观察数据，就可以对其主要参数进行估算了。本章的主要任务就是研究估计方程的基本方法，并通过软件实现对模型参数的估计。这是计量经济学实践的关键单元，决定了后续学习的实现。

■ 第一节　回归方程参数估计的基本方法

回归分析是科学研究中最常用的基本思想，对其估计的方法很多，本节只就常用的主要方法进行介绍。

一、最小二乘法

最小二乘法是计量经济分析中最常用的估计技术，其基本思想和求解原理是学习计量经济学必须掌握的知识。

(一)回归方程参数估计的最小二乘思想

在给定一组样本观测值(X_i, Y_i) $(i=1,2,\cdots,n)$，要使样本回归函数尽可能好地拟合这组值，就如同图 1-1 的直线所示，该图中的各散点是样本的观察值，而描绘这些观察值分布的曲线会有很多，具体哪条是最恰当的呢？这就是回归方程要解决的问题。我们将这些回归方程记为$\hat{Y}_i = f(B, X_i)$，即被解释变量Y_i取决于X_i的作用，其作用程度是稳定的B值。要得到该理想回归方程，就要使各散点到曲线的距离达到最小，这样最小二乘法就是最佳的选择。最小二乘法的估计依据就是样本观察值与回归估计值之差的平方和达到最小，即寻找使模型的误差项的平方和达到最小的参数求解方法。一般表达式为

$$\sum(Y_i - \hat{Y}_i)^2 = \sum[Y_i - f(B, X_i)]^2 = \sum e_i^2 \to \min \tag{3-1}$$

这种以e_i的平方和达到最小为目标的做法，实质上就是使各Y_i与$\hat{Y}_i$的距离达到最小。因为e_i的正负抵消作用，不但会使$\sum e_i = 0$很易实现，还掩盖正负差距的大小。这就造成了许多方程的残差都具备$\sum e_i = 0$的属性，即满足$\sum e_i = 0$要求的曲线不具唯一性。而使

用 $\sum e_i^2 \to \min$ 的原则，所估计的方程具备唯一性的特点。

(二)最小二乘法的求解过程

按照残差平方和最小的原则，来估算回归方程 $f(B, X_i)$，实质上就在残差平方和达到最小的约束下，求得 B 中各元素 b_k 的合适值。因此，我们要对于每个参数 b_k 求其关于 $\sum e_i^2$ 的偏导数，并令其为零。从而可以形成一个由参数个数决定方程个数的方程组，而该方程组的解就是回归方程的参数解。

1. 线性回归的参数求解

回归方程的形式不同，求解的过程也不会相同。由于线性回归方程" $Y = XB$ "是我们学习的基础，所以我们将线性方程" XB "的参数" B "的求解过程，以矩阵的形式表述如下：

$$\frac{\partial \sum e_i^2}{\partial B} = \frac{\partial e'e}{\partial B} = \frac{\partial (Y - XB)'(Y - XB)}{\partial B} = \frac{\partial \left[Y'Y - Y'(XB) - (XB)'Y + (XB)'(XB)\right]}{\partial B}$$

$$= \frac{\partial \left[Y'Y - 2(XB)'Y + (XB)'(XB)\right]}{\partial B} = \frac{\partial (Y'Y - 2B'X'Y - B'X'XB)}{\partial B}$$

$$= -2X'Y + 2X'XB$$

则在导数为零时有 $X'XB = X'Y$ ，即参数列向量求解的矩阵公式为

$$B = (X'X)^{-1}X'Y \tag{3-2}$$

式中，B 为参数列向量；X 为解释变量数据阵；Y 为被解释变量的数据列向量；X' 为 X 矩阵的转置矩阵；$(X'X)^{-1}$ 为解释变量数据间乘方的逆阵。

2. 案例分析

【例 3-1】使用例 1-1 中的数据和 R 软件，求解回归方程的参数过程如下：

```
Y<-c(594,883,1426,2300,2800,3500,4060,4900,5700,6500)
x<-c(800,1200,2000,2800,3500,4300,5100,6000,7300,8500)
X<-cbind(rep(1,10),x)
```

其中，Y 和 x 是一维向量，X 是 2×10 的矩阵，用式(3-2)来估算回归方程参数列向量的 R 过程是：

```
B<-solve(t(X)%*%X)%*%t(X)%*%Y
```

则计算的最终结果是 $\begin{pmatrix} 8.3338 \\ 0.7851 \end{pmatrix}$ ，即最小二乘法估算的回归方程为

$$\hat{Y} = 8.3338 + 0.7851x$$

该方程为样本回归方程，可以在给定 X 的条件下得到回归的预测值 $\hat{Y}$ ；可以用于经济结构分析，其中 8.3338 是没有收入时的人均消费 Y 的平均水平；0.7851 表明人均收入 X 每增加一个单位，人均消费 Y 所能改变的程度；应用在现实的管理中，可以控制 X 的规模来实现对 Y 的间接管理。

二、极大似然估计法

最小二乘法是以估计的误差最小为依据进行，而极大似然估计则是以样本出现的可能性最大为依据进行的估计。

(一)极大似然估计的基本原理

极大似然估计方法也是依靠样本的信息，对总体的参数进行估计的常规方法。只是它适合于总体分布的类型已知但分布的具体参数未知时使用。它是以我们得到的样本在现实中出现的概率达到最大为依据进行的参数估计，即样本各单位同时出现的似然函数达到最大时的参数为估计的结果。

1. 极大似然估计与最小二乘估计的差异

(1)分析的条件差异。最小二乘法进行点估计时可以不知道其分布，但是在进行区间估计和假设检验时，则需要使用总体的正态分布假设，因此最小二乘法对分布依赖不强；极大似然估计法在本质上很依赖总体的分布函数。

(2)分析的出发点的差异。最小二乘法是以样本估计的误差最小为依据进行计算的；而极大似然法是以样本被抽到的概率最大为依据进行估算的。

2. 极大似然法的基本原理

设自总体中获得的样本 Y 是在对总体的一次性随机观察中得到的结果，这说明在所有可能的样本中 Y 出现的概率最大。再设样本各单位在观察值 $Y_i \in Y$ 被抽取的概率为 $P(Y_i) = f(Y_i, \alpha)$，其中 α 为分布特征的描绘，在独立随机抽样时，有联合密度函数为

$$L(Y, a) = \prod_{i=1}^{n} f(Y_i, a) \tag{3-3}$$

该联合密度函数实质上是样本各单位同时出现的可能性的一种度量，极大似然估计就是寻找使这一样本出现的概率达到最大的参数 α 的估计值。为此，我们常将该联合密度函数称为似然函数。由于同类型的概率分布，会因其参数的不同而表现出差距，所以在各随机性的样本中，被抽到的样本往往是出现的可能性最大者。为此我们以样本统计量为依据构建似然估计函数就是极大似然估计。具体步骤如下：①由总体分布导出样本的联合概率函数，得到似然函数；②将似然函数中的自变量看作是常量，而将参数看作是自变量，先对其求导数，并令该导数为零，求得使似然函数最大的极大似然估计量；③将样本数据代入到极大似然估计量的计算式中，得到极大似然估计值。

(二)条件极大似然估计

当样本由两类子样构成时，其联合密度函数为

$$f(Y, X, \beta) = f(Y \mid X, \beta) f(X, \beta)$$

式中，$f(Y \mid X, \beta)$ 为条件概率密度函数；$f(X, \beta)$ 为边缘密度函数；在样本给定条件下 Y 的似然函数为

$$L(Y \mid X, \beta) = \prod f(Y \mid X, \beta) \tag{3-4}$$

对似然函数两端取对数得到的对数形式的似然函数为

$$\ln L(Y \mid X, \beta) = \sum \ln f(Y \mid X, \beta) \tag{3-5}$$

而求得 $L(Y \mid X, \beta)$ 的最大值与求得 $\ln L(Y \mid X, \beta)$ 的最大值是等价的,且依据其概率分布的不同而存在一定的差异。例如,在正态分布情况下,有

$$L\left(Y \mid X, \beta, \sigma^2\right) = \left(2\pi\sigma^2\right)^{-\frac{n}{2}} \exp\left(-\frac{(Y - X\beta)'(Y - X\beta)}{2\sigma^2}\right) \tag{3-6}$$

其对数形式为

$$\ln L\left(Y \mid X, \beta, \sigma^2\right) = -\frac{n}{2}\ln\left(2\pi\sigma^2\right) - \frac{(Y - X\beta)'(Y - X\beta)}{2\sigma^2}$$

设使上式达到最大时的参数 β 和 σ 的估计值为 B 和 s,则有如下关于两类参数的偏导数为零的关系式,即有

$$\begin{cases} \dfrac{\partial \ln L(Y, X \mid B, s^2)}{\partial B} = -\dfrac{X'Y + X'XB}{s^2} = 0 \\[3mm] \dfrac{\partial \ln L(Y, X \mid B, s^2)}{\partial s^2} = -\dfrac{n}{2s^2} + \dfrac{(Y - XB)'(Y - XB)}{2s^4} = 0 \end{cases}$$

$$\Downarrow$$

$$\begin{cases} X'Y - X'XB = 0 \\ -ns^2 + (Y - XB)'(Y - XB) = 0 \end{cases}$$

$$\Downarrow$$

$$\begin{cases} B = (X'X)^{-1}X'Y \\[2mm] s^2 = \dfrac{e'e}{n} \end{cases} \tag{3-7}$$

其回归系数估计的结果与最小二乘法求得的回归系数估计量式(3-2)完全相同。所以说在正态分布的条件下,对于回归模型的最小二乘估计与极大似然估计是基本等价的,即两者估计的结果一致。

三、矩估计法

前述最小二乘法和极大似然法,都要依赖于样本统计量的概率分布来进行估计。而在现实中我们很少知道研究对象的分布情况,这就需要寻找一种不借助分布就能进行估算参数的方法,即矩估计方法。

(一)矩函数

矩函数是统计特征函数的一般称谓,即均值属于原点矩、方差属于中心矩、偏态属

于 3 阶矩函数、峰度属于 4 阶矩函数等。同时总体的矩函数与样本的矩函数是对应的，即样本矩是总体矩的一致性估计，矩函数的主要计算方法如下。

1. k 阶原点矩

以变量值与原点的距离为对象进行乘方的均值计算，所得到的统计特征值被称为原点矩，而依据乘方的次数称为阶数，则对于变量 X 的总体(容量为 N)和样本(容量为 n)的 k 阶原点矩计算公式分别为

$$U_X^k = \frac{\sum X^k}{N}, \quad u_X^k = \frac{\sum X^k}{n} \tag{3-8}$$

2. k 阶中心矩

对于 X 变量的总体和样本的 k 阶中心矩计算公式分别为

$$S_X^k = \frac{\sum (X - \bar{X})^k}{N}, \quad s_X^k = \frac{\sum (X - \bar{X})^k}{n-1} \tag{3-9}$$

当均值为零时，中心矩就是原点矩；当 $k=1$ 时，原点矩就是均值；当 $k=2$ 时，中心矩就是方差；而以各阶矩为基础所形成的各种类型的函数或表达式，常称为矩函数。

(二)经典矩估计

由于样本矩必然携带着总体矩的信息，且可以证明其具有一致性和渐近正态性的特点，所以经典的对总体参数进行矩估计步骤如下。

首先，明确总体矩与分布参数的关系。例如，正态分布下，总体的均值就是其分布的数学期望，而总体的方差就是其分布的方差。即 $X \sim N(\mu, \sigma^2)$ 时，则有

$$U_X^{\,1} = \sum X / N = \mu, \quad S_X^2 = \sum (X - \mu)^2 / N = U^2{}_X - \mu^2 = \sigma^2$$

其次，根据大数定律，各阶样本矩依概率收敛于各阶总体矩，即

$$(\sum X) / n = u_X^1 \to \mu, \quad \sum (X - u_X^1)^2 / (n-1) = s_X^2 \to \sigma^2$$

最后，以样本矩代替总体矩，作为参数的矩估计统计量，即有

$$\hat{\mu} = u_X^1 = \frac{\sum X}{n}, \quad \hat{\sigma}^2 = s_X^2 = \frac{\sum (X - \bar{X})^2}{n-1} \tag{3-10}$$

可见，以样本矩来替代总体矩的参数估计过程就是矩估计方法。

(三)回归方程的广义矩估计

回归方程的估计是为了使残差达到最小的估计过程，所以借助于矩估计的思想，对各回归系数的估算考虑如下。

首先，关于回归方程误差的矩函数可以表述如下：

$$\varepsilon = Y - X\beta$$

该误差列向量实质上是在 X 给定的条件下，各组观察值偏离回归值的程度，即以总体回归方程为中心的实际偏离。而该离差的期望值就是在 X 给定条件下的一阶中心矩，而随着 X 的条件不同，以该距离为核心的函数表达式就是一阶中心矩函数。

其次，以样本的参数估计量代替总体参数，形成样本的矩函数如下：

$$\sum e_i = i'e = i'(Y - XB) = 0 \tag{3-11}$$

根据该方程组可以求解出各参数 B 的估计值，但是该方程组存在着能否识别的问题。在方程的个数等于未知参数的个数时，有可能求解，或称为恰好识别。但是矩估计是依据大数定律进行的，它要求对总体观察的样本数量要尽可能大。而在大样本时，样本容量为 n 组观察值，则可以建立 n 个方程，即当 $n>>K+1$ 时，方程组常是过度识别的。解决这种过度识别的方法就是使各组数据都参与各参数的估算，只是将估算的结果以 X 为权重进行加权平均。该过程就是将式 (3-11) 中的单位向量 i，换为矩阵 X 的简单过程。具体如下：

$$\begin{aligned} X'e &= X'Y - X'XB = 0 \\ X'Y &= X'XB \end{aligned} \tag{3-12}$$

由于 X 为确定的变量观察值，$X'X$ 为非负定的方阵，只要各解释变量间无共线性，则该方阵就是可逆的，这时就会得到与普通最小二乘法一样的估计量计算公式：

$$B = (X'X)^{-1} X'Y$$

可以将这种过度识别的，并采取加权方式进行估计的过程称为广义矩估计，简记为 GMM。且通过公式可知，GMM 所得到的结果与正态分布下的最小二乘法估计和极大似然估计所得到的结果是一致的，即三种方法是等价的。

■ 第二节　线性估计量的性质与区间估计

采用不同的方法对方程求解所估算的结果常有不同，因此需要一定的标准来评价各种方法的科学性，一般认为具有线性、无偏性、有效性的估算方法是最佳的。

一、最小二乘估计量的性质

估计量的质量是人们估计时普遍关心的事情，而评价的标准主要有线性、无偏性、有效性和一致性等，一致性是大样本时的要求，其他是小样本时的要求，最好的估计量叫作最佳线性无偏估计量 (best linear unbiased estimator, BLUE)。

(一) 小样本条件下的性质

高斯和马尔可夫证明了，在给定线性回归的经典假定下，最小二乘估计量 (ordinary least squares estimators) 是满足上述性质的最佳线性无偏估计量。具体证明如下。

1. 线性

线性是指变量是否为另一变量的线性函数。估计量 B 与研究对象 Y 是线性关系的简单证明如下：

$$B = (X'X)^{-1} X'Y = AY \tag{3-13}$$

其中，$A = (X'X)^{-1} X'$ 为一个仅与确定性的 X 有关的系数矩阵，表明 B 与 Y 之间的线性比例关系。虽然该比例与 X 有关，但 X 是确定的，该比例 A 也就是确定的。

2. 无偏性

无偏性是指变量的均值或期望值是否等于总体的真实值。对于参数的估计量有

$$E(B) = \beta \tag{3-14}$$

因为 $B = (X'X)^{-1} X'Y = (X'X)^{-1} X'(X\beta + \varepsilon) = \beta + (X'X)^{-1} X'\varepsilon = \beta + A\varepsilon$，又因为 A 是由 X 决定的，而 X 与 ε 是独立的，且 $E(\varepsilon)=0$，所以 $E(B)=E(\beta+A\varepsilon)=\beta+AE(\varepsilon)=\beta$。

3. 有效性

有效性是指在所有的无偏估计中，方差最小者为有效，即任意的无偏估计量 G 与最小平方估计量 B 的关系为

$$\mathrm{Var}(G) \geqslant \mathrm{Var}(B) \tag{3-15}$$

仿照 $B = AY$，设另一无偏估计量 $G=CY=C(X\beta+\varepsilon)$，即有

$$E(G) = E(CX\beta + C\varepsilon) = CX\beta + CE(\varepsilon) = CX\beta = \beta$$

可见线性关系 $AX=I$ 和 $CX=I$，都是无偏估计量的性质，则有

$$\mathrm{Var}(G) = E[(G - \beta)'(G - \beta)] = E[(CX\beta + C\varepsilon - \beta)'(CX\beta + C\varepsilon - \beta)]$$
$$= E[(C\varepsilon)'(C\varepsilon)] = E(C\varepsilon'\varepsilon C') = \sigma^2 CC'$$

设 $D=C-A$，即 $C=A+D$，则将方差式的 C 换为 $A+D$ 有

$$\mathrm{Var}(G) = \sigma^2 (A + D)(A + D)' = \sigma^2 (AA' + DD' + DA' + AD')$$

其中，因 $DA' = DX(X')^{-1} X = DX = CX - AX = I - I = 0$，则有方差

$$\mathrm{Var}(G) = \sigma^2 (AA' + DD') = \sigma^2 (X'X)^{-1} + \sigma^2 DD' = \mathrm{Var}(B) + \sigma^2 DD'$$

对于 $V \neq 0$，则有 $V'DD'V = (V'D)(D'V) = H'H = \sum H^2 \geqslant 0$，可见 DD' 是半正定(非负)的。所以必有 $\mathrm{Var}(G) \geqslant \mathrm{Var}(B)$，即 B 较任意的 G 更具有效性。

(二)大样本下的一致性

一致性是指样本容量趋于无穷大时，样本统计量是否依较大的概率收敛于总体统计量的真值。由于最小二乘估计量拥有一个"好"的估计量所应具备的小样本特性，它自然也拥有这种收敛于真值的大样本特性。同理，在极大似然估计和矩估计中，由于回归

系数的估计在正态下与最小二乘估计等价，所以其性质也是满足线性、无偏性、有效性和一致性要求的。但是极大似然估计中的误差方差估计量 s^2，却是一个有偏的估计量。为此，对于某些不能满足小样本下的三个评价标准的统计量，可以放宽要求，采取大样本观察时要满足的两个要求。

1. 渐近无偏性

当样本容量趋于无穷大时，样本统计量如果能趋于总体统计指标，则称为具有渐近无偏性的统计估计量。

2. 渐近有效性

当样本容量趋于无穷大时，样本估计量如果是所有的一致估计量中方差趋于最小者，则称为渐近有效的估计。

前面所学习过的三类估计方法所得到的估计量，都能满足这两种渐近性质的要求。

二、回归参数的区间估计

上述优良的参数估计，只是一种点估计的结果，而要得到一定把握程度的估计，还需要做如下努力。

(一)参数估计量的概率分布

1. 正态分布

由线性的性质可知，$B=AY$ 说明 B 与 Y 是线性关系，即 B 的概率分布与 Y 的概率分布也是相同的。又因为回归模型中关于误差与变量的假设均为服从正态分布的随机性变量，与 Y 也是线性关系，则在 X 给定时（X 决定了 A 的确定性），参数 B 将随着 Y 的随机性而服从正态分布的结论。

2. 分布的参数

由无偏性可知，参数 B 的期望值为总体回归系数 β，而其方差则由基本假设可以推导为 $V(B|X) = \sigma_\varepsilon^2(X'X)^{-1}$ 中的主对角线上的各元素，其推导过程如下。

由无偏性证明可知 $B=\beta+A\varepsilon$，则 B 在 X 给定条件下的方差-协方差阵为

$$V(B|X) = E[(B-\beta)(B-\beta)'] = E[(A\varepsilon)(A\varepsilon)'] = E(A\varepsilon\varepsilon'A')$$

以二次型表示为

$$V(B|X) = A[E(\varepsilon\varepsilon')]A'$$

由上式及线性证明中 $A = (X'X)^{-1}X'$ 可知：

$$V(B|X) = (X'X)^{-1}X'[E(\varepsilon\varepsilon')]X(X'X)^{-1}$$

由同方差和无自相关假设可知：

$$V(B|X) = (X'X)^{-1}X'(\sigma_\varepsilon^2 I)X(X'X)^{-1} = \sigma_\varepsilon^2(X'X)^{-1}X'X(X'X)^{-1} = \sigma_\varepsilon^2(X'X)^{-1} \tag{3-16}$$

可见，在 X 给定的条件下，参数 b_k 的方差是由误差的方差 σ_ε^2 与 $X'X$ 方阵逆阵对角线上对应元素 c_{kk} 的乘积构成的，即

$$\text{Var}(b_k \mid X) = \sigma_\varepsilon^2 c_{kk} \tag{3-17}$$

则参数 B 的各元素 b_k 的概率分布，可具体表述为

$$B \sim N(\beta, \sigma_\varepsilon^2 (X'X)^{-1}) \quad \text{或} \quad b_k \sim N(\beta_k, \sigma_\varepsilon^2 c_{kk}) \tag{3-18}$$

这是进行参数检验和分析的主要依据。

【例 3-2】利用例 3-1 中的数据，计算残差和两个参数的估计标准差，计算过程如下。

(1) 有关残差 e 的计算如下。

残差：e<-Y-X%*%B。

残差平方和：RSS<-sum(e^2)=123281.1。

残差的方差：SEF<-RSS/8=15410.13。

残差的均方差：Se=sqrt(SEF)=124.1376。

(2) 有关逆阵 $(X'X)^{-1}$ 的计算如下。

乘积的方阵：X2<-t(X)%*%X。

方阵的逆阵：N2<-solve(X2)。

逆阵主对角线的各元素开平方：c<-sqrt(diag(N2))，其中，c[1]=0.622184414；c[2]=0.0001291156。

(二) 参数分布的标准化及其分布规律

1. 参数方差的估算

在上述参数 B 的方差证明中，B 的方差中包含着总体误差项的方差 σ_ε^2，而在对参数进行区间估计时，因总体的误差及其方差是未知的，需要以其无偏的估计进行测算。

误差方差的无偏估计量为

$$\hat{\sigma}_\varepsilon^2 = s_e^2 = \frac{e'e}{n-K-1} \tag{3-19}$$

证明如下：因为

$$
\begin{aligned}
e &= Y - XB \\
&= (X\beta + \varepsilon) - X\left[(X'X)^{-1} X'Y\right] \\
&= (X\beta + \varepsilon) - X\left[(X'X)^{-1} X'(X\beta + \varepsilon)\right] \\
&= X\beta + \varepsilon - X\beta - X(X'X)^{-1} X'\varepsilon \\
&= \left[I - X(X'X)^{-1} X'\right]\varepsilon \\
&= M\varepsilon
\end{aligned}
$$

式中，M 为对称幂等矩阵，即 $M = M'$，$M'M = M$，设 t_r 为矩阵的迹，所以

$$E(e'e) = \varepsilon' M \varepsilon$$
$$= E(\varepsilon'\varepsilon) \cdot t_r M$$
$$= \sigma_\varepsilon^2 \left[t_r I_n - t_r X (X'X)^{-1} X' \right]$$
$$= \sigma_\varepsilon^2 \left[n - (K+1) \right]$$

可见，$\sigma_\varepsilon^2 = E[e'e/(n-K-1)] = E(s_e^2)$，即式(3-19)得证。

该式说明以自由度计算的残差的方差 s^2 的期望值就是误差的方差 σ_ε^2。而相比在似然估计中以 n 计算得到的估计量，则是有偏的估计了。

2. 参数估计量的 t 分布

由式(3-18)可知：

$$U = \frac{b_k - \beta_k}{\sigma_\varepsilon \sqrt{c_{kk}}} \sim N(0,1) \tag{3-20}$$

当 σ_ε 未知时，我们只能以样本残差的标准差估计量 s_e 来替代，则该统计量将服从 t 分布，即有

$$T = \frac{b_k - \beta_k}{s_e \sqrt{c_{kk}}} \sim t(n-K-1) \tag{3-21}$$

3. 参数的区间估计

根据 t 分布的关系式(3-21)，可得到如下概率关系式：

$$P(|T| \leqslant t_{\alpha/2}) = P\left(-t_{\alpha/2} \leqslant \frac{b_k - \beta_k}{s_e \sqrt{c_{kk}}} \leqslant t_{\alpha/2} \right) = 1 - \alpha \tag{3-22}$$

可见，参数 β_k 的显著水平 α(即把握程度为 $1-\alpha$)下的区间估计如下：

$$\left(b_k - t_{\alpha/2} s_e \sqrt{c_{kk}} \leqslant \beta_k \leqslant b_k + t_{\alpha/2} s_e \sqrt{c_{kk}} \right) \quad \text{或} \left(b_k \pm t_{\alpha/2} s_k \right) \tag{3-23}$$

可以利用 R 软件很容易得到 b_k、$t_{\alpha/2}$、s_k 来构成该区间估计。

【例 3-3】使用例 3-1 和例 3-2 的结果，进行两个参数的区间估计如下。

自由度为 8 时，显著水平 0.05 的 t 分布临界值可通过 R 计算有

$$qt(0.025, 8) = -2.306004$$

b_0 的估计区间为

$$(-169.7738，186.4411)$$

其中下限 x 和上限 s 的计算如下：

```
b0x<-8.3338-2.306004*124.1376*0.622184414
b0s<-8.3338+2.306004*124.1376*0.622184414
```

b_1 的估计区间为

$$(0.7480912, 0.822013)$$

其中,

b1x<-0.7850-2.306004*124.1376*0.0001291156

b1s<-0.7850+2.306004*124.1376*0.0001291156

从该区间的具体内容上看,要提高估计区间的精确度,就要注意从以下三个方面着手。

(1)增大样本容量 n,因为样本容量 n 越大,t 分布表中的临界值越小,同时,增大样本容量,还可使样本参数估计量的标准差减小。

(2)提高模型的拟合优度,因为样本参数估计量的标准差与残差平方和成正比,模型优度越高,残差平方和则越小。

(3)提高样本观测值的分散度,$(X'X)^{-1}$ 的分母 $|X'X|$ 的值越大,估计区间越小。

■第三节 线性回归方程估计R操作

从上述三种方法的学习中,我们可以相信对回归方程各参数估计的科学性,但是要实现其可操作的估计,使用矩阵是不大方便的,为此 R 程序中提供了方便使用的函数。

一、线性回归的R命令及其相关信息

使用 R 软件进行回归分析的基本方法如下。

(一)回归模型估计的命令

使用 R 软件求解回归方程是非常方便的,求解中可以对模型参数进行点估计和区间估计。

1. 参数的点估计

使用 R 软件进行线性回归方程估计的具体命令如下:

$$lm(模型公式,数据,\cdots) \tag{3-24}$$

该函数的各参数说明如下。

模型公式形式:被解释变量～解释变量 1＋解释变量 2＋…＋解释变量 K,公式中加入 "0" 项时为无截距的方程。

数据:内存中的向量或数据框中的数据。如果是内存中的数据对象,则该项可以省略。如果是数据框中的数据,则要在该项中指明数据框。

【例 3-4】利用例 3-1 中的数据,计算说明 R 中 lm 命令的使用及结果如下:

```
>lm(Y～x)->HG
>HG
```

```
Call:
lm(formula=Y~x)
Coefficients:
(Intercept)              x
    8.3338         0.7851
```

可见，计算结果与使用矩阵的结果一致。

2. 参数的区间估计

如果要进行区间估计，则需要在回归估算完成，并将其存入回归对象后，可以使用如下命令做区间估计：

$$confint(object, parm, level = 0.95, \cdots) \tag{3-25}$$

各参数意义如下：object 为回归估算的结果对象名；parm 为指定区间估计的参数列表，默认时为全部；level 为估计的把握程度，默认时为 95%。

【例 3-5】利用例 3-4 的结果进行区间估计有：

```
>confint(HG,level=0.95)
                    2.5%              97.5%
(Intercept)  -169.7737786      186.4413789
X               0.7480912        0.8220129
```

可见，与例 3-3 中计算的结果完全一致。

(二)回归对象可以读取的其他信息

上述所使用的估算和显示的回归结果是粗略的报告，其中还包含着残差和回归值等若干信息的读取。具体方法说明如下。

1. 残差项数据

使用"回归对象$resid"就可以获得回归对象中的残差信息，或者使用 residuals(回归对象)读取残差；使用 rstandard(回归对象)函数计算获得标准残差；使用 rstudent(回归对象)函数来计算获得学生化的标准残差。

【例 3-6】以例 3-4 中的回归对象 HG 所包含的因子对象为例，有

```
>HG$resid
         1             2             3             4             5
 -42.37548    -67.39632   -152.43799     93.52033     43.98386
         6             7             8             9            10
 115.94219     47.90051    181.35362    -39.21410   -181.27662
```

这就是 10 个样本点的残差数据。

2. 预测值数据

对样本数据进行回归的估计值也可以观察到，即使用"回归对象$fitted.values"或使用 predict(回归对象)函数进行回归预测。

【例 3-7】以例 3-4 中的回归对象 HG 所包含的因子对象为例，有

```
>HG$f
        1              2              3              4              5
   636.3755       950.3963      1578.4380      2206.4797      2756.0161
        6              7              8              9             10
  3384.0578      4012.0995      4718.6464      5739.2141      6681.2766
```

3. 回归对象中的其他常用信息

对回归对象使用如下命令可获得一些回归分析的有用信息，例如：

(1) 回归对象$df　　 #获得回归的自由度。

(2) 回归对象$coef 或 coef(回归对象)　　 #获得回归系数估计值。

(3) logLik(回归对象)　　 #获得回归的自然对数似然统计量。

(4) vcov(回归对象)　　 #获得回归系数的方差-协方差矩阵。

利用这些信息可以进一步测算更多的有关回归分析的评价指标，并将其绘制成图，以直观反映这些特征。

二、回归效果的图示观察

在建模过程中，使用回归方法来测算各类模型的参数，同时对测算的效果还需要有更为详细和直观的表达方式。这里根据常用的图示需要，编制一套较为简单的图示程序，并将随着学习的深入而不断进行充实和修改。

(一) 回归效果分析图示的绘制程序

可以依据回归对象中的因子数据，绘制各种分析图示，现编制 R 程序如下：

```
HGfx<-function(Hg){e<-resid(Hg);Yt<-Hg$f+e;t<-length(e);
yjd<-max(Yt,na.rm=T);yxd<-min(Yt,na.rm=T);
plot(1:t,Yt,type="l",main="实际-与预测---对比图");lines(1:t,
Hg$f,lty=2);scan();
bzc<-2*sd(e);Bzx<-rep(-bzc,t);Bzs<-rep(bzc,t);
cjd<-max(c(e,bzc),na.rm=T);cjx<-min(c(e,-bzc),na.rm=T);
plot(1:t,e,'l',main="残差-与2倍标准差---对比图",ylim=c(cjx,cjd));
lines(1:t,Bzs,lty=2);lines(1:t,Bzx,lty=2)}
```

将该程序复制保存到 R 中，在估算完回归方程后就可以运行该程序观察回归的效果了。

(二) 绘图案例

【例 3-8】调用自编程序 HGfxt.R 有

```
>HGfx(HG)
```

得到分析结果如图 3-1 所示。

注意两图的计量单位不同，在实际值与预测值的对比图中，两线以重合为好；在残差图中的虚线是二倍的标准差，如果所有的残差都分布在两条虚线之间，则回归效果较好。

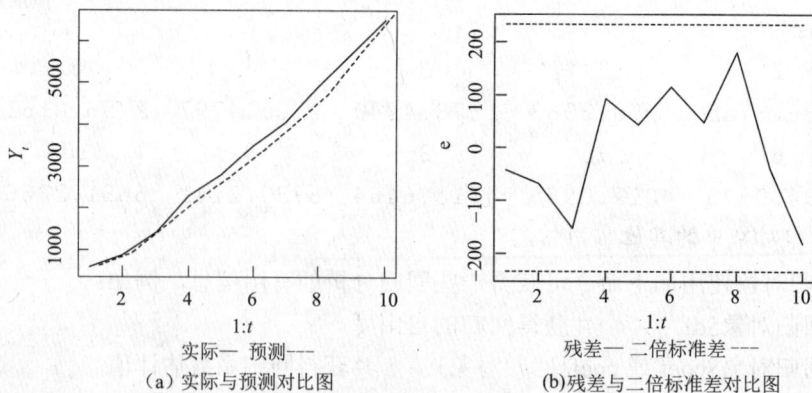

（a）实际与预测对比图　　　　　　　　（b）残差与二倍标准差对比图

图 3-1　依据回归对象的因子数据绘制的效果分析图示

三、使用R命令的注意事项

(一)工作目录与数据框

现实的计量分析中，经常会使用电子表格等载体上的数据，且多数是带有各类格式的数据。这些数据的格式可能是 R 软件不能识别的，为此需要将这些数据另存为文本格式的文件，然后再自文本文件中读取数据。要注意，有的数据是三位一个空格或分位符，这在整理数据时要清除。

确定文本文件存放在工作目录中，并将文件中的数据调入内存赋值给某变量或数据框，之后才能使用上述 lm 命令进行估算。

(二)估计方程时要注意样本的大小

首先，在估计方程时为了使方程可解，最小样本容量是 $n \geqslant K+1$，即从最小二乘或极大似然原理出发，欲得到参数估计量，不管其质量如何，所要求的样本容量的下限。这是在无共线性的情况下，达到 $X'X$ 满秩的要求。

其次，从统计检验的要求出发，大样本为佳。经验上 $n \geqslant 30$ 时，U 检验才能应用；$n-k \geqslant 8$ 时，t 分布才能达到较为稳定的接近于正态的状态，所以一般要求 $n \geqslant 3(K+1)$。

最后，从社会经济现象的不稳定性出发，根据经验，样本容量最好要在 50 以上，且越多越好。

■ 第四节　非线性回归的估计方法

线性回归是所有回归分析的基础，而现实中的社会经济现象多是非线性的，因为进一步学习的需要，本节的内容是为扩展知识而准备的。

一、非线性研究的意义

对线性与非线性的理解，在不同的场合是不一样的。为了更好地学习有关知识，我们首先要认清两者的关系，然后才能针对不同的场合采取相应的方法来处理非线性问题。

(一)线性与非线性的关系

线性与非线性模型是人们对模型中的各要素之间的关系的描述，即两种现象之间呈现较为稳定的比例关系时，常被人们称为线性关系。这是因为两者的关系图示表现为直线，即一个现象发生一个单位量的改变，另一个现象将跟随发生固定量的改变。而非线性关系则较线性关系复杂得多，一个现象的数量可随另一个现象而改变，但是改变的量是非固定的常数，其图形也常表现为曲线分布。由线性关系构成的模型就是线性模型，由非线性关系构成的模型就是非线性模型。

1. 对线性与非线性模型的理解偏差

由于在一个模型中存在关系的要素包含变量和参数，则它们之间的关系就体现在变量之间、参数之间、变量与参数之间的各类形式。这样对线性与非线性模型的理解，在不同人之间就产生了一定的差异，使人们对两者的划分就产生了广义和狭义的概念。主要产生的分歧如下：

(1)从被解释变量与解释变量的关系上定义线性与非线性模型。这种做法是在参数固定不变的假设下进行的，它没有考虑到变参数，也没有考虑参数与变量之间的关系问题。我们将这种只考虑变量之间关系的定义，叫作变量的线性定义。

(2)从被解释变量与参数的关系上定义线性与非线性模型。这是考虑到上面定义的欠缺而给出的定义，这种定义主要是从模型求解的角度给出的，是目前较合理的定义。我们将这种考虑参数与变量之间的关系定义，叫作参数的线性定义。

从目前的分析研究领域来看，没有必要从参数之间给出关系定义，所以我们主要从上述两个方面来理解线性与非线性的关系问题。实质上同时满足变量定义和参数定义的线性模型，就是我们前面学习过的经典线性模型，它属于线性的狭义定义；而满足参数定义的非线性模型就是狭义的非线性定义。

2. 对广义非线性模型的再分类

传统经典的模型求解方法，只是针对狭义的线性模型进行的。所以在学习非线性模型的求解知识中，就应该考虑到狭义线性模型的补集，即广义的非线性模型。而从参数求解的角度来对所有的非线性模型进行再分类，有如下两种情况：

(1)可线性化的非线性模型。由于解释变量是确定性的给定数据，所以解释变量之间的非线性关系对模型的参数求解影响不大。往往通过变量的置换或取对数等数据变换的处理，就可以实现其线性化的形式，并可以采用线性的求解方法进行参数的求解了。例如：

$$Y_t = bX^2_t + \varepsilon_t$$

该模型中 X 与 Y 是非线性关系，但是由于 X 是确定的变量，将其观察值的平方值作为变量值来看待，并不影响参数 b 的求解。所以该模型是可以使用线性方法求解的模型，我们将其叫作可线性化的模型，即令 $X^2 = Z$，则原模型就变为 $Y = bZ + \varepsilon$ 的线性形式。

(2)不可线性化的非线性模型。在模型中待估计的参数与被解释变量之间存在非线性关系时，例如：

$$Y_t = \alpha_0 + \alpha_1 X^\beta + \varepsilon_t \text{ 或} Y_t = \alpha_0 e^{\beta X} + \varepsilon_t$$

其中的参数 β 与被解释变量 Y 之间是非线性的，且无法通过置换、取对数等办法将其线性化处理，所以它们属于不可线性化的非线性模型。这类模型不能使用线性的方法求解，需要我们探寻新的方法来求解。

(二)非线性模型的经济含义

在线性模型基本假设中，各解释变量对被解释变量的作用程度都是固定的，其作用的合力就是各变量作用分力的简单加总，且误差项中不包含任何解释变量间的交互作用等有关内容，各解释变量与误差项之间都是独立的。而在非线性模型中，上述的特征就不存在了。但是，由于社会经济现象是由人类自身的行为与自然力的结合形成的，在这一结合过程中存在着个人私欲与集体利益，以及小集体与全球利益间的矛盾冲突，然而为减少这些矛盾冲突而建立的法规制度和社会公德标准等事物都多表现为非线性的关系，所以非线性关系普遍存在于社会经济现象之中，并主要体现在如下五个方面：第一，个人对待某事物的行为不可能永远是线性的；第二，不同的人对待同一事物的行为是不一致的；第三，个人的利益与集体的利益多是矛盾的；第四，在不同时间和不同空间的人们的行为也是多变的；第五，在有些条件下某人随众是有利的，而在某些情况下某人与众不同才能有利等。这些现象都不是用线性就能表达的，要解决这些现实的非线性问题，我们必须要掌握一定的非线性处理技术。

二、可线性化模型的处理方法

对于可线性化的模型，主要采取如下两种处理方法。

(一)变量的直接置换法

1. 变量高次方的置换

在可线性化的模型中，由于参数与被解释变量仍然是线性关系，只是解释变量与被解释变量间是非线性的，这时只要我们通过变量的置换就可以将其变为线性模型。例如，描述税收与税率关系的拉弗尔曲线是一个抛物线方程，其形式为

$$s = b_0 + b_1 r + b_2 r^2 \tag{3-26}$$

其中，b_0，b_1，b_2 是待估计参数，$b_2 < 0$；s 代表税收；r 代表税率。变量的置换过程如下：设 $X_1 = r$，$X_2 = r^2$，则原方程变换为

$$s = b_0 + b_1 X_1 + b_2 X_2 \tag{3-27}$$

这样利用变量的置换，完全可以使用线性最小二乘法求解参数，且这种方法可以应用于更高次或多元高次等情况。在实际建模时我们往往要先对统计数据资料进行散点分布的观察，然后根据散点分布服从的大致类型来选择相关的曲线方程，具体如下。

(1)当散点分布如图 3-2 所示时，我们要选择一个抛物线方程，如式(3-26)，并进行上述的变量置换，如式(3-27)。

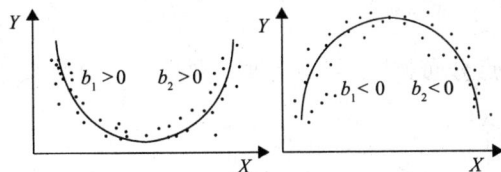

图 3-2 二次方程模型图示

(2) 当散点分布如图 3-3 所示时，我们要选择一个累计曲线方程，如式 (3-28)，再进行如式 (3-29) 的变量置换。

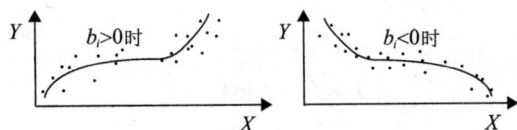

图 3-3 三次方程模型图示

$$Y_t = b_0 + b_1 X_t + b_2 X_t^2 + b_3 X_t^3 + \varepsilon_t \qquad (3-28)$$

令 $X_{1t} = X_t$，$X_{2t} = X_t^2$，$X_{3t} = X_t^3$，则式 (3-28) 置换为

$$Y_t = b_0 + b_1 X_{1t} + b_2 X_{2t} + b_3 X_{3t} + \varepsilon_t \qquad (3-29)$$

2. 倒数变量的置换

当我们观察到的散点分布如图 3-4 所示时，要配合一个倒数方程，并进行置换求解。

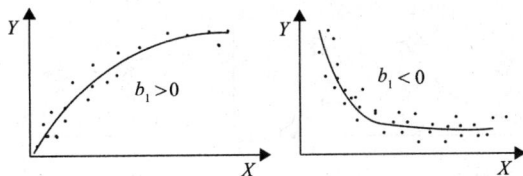

图 3-4 倒数模型图示

(1) 双倒数变量模型：

$$1 / Y_t = b_0 + b_1 / X_t + \varepsilon_t \qquad (3-30)$$

令 $G_t = 1 / Y_t, H_t = 1 / X_t$，则置换为

$$G_t = b_0 + b_1 H_t + \varepsilon_t \qquad (3-31)$$

(2) 单倒数变量模型：

$$Y_t = b_0 + b_1 / X_t + \varepsilon_t \qquad (3-32)$$

令 $H_t = 1 / X_t$，得

$$Y_t = b_0 + b_1 H_t + \varepsilon_t \qquad (3-33)$$

3. 对数变量置换

当我们观察到的散点分布如图 3-5 所示时，要配合一个对数方程，并进行置换求解。

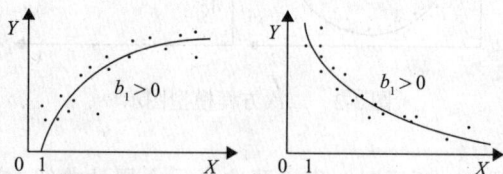

图 3-5　对数曲线模型图示

对数变量模型为

$$Y_t = b_0 + b_1 \ln X_t + \varepsilon_t \tag{3-34}$$

令 $H_t = \ln X_t$，则有

$$Y_t = b_0 + b_1 H_t + \varepsilon_t \tag{3-35}$$

(二) 取对数线性化方法

1. 幂函数模型

当我们观察到的散点分布如图 3-6 所示时，要建立一个幂函数的曲线模型，并在取对数的基础上进行变量置换，然后再求解方程。

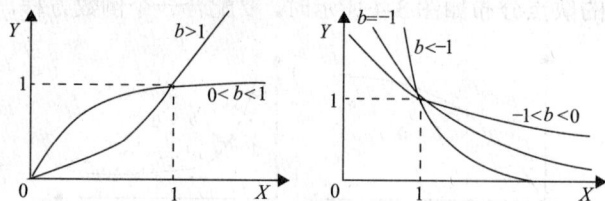

图 3-6　幂函数模型图示

幂函数方程模型：

$$Y_t = a X_t^b \mathrm{e}^{\varepsilon_t} \tag{3-36}$$

其中，a，b 为参数；ε_t 表示随机误差项。对式 (3-36) 的等号两侧同取对数，得

$$\ln Y_t = \ln a + b \ln X_t + \varepsilon_t$$

令 $G_t = \ln Y_t$，$A = \ln a$，$H_t = \ln X_t$，则式 (3-36) 表示为

$$G_t = A + b H_t + \varepsilon_t \tag{3-37}$$

变量 G_t 和 H_t 已成线性关系，该模型也称作全对数模型。

2. 指数函数模型

如果散点分布如图 3-7 所示时，则可建立指数曲线模型。

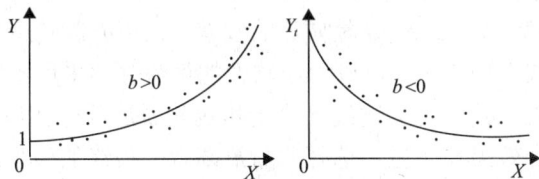

图 3-7 指数曲线模型图示

指数模型为

$$Y_t = ae^{bX_t - \varepsilon_t} \tag{3-38}$$

其中，ε_t 表示随机误差项，对等号两侧同取自然对数，得

$$\ln Y_t = \ln a + bX_t + \varepsilon_t$$

令 $\ln Y_t = G_t$，$\ln a = A$，则有

$$G_t = A + bX_t + \varepsilon_t \tag{3-39}$$

变量 G_t 和 X_t 已变换成为线性关系。

三、线性化估计处理技巧

有了线性化的方法和思路，还需要学会怎样实现它。

(一)R程序的使用

R 程序的优秀还体现在变量的置换等数据处理上，即在我们需要变量置换或取对数等数据处理时，在函数命令中直接以嵌套的方式使用各命令。例如，在模型公式中的输入形式不同，则会得到不同的曲线模型的参数估计。

1. 直接变量置换

设 X 为解释变量，Y 为被解释变量，则有如下两种置换命令：

(1)当采用 lm(Y～X+I(X^2),数据)时，为二次曲线模型 $Y = a + bX + cX^2$ 的参数 a、b、c 的求解。

(2)当采用 lm(Y～X+I(X^2)+I(X^3),数据)时，为三次曲线模型 $Y = a + bX + cX^2 + dX^3$ 的参数 a、b、c、d 等四个参数的求解。

2. 半对数形式

当使用 HG<-lm(logY～X)进行估算时，可求解出如下三类模型的参数：

(1)直接使用求解结果，就可得到生长曲线模型 $Y = e^{a+bX}$ 的参数 a 和 b。

(2)进一步使用 exp(coef(HG))，则可得到混合曲线模型 $Y = ab^X$ 的参数 a、b。

(3)进一步使用 exp(coef(HG)[1])，就可以得到指数曲线模型 $Y = ae^{bX}$ 的参数 a，注意 b 可以直接获得。

3. 双对数形式

当使用 HG<-lm(log(Y)～log(X)+log(Z))时，读取 HG 就可得到生产函数类的

$Y = aX^bZ^ce^d$ 模型的参数 a、b、c；d 是估计的残差，$\exp(d)$ 就是乘积式的残差。

当我们对曲线形式不确定时，可以利用软件的优势分别采用不同形式进行模拟。测算过程中记载测算结果，并运用上述统计检验和残差项是否符合基本假设的相关检验，来判断各种模型的拟合效果和质量，选择质量最高者为最终的模型。

(二)宏观生产函数的估算案例

【例 3-9】从宏观的视角对生产函数的估算，需要一系列的宏观经济数据做支持，这里以附录中的附表 1 的数据构成新数据框 CDSJ，做如下估算。

1. 传统生产函数的估算

传统生产函数的形式很多，其中最为流行的是 C-D 生产函数，其基本形式为

$$Y = AL^{\alpha}K^{\beta}e^{u}$$

估算该模型时，可以使用双对数的线性化处理方式，具体如下：

$$\text{CDHG<-lm}(\log(\text{GDP}) \sim \log(\text{LT}) + \log(\text{KT}), \text{CDSJ})$$

其中，Y 为国内生产总值 GDP；L 为 CDSJ 中的劳动投入 LT(来自附表 1 中的经济人口 JJRK)；K 为 CDSJ 中的资本投入 KT(来自附表 1 中的资本形成 ZBXC)。具体的估算过程和结果如下：

```
>G<-log(GDP)～log(LT)+log(KT)
>lm(G,CDSJ)->CDHG
Coefficients:
 (Intercept)        log(LT)           log(KT)
   -37.7439         3.7196            0.7194
```

即截距项 $A = \exp(-37.7439) = 4.055\,389\text{e}{-17}$，则 C-D 模型为

$$Y = (4.055\,389\text{e}{-17})L^{3.7196}K^{0.7194}e^{u}$$

从计算结果上看，A 的数值很小，劳动投入的弹性系数很大，且属于规模报酬递增型的经济系统。这一结果说明我国的劳动力短缺，似乎与现实不符。其效果如图 3-8 所示。

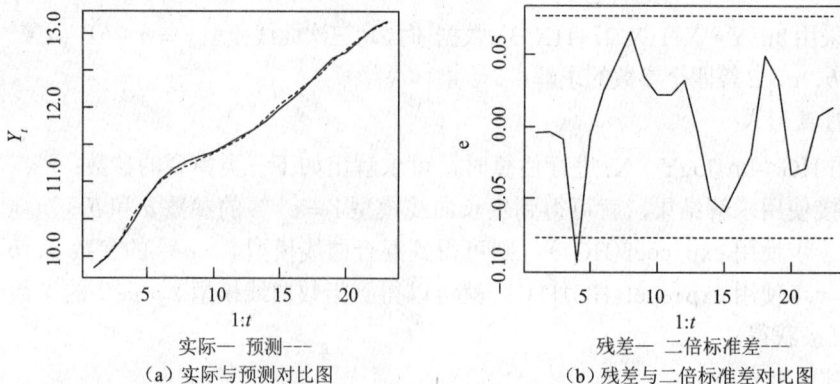

(a) 实际与预测对比图　　　　　　(b) 残差与二倍标准差对比图

图 3-8　C-D 函数线性化回归效果图示

图 3-8 的(b)中第 4 项对应的是 1993 年，其残差过大，效果不佳。

2. 劳动价值论生产函数的估算

采用加权的综合技术进步水平 ZC 与劳动投入的经济人口 LT，创建数据框 LDSJ，并建立线性回归模型估计如下：

```
>LDSJ<-data.frame("GDP"=sj$GDP[-1],"LT"=sj$JJRK[-1],"KJ"=ZC)
>GS<-log(GDP)～log(KJ)+log(LT)
>lm(GS,LDSJ)->LDHG
```

结果如下：

```
Call:
lm(formula=GS, data=LDSJ)
Coefficients:
(Intercept)      log(KJ)      log(LT)
 -114.201        0.323        11.296
```

该模型的估计效果分析如图 3-9 所示。

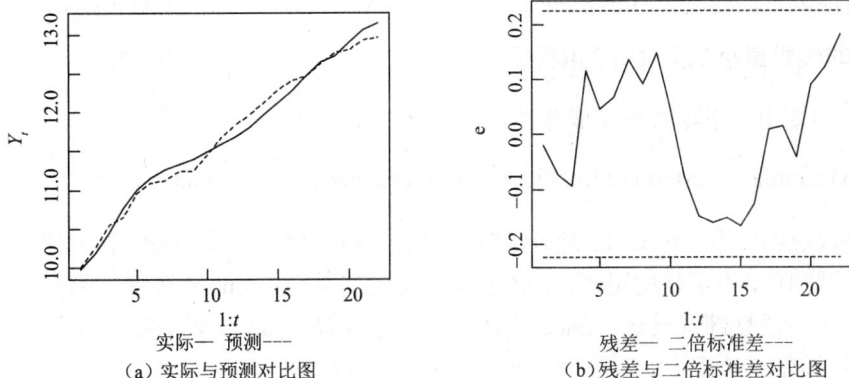

图 3-9　综合技术与劳动投入估算的生产函数回归效果图

图 3-9 效果分析较好，残差也没有超过二倍标准差范围。但是哪一种函数更为恰当，现在还无法确定，需要进一步学习和研究，并通过对各模型做系列检验和修正来判断。

四、不能线性化的模型参数极值的求解问题

在我们的最小二乘或极大似然估计中，所面对的回归方程无法进行线性化时，必须开发新的求解方法，有关的内容都比较复杂，主要介绍如下。

(一)非线性极值求解的基本思想

由于多数非线性方程不存在求根公式，所以求精确根非常困难，甚至是不可能的。为此，牛顿在 17 世纪提出的一种在实数域和复数域上，近似求解方程的方法，简称牛顿迭代法(Newton's method)。该方法的基本思想如下。

设非线性模型为

$$Y = f(X, \beta) + \varepsilon$$

在初始值（如线性解）B 处，做泰勒级数展开，有

$$f(X, \beta) = f(X, B) + \frac{\partial f(X, B)}{\partial B}(\beta - B) \tag{3-40}$$

其中，$D = \dfrac{\partial f(X, B)}{\partial B}$ 为 K 阶列向量，即有 $f(X, \beta) = f(X, B) + D\beta - DB$，则原模型可表述为

$$Y = f(X, B) - DB + D\beta + \varepsilon$$

设 $Y - f(X, B) + DB = y$，则有线性化的模型为 $y = D\beta + \varepsilon$，对该线性模型可以求得关于 β 的线性最小二乘解 C。该解 C 在形式上是变量替换后的最小二乘法或极大似然法的线性解，实质上是其非线性近似解。如果将该解 C 作为初始解，重新进行上述变换和求解过程，则可以得到更加近似的迭代解。如果将该迭代过程循环进行下去，就会使迭代解逐渐地趋近理想的估计值，不过这一过程需要依靠计算机程序来完成。

（二）非线性最小二乘估计的R程序

在 R 中使用如下函数来完成非线性的最小二乘估计：

$$\text{nls(formula,data,start,control,algorithm,trace,subset,weights,na.action,$\cdots$)} \tag{3-41}$$

各参数说明如下：formula 表示似然函数或回归方程的公式；data 表示样本数据框，可以是数据列单，不可使用矩阵；start 表示初始的参数值；control 表示控制列表可选项；algorithm 表示线性部分设定；trace 表示显示打印设置；subset 表示指定拟合数据子集；weights 表示指定加权最小二乘的权重；na.action 表示缺损数据的处理。

【例 3-10】以劳动效率与劳动人数的动态非线性模型为例，即

$$Y = (KJ * LT)^a + u$$

估算该模型时，不能进行线性化处理，所以要使用非线性最小二乘法，具体过程如下：

```
>FXGS<-GDP～(KJ*LT)^a
>FXHG<-nls(FXGS,LDSJ,list(a=1))
>FXHG
Nonlinear regression model
  model:GDP～(KJ*LT)^a
   data:LDSJ
    a
1.223
residual sum-of-squares:5.014e+10
Number of iterations to convergence:4
```

```
Achieved convergence tolerance:2.756e-07
```

该结果表明：各期的技术与劳动结合的生产结果的指数次幂为 1.223，即生产效率的提高能力接近 22.3%。

注意：使用 nls 采用同一数据系统，求解线性方程所得到的结果与 lm 函数相同。同时，对于特殊的非线性问题，R 软件中还提供了一些求极值的函数，如单一参数的点估计函数 optimize()、多参数的牛顿迭代似然估计函数 nlm()、通用极值函数 optim() 等，都可以使用，具体用法可参见在线帮助。

■ 本章小结

计量经济模型的参数估计是实证经济分析的关键，其在建模技术中处于核心的地位。估计模型参数的方法主要是 OLS，与其等价的极大似然估计和广义矩估计也是我们常用的估计手段。而这些方法的应用，取决于计算机及其软件的编程。利用 R 软件可以很容易地实现对模型参数的估计，不论是线性模型，还是非线性模型，都主要使用 lm 和 nls 两个命令，配合绘图 plot 等命令来完成对回归模型的分析。

■ 思考与练习

1. 利用第二章思考与练习中 SL2.2 的相关数据，遵照第一章思考与练习中 SL1.1 和 SL1.2 的思想，采用本章所学的方法估算两个模型 M1 和 M2。

2. 估算和绘制 M1 和 M2 的回归值、残差值及回归效果图。

第四章

计量经济模型的统计检验

计量经济模型的检验从逻辑上可以分为四类：一是统计显著性检验；二是经济意义检验；三是模型要素的计量检验；四是模型的使用检验。在这四类检验中，统计检验是其最基本的检验方法，其他的各类检验都会使用统计检验的方法进行，所以本章开始介绍统计检验的基本方法。

第一节　统计假设检验及其常用的分布律

依据经济理论或经验对经济模型的各组成部分做出初步的假设，然后采用样本信息对假设的合理性做出判断的统计方法就是假设检验。而这种推断过程依赖于常用的统计分布，所以对这些统计分布及分布律定理要做必要的复习。

一、参数假设检验的原理与步骤

假设检验首先要根据经验或理论提出假设，并以原假设为真来确定检验统计量的大概率和小概率范围，以大概率范围为原假设的肯定域，以小概率区间为原假设的否定域；同时随机抽取一个样本计算该统计量的值，如果计算的结果处于大概率的范围说明样本与假设是一致的，即样本观察值落入了接受域，则认为原假设显著为真；否则，样本观察值落入否定域内，则认为原假设为假。这样，在假设检验中，否定域的确定就非常关键了，它涉及人们对小概率水平的界定。

小概率是指在我们研究的事物中几乎不可能发生的事件出现的概率。如果在原假设成立的前提下，应以很小概率出现的事件，居然在取得该样本的一次试验中发生了，我们就有理由怀疑原假设，并拒绝原假设成立。即如果小概率事件发生了，就否定原假设；如果小概率事件未发生，则不能否定原假设，只能接受原假设。这就是假设检验的小概率原则，按照这一原则，假设检验的步骤如下。

（一）确定检验统计量并提出原假设

统计上要检验的内容往往是各种统计量，所以对模型各部分的特征进行检验时，先要明确其特征统计量，并根据经验、理论及对所观察事物的感性认识，提出针对该特征统计量的基本假设。其基本表达方式是将假设分为互逆的两种形式，即原假设和备择假设。原假设往往要以小概率事件所对应范畴 A 给出，并以 H_0：表示，备择假设则是 A 的逆事件，往往是大概率的事件，并以 H_1：表示，对统计量 a 的具体假设形式如下：

$$H_0: a \in A, \quad H_1: a \notin A$$

一般情况下多以反映假设内容的样本统计量作为总体相应特征指标的假设检验依据。由于样本的客观性决定了我们对统计假设进行检验的客观性，所以使用随机获得的样本计算其特征统计量，并据此进行相关总体统计指标的假设检验，已成为推断性科学研究的重要工具。

(二)显著性水平 α 的确定

从假设检验的基本思想出发，如果一个事件发生的概率很小，小到几乎不可能发生时，常被称为小概率事件。但是确定小概率的界线标准是什么呢？依据不同的事物需要进行具体的分析和把握。所以在假设检验的过程中，要根据不同事物的具体情况来确定显著的小概率范围。通常情况下人们常以 α 表示小概率水平，也称为显著性水平。即当某事件发生的概率小于该显著性水平时，就认为该事件是小概率事件。在社会经济统计实践中一般以 0.05 为显著性水平，以 0.01 为高度显著性水平。

在已知总体分布的情况下，一旦其小概率的显著性水平确定，则划分大小概率范围的界线也就确定了。该界线的数值常被称为临界值，用它来描绘我们所假设的总体参数的概率分布中，大概率与小概率分界的标准值。即在确定了原假设 H_0 为真时的显著性水平 α 的临界值后，我们将概率为 $1-\alpha$ 所含的大概率对应的区域叫作接受域或肯定域，而将概率显著性水平 α 的小概率对应的区域叫作否定域。

根据假设的形式，否定域可分为两种情况。一是双边假设检验中的否定域，应该由概率分布曲线两侧较小的 $\alpha/2$ 区域构成(两侧小概率的和仍然是 α 水平)，由于否定域在图形的双侧尾端，所以常称为双尾检验；二是单边假设检验中的否定域，则是由单侧较小的 α 区域构成，即图形的单侧尾部区域为否定域，所以常将单边检验叫作单尾检验。如图 4-1 所示。

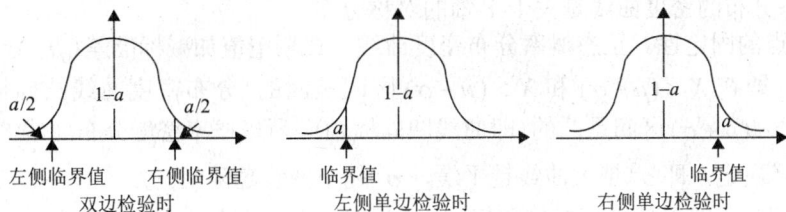

图 4-1　统计检验临界值与否定域

否定域是否定原假设的区域，所以我们可以将其看作是备择假设成立的区域。

(三)判断假设是否成立

客观地从总体中随机抽取一个样本，在假设为真的前提下，我们知道该样本所计算的统计量将以很大的概率 $(1-\alpha)$ 落在肯定域内。然而实际计算的结果若落在了小概率 α 的区域，即一次随机性的实验结果出现在假设的几乎是不可能出现的区域中，我们就有理由认为原假设是不恰当的,所以说我们常以检验统计量所在的位置来分析和判断假设的合理性。具体的判断方法有如下两种。

1. 临界值比较法

该方法是依据统计量落入到 $1-\alpha$ 的肯定域时肯定原假设,而落入到 α 的否定域时,就否定原假设。

2. 显著性水平比较法

以测算的统计量为分界点,将其偏向否定域方向的累计概率和,看作是小概率水平;而将偏向肯定域方向的累计概率和,看作是大概率水平。一般情况下我们是以 α 的小概率水平为判断的依据,当小概率水平小于 α 时,说明统计量落入了否定域,所以这时就要否定原假设;而当小概率大于 α 水平时,就要肯定原假设。

二、常用的统计分布及其概率计算

计量经济学的检验多是以统计分布为参照进行的,其较常用的各种分布介绍如下。

(一)正态分布的特征及其概率计算

若随机变量 X 服从正态分布,则简记作 $X \sim N(\mu,\sigma^2)$,其中 μ 是 X 的期望值,σ^2 是 X 的方差。由于普通正态分布的随机变量是有计量单位的,其方差和期望值都受变量的计量单位影响,这给抽样推断及概率计算都带来了麻烦。在概率论中消除量纲的办法就是将随机变量标准化的过程,即普通正态分布通过线性变换,可以转化为 $\mu=0$ 和 $\sigma^2=1$ 的标准正态分布,并简记作 $U \sim N(0,1)$。标准化过程的基本转换公式为

$$U = \frac{X-\mu}{\sigma} \sim N(0,1) \tag{4-1}$$

标准正态分布的图形与普通正态分布相似,只是将对称中心移至了 Y 轴,其特征如下。

1. 图形上的特征

(1)对称性。普通正态分布的概率分布密度曲线,是以期望值为对称轴的钟形分布;而标准正态分布的密度曲线是关于 Y 轴的对称分布。

(2)拐点的固定性。正态概率分布密度曲线,在期望值加减标准差($\mu-\sigma$ 和 $\mu+\sigma$)处是拐点,即在 $X<(\mu-\sigma)$ 和 $X>(\mu+\sigma)$ 区间是凹的(分布密度曲线凸向横轴);在 $(\mu-\sigma)<X<(\mu+\sigma)$ 区间是凸的(即曲线凹向横轴)。所以概率密度分布曲线的陡缓程度是由方差 σ^2 决定,即 σ^2 越大曲线越平缓,σ^2 越小曲线越陡峭。

(3)渐进性。随着随机变量的取值向 $\pm\infty$ 延伸,正态概率分布的密度曲线,将以横轴为渐近线,直至与横轴重合。

2. 区间概率的稳定性

在概率密度曲线与横轴构成的封闭区间的面积就是概率的总合计,即概率总和应该为 1 或 100%。而分布函数的各区间的概率特征是固定的,即变量值 X 的主要分布特征,有如下常用的几种情况:在 $[\mu-\sigma,\mu+\sigma]$ 内的概率等于 68.26%;在 $[\mu-1.96\sigma,\mu+1.96\sigma]$ 内的概率为 95%;在 $[\mu-2\sigma,\mu+2\sigma]$ 内的概率为 95.45%;在 $[\mu-3\sigma,\mu+3\sigma]$ 内的概率为 99.73%。这些数据都是常用的区间和对应的概率,在后面的学习中会经常用到,X 取其

他临界值的对应概率，可以通过软件计算来获得。

3. 正态概率或临界值的计算

若以横轴标注随机变量，纵轴为概率，则正态分布的计算将如图 4-2 所示。

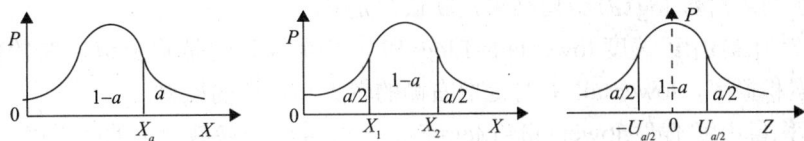

图 4-2　正态分布临界值与概率的关系图

图 4-2 中的 $1-\alpha$ 和 α 都是概率的合计（即曲线与横轴间的面积），因 $\alpha/2 + \alpha/2 = \alpha$，所以知道了 α 也就知道了图形中各部分的面积；区分各部分概率的竖线，取决于其在横轴上的位置，这些取值，如 X_α、X_1、X_2、$-U_{\alpha/2}$、$U_{\alpha/2}$ 等都叫作临界值。这样正态概率的计算可以从两个角度进行：一是根据临界值求概率 α 或 $1-\alpha$；二是根据概率 α 或 $1-\alpha$ 来求临界值。

在统计软件上都可以轻松地通过正态概率求临界值，或通过临界值求正态概率。在 R 中有关正态分布的计算方法如下：

dnorm（变量值,均值,标准差,log=F）　　　　　　　＃求各变量值对应的正态概率密度值，其中 log 项为输出的结果是否取对数的设定，默认为 F。

pnorm（分位点,均值,标准差,lower.tail=T,log.p=F）＃求分位点以左或以右的累计概率值，其中 lower.tail=T 是较小制默认项，选 F 为较大制。

qnorm（概率值,均值,标准差,lower.tail=T,log.p=F）＃求满足参数要求的正态分布的临界值。

rnorm（向量长度,均值,标准差）　　＃给出参数要求的随机向量。

（二）t 分布及其特征

1. t 分布

t 分布是英国统计学家戈塞特（1876—1937）于 20 世纪初首先发现，并以笔名"学生"发表了该研究成果，故此称为学生氏分布。该分布形态上与标准正态分布很类似，是关于 $t=0$ 的对称分布，其概率分布曲线与正态分布相比，一般中心部分比正态分布低、两边比正态分布高，且取值也是在 $-\infty$ 到 $+\infty$ 之间。对于不同的自由度都有相应的 t 分布值，并且随着样本容量的增大，即自由度增加到一定量（$n>30$）时，由中心极限定理可知，t 分布就近似于标准正态分布 $N(0,1)$。

t 分布一般简记为 $t \sim t(n)$，t 分布与标准正态分布的比较如图 4-3 所示。

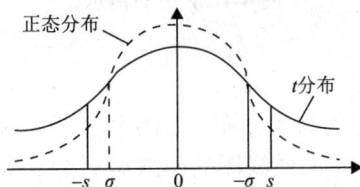

图 4-3　t 分布与正态分布比较图

2. 分布概率值和临界值的计算

dt(变量值,自由度,偏度,log=F)　　　　　　　　#给出变量值对应的符合自由度 df 要求的概率密度值,其中偏度 ncp 是分布的众数所在的位置,abs(ncp)≤38.62;逻辑参数设定是否使用对数 log(P)给出结果,默认时是 F。

pt(临界值,自由度,偏度,lower.tail=T,log=F)　　　#得到的是临界值以左的较小制累计的左侧累积概率,lower.tail=F 时是取右侧的较大制累计的概率。

qt(概率,自由度,偏度,lower.tail=T,log=F)　　　　#给出参数要求的临界值。

rt(向量长度,自由度,偏度)　　　　　　　　　　#给出参数要求的随机数据。

(三) χ^2 分布与 F 分布的概率计算

1. χ^2 分布

χ^2 读作卡方分布,是由英国统计学家卡尔·皮尔生(1857—1936)提出的,以自由度 n 为参数的分布族,自由度的大小决定了分布的形状,即不同的自由度有不同的 χ^2 分布,这一点与 t 分布相同。

χ^2 分布是个非对称分布,随自由度的增大,χ^2 分布逐渐变为对称性分布,当自由度达到相当大时,χ^2 分布接近于正态分布。该概率的计算命令可参照 t 分布的说明使用,具体如下:

```
dchisq(x, df, ncp=0, log=F)
pchisq(q, df, ncp=0, low=T, log=F)
qchisq(p, df, ncp=0, low=T, log=F)
rchisq(n, df, ncp=0)
```

χ^2 分布族如图 4-4 所示。

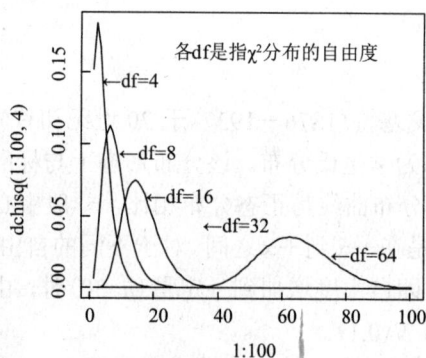

各df是指χ^2分布的自由度
df=4
df=8
df=16
←df=32
←df=64
1:100

图 4-4　χ^2 分布图示

2. F 分布的概率计算

F 分布也是统计学中常用的概率分布,是两个 χ^2 统计量之比的分布情况,其随机变量的取值为 $0 < F < +\infty$;其分布的曲线图的形态与 χ^2 分布非常相似,其概率值及临界值的计算,也可以通过软件来完成。参照 t 分布中的参数说明,R 中的命令如下:

```
df(x, df1, df2, ncp, log=F)
pf(q, df1, df2, ncp, low=T, log=F)
qf(p, df1, df2, ncp, low=T, log=F)
rf(n, df1, df2, ncp)
```

三、主要统计量的分布规律

计量经济分析中常用的统计分布律主要有 t 分布、χ^2 分布、F 分布等分布，而其在什么情况下使用，则是由分布律的如下定理给出的。

(一) 小样本分布规律

1. 均值分布定理

如果从均值为 μ 方差未知的正态分布总体中，随机抽取较少的 n 个单位组成样本，则所有可能的样本平均数所构成的随机变量，在其标准化过程中因总体方差未知，只能采用样本的标准差 s_X 替代总体的标准差 σ_X，这时标准化的统计量用 T 表示，且 T 服从于自由度为 $n-1$ 的 t 分布。即

$$T = \frac{u - \mu}{s_X / \sqrt{n}} \sim t(n-1) \tag{4-2}$$

2. 方差分布定理

设来自一般正态总体的随机样本，其样本方差为 s^2，总体方差为 σ^2，则统计量为

$$\chi^2 = \frac{(n-1)s^2}{\sigma^2} \sim x^2(n-1) \tag{4-3}$$

即样本离差的平方和与总体方差之比服从自由度为 $n-1$ 的 χ^2 分布，该定理为总体方差的推断提供了理论依据。

3. 两样本方差比的分布定理

来自总体 $N(\mu_1, \sigma_1^2)$ 和 $N(\mu_2, \sigma_2^2)$ 的两个容量分别为 n 和 m 的相互独立的样本，其样本方差分别记为 s_1^2 和 s_2^2，则构成 F 的统计量有

$$F = \frac{s_1^2 / \sigma_1^2}{s_2^2 / \sigma_2^2} \sim F(n-1, m-1) \tag{4-4}$$

特别地，当 $\sigma_1^2 = \sigma_2^2$ 时，有 $F = s_1^2 / s_2^2 \sim F(n-1, m-1)$。该式中的 $n-1$ 和 $m-1$ 分别是分子和分母的自由度。

(二) 大样本分布规律

1. 大数定律

大数定律(law of large numbers)是指一切关于大量随机现象之平均结果稳定性的定理，它是由数名学者的研究成果组成的反映各种统计量极限的一系列定理的总称。因此大数定理存在很多种形式，其本质意义是尽管单个随机现象的具体表现，不可避免地与

总体真值产生随机性偏差，然而在大量随机现象共同作用下，它们互相抵消、补偿和拉平，致使总的平均结果稳定趋于总体的真正水平。它告诉我们：各样本统计量在样本容量足够多时，其数值是以其对应的总体指标值为极限。

2. 中心极限定理

中心极限定理（central limit theorem）也是一系列定理的总称，它们证明了这样一个规律，即大量相互独立的随机现象的各类概率分布，都是以正态分布为极限的定理。这使得正态分布在概率论中处在各类分布的趋势中心的地位，也使其成为大量统计分析的参照系统，所以我们把以正态分布为极限的一系列定理统称为中心极限定理。

大数定律只揭示了大量随机变量的平均结果，但并没有涉及随机变量的分布规律。而中心极限定理则说明了许多随机变量的分布是正态或近似正态的，这就可以简化统计推断中许多统计量的分布问题。正因为如此，这两个定理在概率论中的地位非常重要，它们是统计学中以局部推算整体的重要科学依据。

注意：有了大数定律人们可以大胆地使用样本统计量来估计总体的对应统计指标。有了中心极限定理，人们可以毫无顾忌地使用正态分布来近似现实中的各类分布。但是，我们知道它们都是在大样本情况下才能成立的。所以在小样本的统计分析中，以及在不平稳的社会经济现实管理中，这种做法就不太恰当了。

■ 第二节　变量的样本显著性检验

对模型是否显著的检验，可以使用假设检验的方法，即对样本数据中的主要组成变量进行回归关系的显著性检验。

一、变量样本显著性检验的基本原理

对模型中某个变量是否显著起作用的检验思想和关键技术如下。

(一)基本思想

计量经济模型的核心是反映解释变量 X 与被解释变量 Y 关系的方程，其中的某个变量的样本观察值 X_k 是否显著起作用，即能否有效地解释 Y 的变化，就表现在该变量的偏回归系数 β_k 上。如果该系数为零，则说明 X_k 的改变对 Y 的作用为零，或者说 X_k 的变化不会引起 Y 的改变。从这一特点出发，我们就可以采用统计方法，对模型中的各偏回归系数是否为零进行检验。即如果该回归系数真的为零，则从总体中抽选的样本所估算的参数就应该接近于零。否则，如果该回归系数明显不为零，则说明其对应的解释变量是显著起作用的。

在这种对解释变量是否显著起作用的检验中，最为关键的就是判断其对应的回归系数是否为零的问题。而关键中的难点，就是回归系数是否为零的判断标准应该如何确定。

根据统计分布的规律性特征，小概率事件在一次性试验中几乎是不可能出现的。所以我们要根据所研究事物的概率分布特点，考虑确定一个小概率水平，如 5%以下的累计概率为小概率，则 95%就是大概率，即在一次试验中某事件出现的可能性在 5%以下，我们就可以视其为小概率事件了。

如果某偏回归系数 β_k 为零，则利用样本计算的结果 b_k 也将是接近于零的，即其在零附近的可能性将在大概率 95% 的范围内。但是如果样本测算的结果是在远离零的 5% 的范围时，我们就没有理由相信系数为零是真实的了。

(二)临界值的确定

由式(3-18)可知，回归系数 B 服从期望为 β_k、方差为 $\sigma^2 c_{kk}$ 的正态分布；而在对 B 的标准化过程中，由于总体误差的方差 σ^2 是未知的，所以只能以样本残差项的方差估计量 s_e 来替代。则如式(3-21)所示 B 的标准化统计量服从了 t 分布：

$$T = \frac{b_k - \beta_k}{s_e \sqrt{c_{kk}}} \sim t(n - K - 1)$$

这样在 $T=0$ 的 95% 大概率与 T 远离 0 的 5% 小概率的分界点，就是区分大小概率的临界值，其计算可使用 R 中的如下命令：

$$T_{0.05} = \mathrm{qt}(0.025, n - K - 1)$$

这将是 t 检验的判断依据。

二、t 检验的步骤

根据上述基本原理，总结变量显著性 t 检验的基本步骤如下。

(一)提出原假设

在建模时所选择的变量往往都是我们认为重要的、具有代表性的各方面的影响因素，所以它们往往都是显著起作用的因素。为了提高我们测算的把握程度，就需要对每一个被选中的解释变量都进行显著性的统计检验。且最好是以反证的方法来提出假设，即以偏回归系数为零作为原假设，这样较易否定原假设。所以具体的假设为

$$\mathrm{H}_0: \beta_k = 0, \quad \mathrm{H}_1: \beta_k \neq 0$$

原假设是回归系数为零，即该回归系数对应的变量在回归方程中不起作用，这是我们不期望的事件，而否定原假设，才能说明变量的作用具有显著性。

(二)确定否定域

在原假设为真的情况下，我们知道 B 的标准化统计量 T 服从 t 分布，且由于原假设为定值，所以否定域应该是远离定值的两侧。即在显著性水平为 α 时，其大小概率的分界点 $T_{\alpha/2}$ 就应该是统计量 $-T_{\alpha/2}$ 和 $T_{1-\alpha/2}$。即当 $|T| < T_{\alpha/2}$ 时，说明 $B = 0$ 的概率为 $1-\alpha$；而 $B \neq 0$ 的概率为 α，即否定 $B = 0$ 假设的否定域为 $|T| \geqslant T_{\alpha/2}$。

(三)计算 T 统计量

在原假设 $B = 0$ 为真时，其标准化统计量为

$$T = \frac{b_k}{s_e \sqrt{c_{kk}}}$$

其中，b_k 是参数估计量；s_e 是残差的标准差；c_{kk} 是矩阵 $(X'X)^{-1}$ 的主对角线上 fb_k 对应的元素。

(四)判断分析

当 $|T| \geqslant T_{\alpha/2}$ 时，否定原假设 H_0，接受备择假设 H_1；当 $|T| < T_\alpha$ 时，不能否定原假设 H_0。如果使用软件，往往可以得到 T 为临界值的较大制的概率水平，即大于 $|T|$ 的累计概率水平。这种做法在 R 中，可以使用如下命令：

$$pt(T, n\text{-}K\text{-}1, \text{low}=T)$$

默认时得到的是临界值以左的较小制累计的左侧累积概率，low=F 时是取右侧的较大制累计的概率。即有：

如果 $pt(T, n\text{-}K\text{-}1, \text{low}=F) \geqslant 0.025$，说明 $|T| < T_{0.025}$，即接受原假设，认为该变量作用不显著；

如果 $pt(T, n\text{-}K\text{-}1, \text{low}=F) < 0.025$，说明 $|T| \geqslant T_{0.025}$，即否定原假设，认为该变量的作用显著。

■ 第三节　模型的显著性检验

在估算模型时，由于我们很容易接触到模型的残差，且因残差代表着模型的质量，所以对残差的进一步分析，不但可以评价模型的质量，还可以发现模型中存在的问题。在计量经济学的后续学习中，关于残差分析的内容很多，作为分析的基础，本节的学习要从研究对象的离差分解开始。

一、Y 的总离差分解

研究对象 Y 的变化可以其远离一般水平的视角来观察，而对变化中的影响因素及其影响程度的分析就是离差的分解问题。

(一)总离差及相关概念

在统计检验中，我们需要使用方差分析的方法对被解释变量的离差进行分解。即在被解释变量的变化中，有一部分是解释变量作用的结果，有些是解释变量之外的因素作用的结果。为此我们将其分别命名如下三个指标：总离差 total deviation、解释变差 explained deviation（或回归 regression）、残差 residual（或误差 error），其各部分含义如图 4-5 所示。

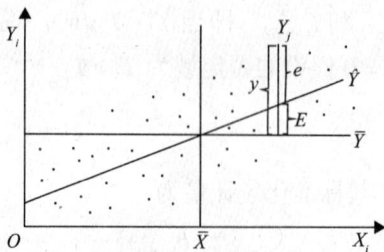

图 4-5　Y_j 点的总离差 y、解释变差 E、残差 e 三者关系图

1. 总离差平方和及其方差

被解释变量的总离差是指变量值 Y_i 与其均值 $\bar{Y}$ 之间的差距 y_i。其离差的平方和常用 TSS 表示为

$$\text{TSS} = \sum \left(Y_i - \bar{Y} \right)^2 = \sum y^2 \tag{4-5}$$

其自由度为 $n-1$，所以其均方差为

$$\text{Var}(Y) = \sum \left(Y_i - \bar{Y} \right)^2 \Big/ (n-1)$$

2. 解释变差平方和及其方差

在回归线上的各数值点 $\hat{Y}$ 与总均值 $\bar{Y}$ 之间的差距用 E 表示，该差距 E 是由回归中的各解释变量对被解释变量的作用决定的。所以叫作解释变差，或称为回归变差，而其平方求和后的指标计算为

$$\text{ESS} = \sum \left(\hat{Y} - \bar{Y} \right)^2 = \sum E^2 \tag{4-6}$$

因回归值 $\hat{Y}$ 是由 X 决定的，即 X 的 $K+1$ 列数据的变化决定了 Y 的改变，所以 $\hat{Y}$ 的自由度为 $K+1$，即其方差为

$$\text{Var}\left(\hat{Y} \right) = \sum \left(\hat{Y} - \bar{Y} \right)^2 \Big/ (K+1)$$

注：由于解释变差平方和（explained sum of squares，ESS）的宿写还可以表述为回归平方和（regression sum of squares，RSS），其缩写与接下来要学习的残差平方和（residual sum of squares，RSS）的缩写相同，所以我们选择了 ESS 来标记解释变差的平方和。

3. 残差平方和及其方差

在总变差中剔除解释变差后剩余的部分叫作残差。由于其主要反映随机因素造成的误差，所以也有人称为误差 e。这里选择了残差平方和表示为

$$\text{RSS} = \sum \left(Y - \hat{Y} \right)^2 = \sum e^2 \tag{4-7}$$

$$\text{Var}(e) = \sum \left(Y - \hat{Y} \right)^2 \Big/ (n-K-1)$$

如果将样本残差理解为误差，则可以使用误差平方和（error sum of squares，ESS）来表述，这将与解释变差平方和混淆，所以我们选择了 RSS 来表述。

(二)三种离差(方差)之间的关系

设总离差平方和为 TSS，解释变差平方和为 ESS，残差平方和为 RSS，则可以证明：

$$\text{TSS} = \text{ESS} + \text{RSS} \tag{4-8}$$

$$\text{Var}(Y) = \text{Var}(\hat{Y}) + \text{Var}(e) \tag{4-9}$$

证明过程如下：

$$\sum(Y-\overline{Y})^2 = \sum\left[(Y-\hat{Y})+(\hat{Y}-\overline{Y})\right]^2$$
$$= \sum(Y-\hat{Y})^2 + 2\sum(Y-\hat{Y})(\hat{Y}-\overline{Y}) + \sum(\hat{Y}-\overline{Y})^2$$
$$= \sum(Y-\hat{Y})^2 + \sum(\hat{Y}-\overline{Y})^2$$

其中，

$$2\sum(Y-\hat{Y})(\hat{Y}-\overline{Y}) = \sum e(\hat{Y}-\overline{Y}) = \sum e\hat{Y} - \sum e\overline{Y} = \sum eXB - \overline{Y}\sum e = e'XB$$
$$= (Y-XB)'XB = Y'XB - B'X'XB$$
$$= Y'XB - Y'X(X'X)^{-1}X'XB = Y'XB - Y'XB = 0$$

经过上述证明我们知道各离差的平方和有

$$\text{TSS=RSS+ESS}$$

注意如下三个有趣的现象

$$(Y-\overline{Y}) = (Y-\hat{Y}) + (\hat{Y}-\overline{Y})$$
$$(Y-\overline{Y})^2 \neq (Y-\hat{Y})^2 + (\hat{Y}-\overline{Y})^2$$
$$\sum(Y-\overline{Y})^2 = \sum(Y-\hat{Y})^2 + \sum(\hat{Y}-\overline{Y})^2$$

在各离差平方和的基础上，分别除以自由度有

$$\text{Var}(Y) = \text{Var}(\hat{Y}) + \text{Var}(e)$$

其中，Y 的自由度为 $n-1$；$\hat{Y}$ 的自由度为 $K+1$；e 的自由度为 $n-K-1$。

对数据 Y 不进行中心化处理的情况下，也可以直接计算并得到如下结果。

若 $Y'Y = \sum Y^2$ 为被解释变量的平方和，$\hat{Y}'\hat{Y} = \sum \hat{Y}^2$ 为被解释变量估计值的平方和，$e'e = \sum e_i^2$ 为被解释变量残差项的平方和，则有

$$Y'Y = (\hat{Y}+e)'(\hat{Y}+e) = \hat{Y}'\hat{Y} + 2\hat{Y}'e + e'e = \hat{Y}'\hat{Y} + 2B'X'e + e'e = \hat{Y}'\hat{Y} + e'e$$

注：$X'e = 0$ 是基本假设。

二、拟合优度的评价

在离差的变化中，影响其变化程度占比较大的因素，必将是主要的影响因素。而该占比大小应如何测算是我们关心的重点。

(一)拟合优度的含义

拟合优度是模型的解释变量改变对被解释变量改变的决定程度，所以人们就设定了可决系数(adjusted coefficient of determination)指标，其最初的计算公式为

$$R^2 = \text{ESS} / \text{TSS}$$

其中，ESS 为解释变差平方和，TSS 为总离差平方和；该统计量越接近于 1，模型的拟合优度越高。或者采取下式计算：

$$R^2 = 1 - \text{RSS} / \text{TSS}$$

在应用该公式时你会发现：只要增加解释变量的个数就会使 R^2 提高。这给人一个错觉：增加解释变量就可以使模型拟合得好。但实际上增加解释变量与拟合的好坏无关。为此我们需要调整 R^2。

（二）调整的判定系数

由于在样本容量一定的情况下，增加解释变量必定使得自由度减少，所以调整的基本思路是将变量数的信息纳入到该指标的计算之中，即将残差平方和与总离差平方和分别除以各自的自由度，以剔除变量个数对拟合优度的影响。计算调整的可决系数。

因总离差平方和的自由度为 $n-1$，残差平方和的自由度为 $n-K-1$，所以调整的判定系数的计算公式为

$$\overline{R}^2 = 1 - \frac{\text{RSS} / (n-K-1)}{\text{TSS} / (n-1)} = 1 - \frac{\text{RSS}}{\text{TSS}} \frac{n-1}{n-K-1} \tag{4-10}$$

以 e 表示残差，y 表示 Y 的离差，则有

$$\overline{R}^2 = 1 - \frac{e'e / (n-K-1)}{y'y / (n-1)} \tag{4-11}$$

该指标的计算在一般的统计软件中都有方便的程序，当 $K > 1$ 时，必有 $R^2 > \overline{R}^2$。但是该指标还有一个更大的缺点，就是其自身没有一个判断的标准，即不确定接近 1 的程度标准是什么。

三、模型整体显著性检验

变量的 t 检验只是对模型某个变量的显著性的评价，而对整个模型的所有变量，在整体上是否显著，还需要做必要的检验。

（一）F 检验

方程的显著性 F 检验，旨在对模型中被解释变量与解释变量之间的线性关系在总体上是否显著成立做出推断。即检验模型

$$Y_i = \beta_0 + \beta_1 X_{1i} + \beta_2 X_{2i} + \cdots + \beta_K X_{Ki} + \varepsilon_i \quad i = (1, 2, \cdots, n)$$

其中的参数 β_k 是否显著不为 0。假设为

$$H_0: \beta_1 = \beta_2 = \cdots = \beta_K = 0, \quad H_1: \beta_k \text{不全为} 0$$

在原假设 H_0 成立的条件下，原模型应该是 $Y = \beta_0 + \varepsilon$，这样在利用样本数据测算各

β_k 时，就应该是各 β_k 都接近于零。不过由于样本的随机性或数据的巧合等情况存在，在现实的估算中往往会出现某些 β_k 显著等状态，进而两个模型的残差也会表现出不同。那么这种不同到什么程度才能算作是真的不同，需要我们做出理性的判断。具体涉及如下问题。

设只有截距项而无各偏回归系数的模型残差为 e_R，即原假设成立时模型的残差平方和为 RSS_R；而有各偏回归系数的模型残差为 e_U，即原假设不成立时模型的残差平方和为 RSS_U；则在原假设成立时，两个残差平方和就应该很接近，这时的 $RSS_R - RSS_U$ 就应该接近于零。且有

$$e_R = Y - XB_R = XB_U + e_U - XB_R = e_U - X(B_R - B_U)$$

$$e_R{}'e_R = e_U{}'e_U + (B_R - B_U)'X'X(B_R - B_U) \tag{4-12}$$

式(4-12)中三项都是平方和，可见

$$e_U{}'e_U \leqslant e_R{}'e_R \quad 即 \quad RSS_R \geqslant RSS_U \tag{4-13}$$

式(4-13)说明在通常情况下，对模型施加某种假设等约束条件会降低模型的解释能力。但是，如果假设的约束条件为真，则受约束的回归模型与无约束的回归模型具有相同的解释能力，即表现为 RSS_R 与 RSS_U 的差异将很小。

1. 各种偏差平方和的分布

根据方差的统计分布规律式(4-3)，可以证明如下各式成立：

$$RSS_R / \sigma^2 \sim \chi^2(n - K_R - 1) \tag{4-14}$$

$$RSS_U / \sigma^2 \sim \chi^2(n - K_U - 1) \tag{4-15}$$

$$(RSS_R - RSS_U) / \sigma^2 \sim \chi^2(K_U - K_R) \tag{4-16}$$

进而，可以根据式(4-15)和式(4-16)的比值构成 F 统计量，再由式(4-8)及原假设的 $ESS_R = 0$ 的条件，可得到 F 检验的统计量如下：

$$F = \frac{(RSS_R - RSS_U)/K}{TSS_U/(n-K-1)} = \frac{(TSS - ESS_R - RSS_U)/K}{RSS_U/(n-K-1)} = \frac{(TSS - RSS_U)/K}{RSS_U/(n-K-1)}$$
$$= \frac{ESS_U/K}{RSS_U/(n-K-1)} \tag{4-17}$$

式(4-17)表明：在原假设成立时，F 统计量将很接近于零，这时我们使用 F 是否为零的判断，就可以检验原假设是否成立了。式(4-17)还表明要检验所有的 K 解释变量同时不显著的假设，只需要计算无约束的原方程的解释均方差与残差均方差的比值，就可以构成 F 检验的统计量。

2. F 检验的步骤

根据上述分布原理，F 检验的具体步骤如下。

第一，明确原假设。H_0: $\beta_k = 0$, $k = 1, 2, \cdots, K$。

第二，确定否定域。由于检验统计量服从自由度为 K 和 $n-K-1$ 的 F 分布，则给定显著性水平 a，可通过 R 软件计算得到如下检验临界值：

$$F_\alpha(k, n-k-1) = qf(\alpha, k, n-K-1, low = F)$$

第三，判断分析。如果 $F > F_\alpha(k, n-K-1)$ 则拒绝原假设 H_0，认为原假设不成立，即各 X 整体上线性关系显著成立；否则如果 $F \leqslant F_\alpha(k, n-K-1)$ 则接受原假设，认为各 X 同时不显著，即原方程整体上的线性关系不成立。

(二) F 检验与拟合优度的关系

在拟合优度的评价中，我们只知道判定系数接近于 1 为好，而接近于 0 为差。却不知道接近于 1 或 0 的标准，或者说我们不知道界限在哪里？而在 F 检验中，判断的界限就是临界值 F_α。不过通过 F 统计量与判定系数之间的关系，我们可以找到确定判定系数标准的依据如下：

$$\bar{R}^2 = 1 - \frac{RSS/(n-K-1)}{TSS/(n-1)} = 1 - \frac{RSS}{ESS + RSS} \frac{n-1}{n-K-1}$$

$$= 1 - \frac{1}{ESS/RSS + 1} \frac{n-1}{n-K-1} = 1 - \frac{n-1}{KF + n-K-1}$$

$$\text{或 } F = \frac{\bar{R}^2/K}{(1 - \bar{R}^2)/(n-K-1)} \tag{4-18}$$

可见，F 统计量与判定系数是同方向变化：当 $\bar{R}^2 = 0$ 时，$F=0$；当 $\bar{R}^2$ 越大时，F 值也越大；当 $\bar{R}^2 = 1$ 时，F 为无穷大。因此，F 检验是回归显著性的度量，也是 $\bar{R}^2$ 的一个显著性检验，即检验 H_0: $\beta_1 = \beta_2 = \cdots = \beta_k = 0$ 等价于 $\bar{R}^2 = 0$。例如，根据 30 组数据构成的样本，建立 3 个解释变量的模型，在 $\alpha = 0.05$ 的显著水平要求下，F 检验的临界值将为 qf(0.05,3,26,low=F)=2.975。而这一 F 水平下的判定系数为

$$\bar{R}^2 = 1 - \frac{30-1}{(30-3-1) + 3 \times 2.975} = 0.1696$$

这说明只要标准判定系数大于 0.1696，就可以判断该模型显著的把握程度在 95% 以上。可见我们定义的判定系数的判断程度与显著性的把握程度是不同的概念，不能一味地追求判定程度，因为它毕竟是简单粗劣的统计判定方法。

第四节 进行统计检验的R程序使用及案例分析

软件的优势就在于将常用的重复性过程编入命令函数之中，供随时调用。统计检验是回归分析的常规部分且使用频繁，所以绝大多数软件几乎都有类似的程序命令。

一、R中统计检验程序的使用

在 R 中进行统计检验是很方便的，只要我们在估算方程的基础上，使用如下命令即可完成上述所学习的三类统计检验：

$$summary（回归估计式或结果）\tag{4-19}$$

【例 4-1】在例 3-9 中对劳动和技术进步的生产函数的估算时，我们将估算的结果存储在 LDHG 中，因此使用该命令调用该对象，得到如下检验报告：

```
>summary(LDHG)
Call:
lm(formula=GS,data=LDSJ)
Residuals:
    Min        1Q      Median       3Q         Max
 -0.16756   -0.08975   0.01186    0.09053    0.18209
Coefficients:
               Estimate   Std. Error   t value    Pr(>|t|)
(Intercept)  -114.20080    9.34645    -12.219    1.91e-10 ***
log(KJ)         0.32302    0.04951      6.524    3.01e-06 ***
log(LT)        11.29618    0.82719     13.656    2.83e-11 ***
Signif.codes: 0 '***' 0.001 '**' 0.01 '*' 0.05 '.' 0.1 ' ' 1
Residual standard error: 0.1182 on 19 degrees of freedom
Multiple R-squared: 0.9847,    Adjusted R-squared: 0.9831
F-statistic: 613.1 on 2 and 19 DF, p-value: < 2.2e-16
```

该检验报告可分为如下三个部分。

第一部分是对残差进行统计描述：残差的最小值-0.16756、25%的四分位数-0.08975、中位数 0.01186、75%的四分位数 0.09053、最大值 0.18209 等。

第二部分是对回归系数进行的 t 检验：第一列是回归系数，即方程的截距项 Intercept-114.2008、log(KJ)的偏回归系数 0.32302、log(LT)的偏回归系数 11.29618；第二列是截距项和各偏回归系数的估计标准差；第三列是各偏回归系数的 t 检验统计量；最后一列是 t 统计量右侧的较大制累计概率值。一般当该概率值小于 0.05 时，我们就以 95%的把握否定偏回归系数为零的原假设。该例中的把握程度都在 99.99%以上，即显著性水平都在 0.0001 以下。

第三部分是下边的三行，分别是：第一行为残差的标准误和自由度；第二行是反映被解释变量的变动由解释变量决定的程度，即判定系数 98.47%和修正的判定系数 98.31%；第三行是检验整个模型显著性的 F 检验统计量 613.1 及其自由度 2 和 19，P 值是 F 统计量右侧累计概率水平 2.2e-16，该检验的原假设是所有的偏回归系数同时为 0，而否定该假设的概率常是该 P 值要小于 0.05。该例的概率水平 2.2e-16<<0.05，所以否定原假设，认为各偏回归系数不同时为零。

二、综合案例

【例 4-2】截面数据回归案例如下。

(一) 基本环境描绘

将全国 31 个省(直辖市、自治区)的 2011 年地区生产总值 GDP 等截面数据汇集成数据框 HGJMSJ,即各省区的生产总值 GDP(亿元)、劳动者报酬 LC(亿元)、生产税净额 SCS(亿元)、固定资产折旧 GZ(亿元)、营业盈余 YY(亿元)、总人口数 ZRK(万人)、固定资产投资 GT(亿元)、进出口总额 JCK(亿元)、财政预算收入 CZSR(亿元)、消费物价指数 CPI(%)、专利授权 ZLSQ(件)、就业人数 JYRS(万人)等十余项资料,具体数据见附表 2。观察附表 2 中各要素对 GDP 的影响是否显著,可以通过回归模型中的统计检验来实现。

(二) 回归方程的估计

将附表 2 中的数据由电子表格复制到粘贴版,然后再使用如下命令读入内存,形成数据框:

```
HGJMSJ<-read.table("clipboard",T)
>GS<-  GDP        ~        Y              >HG1<-lm(GS,HGJMSJ)~
LC+SCS+GZ+YY+ZRK+GT+JCK+CZSR+CPI+ZLSQ+JYRS
```

主要结果如下

```
Coefficients:
 (Intercept)      LC         SCS         GZ          YY          ZRK
 -1.138e-01   1.000e+00   1.000e+00   1.000e+00   1.000e+00   4.436e-07
     GT         JCK         CZSR        CPI         ZLSQ        JYRS
 9.025e-07   3.252e-10  -1.759e-06   1.083e-03  -1.929e-09   6.770e-06
```

(三) 对估计方程的统计检验

对估计方程的统计检验如下。

```
Residuals:
    Min         1Q         Median        3Q          Max
 -0.0050161  -0.0010585  -0.0000938   0.0009572    0.0078599
Coefficients:
              Estimate    Std.Error    t value     Pr(>|t|)
 (Intercept) -1.138e-01  1.591e-01   -7.150e-01     0.483
 LC           1.000e+00  7.032e-07    1.422e+06    <2e-16 ***
 SCS          1.000e+00  1.772e-06    5.645e+05    <2e-16 ***
 GZ           1.000e+00  2.422e-06    4.128e+05    <2e-16 ***
 YY           1.000e+00  7.811e-07    1.280e+06    <2e-16 ***
 ZRK          4.436e-07  5.619e-07    7.890e-01     0.440
```

```
GT              9.025e-07  6.093e-07   1.481e+00    0.155
JCK             3.252e-10  1.928e-10   1.687e+00    0.108
CZSR           -1.759e-06  2.476e-06  -7.110e-01    0.486
CPI             1.083e-03  1.504e-03   7.210e-01    0.480
ZLSQ           -1.929e-09  2.784e-08  -6.900e-02    0.945
JYRS            6.770e-06  5.699e-06   1.188e+00    0.249
---Signif. codes:0 '***' 0.001 '**' 0.01 '*' 0.05 '.' 0.1 ' ' 1
Residual standard error: 0.002603 on 19 degrees of freedom
Multiple R-squared:    1,     Adjusted R-squared:    1
F-statistic:7.029e+13 on 11 and 19 DF, p-value:<2.2e-16
```

从检验的结果可以看出，只有 **LC**、**SCS**、**GZ**、**YY** 等四个因素是显著起作用的。所以我们只以这四个要素为解释变量，重新构建回归模型，并估算检验如下：

```
HG2<-lm(GDP～0+LC+SCS+GZ+YY,HGJMSJ)
> summary(HG2)
Call:
lm(formula = GDP ～ 0 + LC + SCS + GZ + YY, data = HGJMSJ)
Residuals:
    Min        1Q       Median       3Q          Max
 -0.0077419  -0.0001091  0.0002515  0.0009326   0.0094503
Coefficients:
        Estimate   Std. Error   t value    Pr(>|t|)
LC      1.000e+00  3.234e-07    3091812    <2e-16 ***
SCS     1.000e+00  1.219e-06    820272     <2e-16 ***
GZ      1.000e+00  1.822e-06    548709     <2e-16 ***
YY      1.000e+00  5.669e-07    1763979    <2e-16 ***
---Signif.codes:0 '***' 0.001 '**' 0.01 '*' 0.05'.'0.1' '1
Residual standard error:0.002523 on 27 degrees of freedom
Multiple R-squared:    1,     Adjusted R-squared:    1
F-statistic: 5.501e+14 on 4 and 27 DF, p-value:<2.2e-16
```

我们可以比较一下两个方程的检验结果，各项指标都是四个要素的方程要好于最初的方程。同时从理论上看，显著起作用的四个要素，恰是 GDP 核算中分配法的构成要素，这说明从分配系统观察决定 GDP 的因素就是其核算时的基本项目：劳动者报酬、生产税净额、固定资产折旧、营业盈余。

■ 本章小节

计量经济学的大部分工作都是检验，而各类检验的基础就是统计假设检验的原理，所以说本章的学习内容是计算经济分析的基础。同时由于对现实观察的不全面性，我们只能将现实数据视为样本，而样本对总体现实的代表性，也需要我们进行统计性检验来完成。统计检验的主要方法就是判定系数 R^2 的检验、整体显著性的 F 检验、变量显著性的 t 检验等三种检验方法。R 软件主要是对回归对象使用 summary 函数来完成这一检验过程，同时该函数还提供了对残差的描述性统计分析。

思考与练习

1. 对第三章的思考与练习中的 M1 和 M2 进行统计检验。

2. 对例 3-4 中的 HG 和例 3-9 中的 CDHG 模型，进行统计估算和检验，并分别做出相应的统计评价。

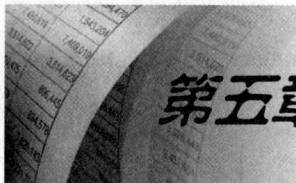

第五章

模型的经济意义检验

计量经济模型的经济意义检验，主要是依据经济理论或社会经验进行的显著性检验。在 1.3 节中，已经介绍了建模的最核心技术就是经济理论或经验利用，由于理论和感官的认知很多，经过估算和统计检验也可能会否定其中的部分理论。那么剩余的部分是否符合经济理论或思想的要求，还需要我们做进一步的检验。

■ 第一节　经济意义检验的含义及其相关知识

在模型的估算过程中我们会根据统计显著性检验的情况决定变量的取舍，同时也会根据残差的大小来决定或筛选模型的形式。然而通过统计检验之后的模型，是否在实际意义上合理，需要一个科学的解释。如果能够从实际意义上解释清楚且符合常理，则可以称为符合经济意义；否则，不符合常理或很难解释清楚，则称为不符合经济意义。

一、经济意义检验的核心内容

经济计量模型的经济意义是建模者通过方程式或方程组，所表达的整体思想和组成部分的含义，其实质就是模型能否满足现实经济分析的需求程度，以及模型各要素与理论要求的一致程度。归结起来主要包含如下几个方面的内容。

（一）要素结构的系统性及其组成部分的代表性

一个经济模型就是一个系统或更大系统的子系统，在其估算过程中，经过显著性统计检验后的各种备选模型，哪一个更合理还需要做一系列的检验才能确定。其经济意义检验主要是在结构上和各组成要素上，看其是否合理的分析过程。

首先，在结构上要看模型所描述的子系统是否全面，即删除的各变量是否使模型变得片面或不能解释现实。例如，在例 1-1 中居民消费只受收入的影响，但是如果我们将研究的范围扩大到国民经济的宏观上，则只有收入的影响就较为片面，这时的投资、净出口和政府消费等都会影响到居民消费。

其次，时空范围上的系统性问题。受我们的观察能力限制，所掌握的统计数据往往是截面数据或时序数据。当我们只拥有截面数据时，只能就数据所涵盖的空间范围做静态的分析，动态的规律就不可能被发现；同时，在有限的空间范围之内的研究，也代表不了该范围之外的情况。当我们只拥有时序数据时，还存在着数据所涵盖的时间之外的情况能否代表的问题。即使是我们拥有面板数据，也存在着其涵盖的范围内外规律是否一致的问题。所以我们的经济分析，一定要在这些范围明确，且在具有代表性的情况下给出。

(二)经济系统的完整性与分析的目的性

任何经济分析都有其目的性，这是建模中必须考虑到的，而在具体操作中，却很难把握。现实中我们经常会看到以偏概全的分析，如在由 A 和 B 构成的系统 Y 中，我们关心的是 B 中所含的 b_1 和 b_2 两个子系统中的 b_2，所以我们经常会看到 $Y = f(b_2)$ 的回归方程。如果该例中的 b_2 不是 Y 的主要决定因素，则方程中就遗漏了重要的解释变量，而回归的结果也会一定程度上表现出对基本假设的违背。当然在考虑了 A 和 b_1 的情况下，经过检验它们都不起作用，则不会出现对基本假设的违背等问题。

(三)参数的经济意义检验

经济参数是我们建模过程最终所获得的估算结果，对其进行经济意义检验是必不可少的环节，主要内容如下。

1. 符号方向检验

经济参数是有方向的，当其所对应的解释变量与被解释变量为正向相关联时，其符号为正；而负向相关联时，其符号为负。所以对其进行经济意义检验时，首先要观察其符号与我们的认识是否一致。其次，如果出现矛盾，要看一下是什么原因，如多重共线性、模型的形式错误或我们的认识有阶段性的局限等，这些相关问题将在后面的学习中逐一解决。

2. 取值范围检验

回归系数与相关系数很接近，除符号的方向外，数值上也有联系。即当解释变量与被解释变量不相关时，相关系数为零，回归系数也为零。同时，由于回归系数是由没有标准化的协方差计算的，其绝对值可能大于 1，经标准化后是必然小于 1 的。所以其数值也是绝对值越大，其影响力就越强。即在计量单位相同的解释变量之间，回归系数越大者，其作用程度就越强，这也是我们的检验依据之一。

3. 理论一致性检验

根据经济理论上的认识，各解释变量的回归系数之间是存在着一定关系的，这种关系也是系统性作用的体现。检验各回归系数之间的某些理论关系是否成立，是本章的核心内容，我们称为理论的一致性检验。后续各节主要解决的问题，就是这类检验方法的学习及应用问题。

二、特殊的经济变量及其作用

经济变量是构成模型的实体要素，其代表性对模型的质量起着决定性作用，所以我们在经济意义检验中要特别注意。常见的经济变量多是定距尺度的数据，其经过标准化等计算可以转化为定比数据，但是要将其变为定类和定序尺度的数据，就需要分类和因子标注了，这虽然较麻烦，却是可行的。然而有些事情本身就只能使用定类或定序的尺度来表述，所以处理一些特殊的变量是我们必备的知识，主要内容如下。

(一) 顺序变量

不论是截面数据还是时序数据，其排列顺序经常反映着事物的等级或水平，不论被解释变量还是解释变量，都有可能使用顺序变量来表述。顺序变量实质上是分类变量和趋势变量的总称，在 R 软件中很容易生成，一般以 1:N 来表述并自动生成。作为截面顺序往往以 1:M 表明不同的类型，即分类变量；而时间顺序则往往使用 1:T 表示不同的时期，即趋势变量。当模型中含有顺序变量时，整个模型中的所有变量，实质上都是有顺序的了。该变量的使用如下。

1. 顺序变量做解释变量

在我们的分析系统中，如果所选择的经济变量都有着比较明确的变化趋势，且模型的解释效果有限时，我们可以选择一个反映其顺序的变量作为解释变量，加入到模型中。尤其是以时间顺序来解释的部分，我们称为长期趋势，是经济分析中常见的做法。对顺序变量的检验与普通的变量相同，只是这种情况往往产生于研究对象主要受上级系统影响时，而我们所观察的范围只是子系统内部的情况。

2. 顺序变量做被解释变量

当顺序变量作为被解释变量时，多数情况是以分类变量为被解释变量，这时的模型常称为多元选择模型。多元选择的含义是指被解释变量的隶属关系的选择，一般情况下回归的结果将是分类顺序的概率分布，即各解释变量的作用使得被解释变量在各种分类之间选择的可能性的分析。

(二) 虚拟变量

当分类变量只有两种类型时，我们称为虚拟变量。虚拟变量是只取 0 或 1 构成的顺序变量，所以也常称为 0-1 变量、是非变量、贝努利变量、二项分布变量等。主要用于反映影响经济变量的干扰因素，或无法用定量尺度来表示的事物。其使用和检验内容如下。

1. 虚拟变量的基本引入方式

一般情况下设置虚拟变量要根据需要，将基础类型或肯定类型取值为 1，而将比较类型或否定类型取值为 0。其引入模型的基本方式有如下两种。

(1) 加法式引入虚拟变量会改变模型的截距。引入虚拟变量的最简单方式就是将该虚拟变量以加法的方式，即线性形式放入到模型之中。例如，在企业职工的工龄决定薪金水平的模型中，将描述性别的虚拟变量 D 以加法的形式引入模型，则有

$$Y_i = \beta_0 + \beta_1 X_i + \beta_2 D_i + \varepsilon_i \tag{5-1}$$

其中，Y_i 为企业职工的薪金；X_i 为工龄；若职工是男性 $D_i=1$，若是女性 $D_i=0$。

在该模型中，如果仍假定 $E(\varepsilon_i) = 0$，则企业男职工的最低薪金为下式中的括号部分：

$$Y_i = (\beta_0 + \beta_2) + \beta_1 X_i + \varepsilon_i$$

而女职工的最低薪金则只是下式中的 β_0：

$$Y_i = \beta_0 + \beta_1 X_i + \varepsilon_i$$

可见，男女职工平均薪金对工龄的变化率是一样的，只是两者的平均水平相差 β_2。虚拟变量的显著性判断与普通变量没有任何区别，可通过传统的 t 检验判断。模型中可以同时引入多个虚拟变量，以考察多种"定性"因素的影响。例如，上面模型中除了以 D_1 表示的性别外，再加入学历虚拟变量 D_2 有

$$E\left(Y_i \mid X_i, D_1, D_2\right) = \beta_0 + \beta_2 D_1 + \beta_3 D_2 + \beta_1 X_i$$

这时的学历虚拟变量 $D_2=0$ 表明是低学历的职工，$D_2=1$ 表明是高学历的职工。则在有两个虚拟变量的模型中，不同性别、学历的差别使模型变为了如下四个回归方程。

$$E\left(Y_i \mid X_i, D_1=0, D_2=0\right) = \beta_0 + \beta_1 X_i$$

该方程表明没有上过大学的女职工平均工资水平为 β_0。

$$E\left(Y_i \mid X_i, D_1=0, D_2=1\right) = \beta_0 + \beta_3 + \beta_1 X_i$$

该方程表明上过大学的女职工平均工资水平为 $\beta_0 + \beta_3$。

$$E\left(Y_i \mid X_i, D_1=1, D_2=0\right) = \beta_0 + \beta_2 + \beta_1 X_i$$

该方程表明没有上过大学的男职工平均工资水平为 $\beta_0 + \beta_2$。

$$E\left(Y_i \mid X_i, D_1=1, D_2=1\right) = \beta_0 + \beta_2 + \beta_3 + \beta_1 X_i$$

该方程表明上过大学的男职工平均工资水平为 $\beta_0 + \beta_2 + \beta_3$。可见，增加一个虚拟变量，实质上使方程的数量增加了一倍。

(2)乘法式引入会改变模型的斜率。通过以乘法的方式引入虚拟变量会引起模型的斜率改变。例如，根据消费理论，消费水平 C 主要决定于收入水平 X，但在不同的地区、不同的收入区域，或在发生自然灾害、战争等反常年份，消费倾向往往会出现变化。这种消费倾向的变化可在模型中加入收入与虚拟变量乘积项来反应。设 $D=1$ 表示高收入地区，$D=0$ 表示低收入地区，则消费方程为

$$C = \beta_0 + \beta_1 X + \beta_2 D X + \varepsilon \tag{5-2}$$

在 $E(\varepsilon_i) = 0$ 的假设下，模型所表示的函数可化为如下两个不同消费倾向的方程：

$$E\left(C \mid X, D=1\right) = \beta_0 + (\beta_2 + \beta_1) X$$

该方程中 $D=1$，属于高收入地区的消费方程。其中边际消费倾向为 $\beta_2 + \beta_1$。

$$E\left(C \mid X, D=0\right) = \beta_0 + \beta_1 X$$

该方程中 $D=0$，属于低收入地区的消费方程。其中边际消费倾向只有 β_1。

2. 虚拟变量的使用原则

将虚拟变量加入到模型中可以解决很多现实中不好计量的问题，所以加入的方法也

不只是上述简单的两种基本形式。可以在实际估算和检验方程中，灵活地使用虚拟变量，达到有效分析的目的。在使用虚拟变量时要注意如下几点。

(1)避免虚拟变量陷阱。作为解释变量引入虚拟变量时，每类定性事物所需的虚拟变量个数要比该事物的类别数少 1，即如果有 m 个定性类型，只能在模型中引入 $m-1$ 个虚拟变量。否则会引起完全共线性，使模型无法求解，即所谓的"虚拟变量陷阱"。

(2)虚拟变量可以作为被解释变量引入模型，这时的模型是多元选择模型的特例，叫作二元响应模型，这时被解释变量的条件期望是以概率分布的形式表述的。

(3)一个虚拟变量同时以加法方式和乘法方式引入同一个模型时，会使一个方程变为不同内容的四个方程。

(4)临界值与虚拟变量的使用。在经济发生转折或突变等情况时，可通过建立临界指标的虚拟变量模型来反映。例如，消费品数量 Y 主要取决于可支配收入 X 的多少，但是在高收入与低收入家庭之间其消费倾向明显不同。现以 A 表示高低收入水平的临界指标值，$X_i > A$ 为高收入家庭，$X_i < A$ 为低收入家庭。设虚拟变量：$D_i = 1$ 表示高收入家庭，$D_i = 0$ 表示低收入家庭。则消费回归模型如下：

$$Y_i = b_0 + b_1 X_i + b_2 (X_i - A) D_i + e_i \tag{5-3}$$

该方程的图示如图 5-1 所示。

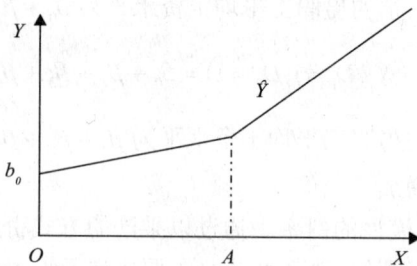

图 5-1　解释变量临界值与虚拟变量乘积效果图

(5)在一般的模型中，我们都假定解释变量之间是相互独立的，即各回归系数是该解释变量自身单独对被解释变量的影响程度。而在加入虚拟变量时，可能会产生两个虚拟变量相关的情况，即产生其交互作用。则反映交互作用的模型为

$$Y_i = \alpha_0 + \alpha_1 D_1 + \alpha_2 D_2 + \alpha_3 (D_1 D_2) + \sum \beta_i X_i + \varepsilon_i \tag{5-4}$$

对参数 α_3 做 t 检验来判断交互作用的存在，并结合其他检验来决定模型的形式。

(三)滞后变量

通常把过去时期的具有跨期影响作用的变量叫作滞后变量(lagged variable)，含有滞后变量的模型就是动态模型(dynamical model)。滞后变量是动态作用效应的反映，其使用过程中重点考虑如下两个问题。

1. 滞后变量存在的客观性

滞后变量在经济分析中普遍使用，其产生的主要原因有如下几个方面。

(1)心理因素。人们的心理定势，使其行为方式滞后于经济形势的变化，如中彩票的人不可能很快改变其生活方式。

(2)技术原因。由于生产周期等技术因素的客观存在，必然存在滞后问题。例如，当年的产出在某种程度上依赖于过去若干期内投资形成的固定资产，所以投资性分析往往要考虑滞后期。

(3)制度原因。法律规章的制定、执行、修正、改进的过程都需要一定时间的观察和实践、实验等过程，都会在时间上表现出滞后的特点，这种客观的滞后规律应该在模型设计中有所反映。

2. 滞后变量的处理技术

在 R 软件中依据已有的序列生成其滞后变量的函数命令如下：

$$embed(x,P) \tag{5-5}$$

该命令将产生从 1 到 P 阶滞后的 P 个滞后变量，其中第 $p(p=1,2,\cdots,P)$ 个滞后变量的滞后期就是 p 阶。

三、常用的动态基础模型及其结构特征

事物的发展变化往往是很多因素综合作用的结果，而在这一数据的生成过程中，人们努力将这些作用因素分解为几种基本模型，并表达如下。

(一)自回归模型

自回归模型(AR)是反映变量自身的前后期存在回归关系的模型，用以刻画现象的动态记忆性特征。一般的模型形式如下：

$$Y_t = \alpha_0 + \alpha_1 Y_{t-1} + \alpha_2 Y_{t-2} + \cdots + \alpha_p Y_{t-p} + \varepsilon_t \tag{5-6}$$

其中，α_1 到 α_p 为变量各滞后期的回归系数；α_0 为常数项；ε_t 为随机扰动项。这是单一变量 Y 的自身回归的模型，其滞后期 p 反映了该变量的最大记忆长度。当其只有一期记忆时，即 $p=1$ 时，我们称为一阶自回归模型，并使用 AR(1) 来表示；同理对于自回归模型的一般式就常表示为 AR(p)。

在该类模型中引入延迟因子(滞后算子)L，即现象的平均倒退速度 $L = (\prod Y_{t-1} / Y_t)^{1/T}$，使得 $Y_{t-k} = L^k Y_t$，则 AR 模型又常有如下表达形式：

$$A(L)Y_t = \alpha_0 + \varepsilon_t \tag{5-7}$$

其中，$A(L) = 1 - \alpha_1 L - \alpha_2 L^2 - \cdots - \alpha_p L^p = 1 - \sum \alpha_j L^j$ 称为回归滞后多项式，该表达式的等号两端都是一个平稳的纯随机过程，而平稳的条件就是各阶回归系数 $|\alpha_j| < 1$，$|\sum \alpha_j| < 1$，$j = 1,2,\cdots,p$。平稳是该类模型的一大特点，它决定着 Y 是以 α_0 为中心随机波动的，而波动的周期为 p，波动的幅度不会远离 α_0，即 Y 的方差是有限的。

(二)干扰响应模型

如果一个系统在 t 时刻的响应 Y_t 与其以前各期的响应 Y_{t-j} 无关，即无自相关。而只有某些干扰的影响时，就叫作干扰响应模型。具体的形式如下。

1. 随机性干扰及移动平均模型

当回归模型中没有任何解释变量的极特殊情况时，被解释变量就只受当期的随机因素影响时，我们称为干扰响应方程；而当干扰是虚拟变量时，就称为脉冲响应函数。

当被解释变量只受随机干扰的影响，且影响的时期能持续几期时，即反映干扰滞后的作用模型，叫作移动平均（moving average，MA）模型。这是一个常用的模型，其基本形式如下：

$$Y_t = \varepsilon_t - \omega_1 \varepsilon_{t-1} - \omega_2 \varepsilon_{t-2} - \cdots - \omega_q \varepsilon_{t-q} \tag{5-8}$$

当 $q=1$ 时为一阶移动平均模型，即各期的干扰只有一期的记忆性。因为 Y_t 是由一系列的 ε_t 及其滞后项的加权和构造而成，这里的"移动"特指 t 的变化，而"平均"指加权和。这与统计学中学过的移动平均法并不是一回事儿。一般情况下，各期进入系统的干扰，都会产生对系统的一段时间的影响，但是其记忆性将随着滞后的阶数增加而逐期衰减，使时序过程表现为平稳的过程，可以滞后算子的形式表示为

$$Y_t = W(L)\varepsilon_t \tag{5-9}$$

其中，$W(L) = 1 - \omega_1 L - \omega_2 L^2 - \cdots - \omega_q L^q$ 叫作移动平均滞后多项式，与 AR 过程一样，对于 $k = 1, 2, \cdots, q$ 有移动平均模型的平稳条件是：$|\omega_k| < 1$ 且 $|\sum \omega_k| < 1$，即满足此条件的 MA 过程，就是在 0 的上下波动的平稳过程。

2. 确定性回归模型

当系统的干扰影响因素是由某些确定的变量构成时，就是我们最常见的回归方程。在回归方程中的解释变量只有当期起作用时，就是静态的回归。而存在滞后期时，则称为分布滞后（distributed lag, DL）模型。

当自回归和分布滞后同时存在时，就叫作自回归分布滞后模型，并常简记为 ADL。

(三)单整模型

当自回归或移动平均模型的系数为 1 时，其滞后多项式的根也将是 1，此时一阶自回归模型的形式为

$$Y_t = Y_{t-1} + \varepsilon_t \tag{5-10}$$

该模型常被称为随机游走模型，也叫单位根过程或单整过程。由于自回归模型是平稳过程的条件为回归系数的绝对值要小于 1，而当其等于 1 时就是非平稳的过程，所以单位根过程就是自回归模型中的滞后多项式 $1 - A(L) = 0$ 或 $1 - W(L) = 0$ 的解有单位根存在，使该过程产生了随机性趋势。由于自回归系数和移动平均系数就是简单自相关系数，所以其绝对值的大小自然是小于等于 1 的。即当 $|\alpha| < 1$ 或 $|\omega| < 1$ 时，序列的各滞后期的记忆效应将随着滞后的长度而逐渐衰减至 0，所以序列是平稳的。而当 $|\alpha| = 1$ 或 $|\omega| = 1$ 时，

序列各滞后期的记忆效应达到了100%，所以积累起来的时序将不再是平稳的过程。其基本特征如下。

第一，该模型可以变形表述为 $Y_t = \sum_{j=0}^{t-1} \varepsilon_{t-j}$ 。因为

$$Y_t = Y_{t-1} + \varepsilon_t = Y_{t-2} + \varepsilon_{t-1} + \varepsilon_t = Y_{t-3} + \varepsilon_{t-2} + \varepsilon_{t-1} + \varepsilon_t = \cdots = Y_0 + \sum_{j=0}^{t-1} \varepsilon_{t-j}$$

当初始值为零时，随机游走过程是各期随机干扰的总和，说明各期干扰都具有100%的记忆能力，并一直影响到将来的非平稳过程。即随机游走过程是在初始水平的基础上，各期随机干扰作用所形成的总和。这更说明随机游走具有较强的一期记忆性。

第二，随机游走过程的期望就是初始值：

$$E(Y_t) = Y_0 + E(\varepsilon_t + \varepsilon_{t-1} + \varepsilon_{t-2} + \cdots + \varepsilon_{t-T}) = Y_0$$

当 $T \to \infty$ 时，初始值为零，则有 $E(Y_t) = 0$ 。

第三，随机游走过程的方差无界：

$$\mathrm{Var}(Y_t) = \mathrm{Var}(\varepsilon_1 + \varepsilon_2 + \cdots + \varepsilon_t) = t\sigma^2$$

当 $T \to \infty$ 时，$t\sigma^2 \to \infty$，即方差随 t 发散而趋向无穷大，这也说明了它是一个非平稳过程。

第四，协方差也无界：

$$\sigma_{ts} = E(Y_t - Y_0)(Y_s - Y_0) = (t-s)\sigma^2$$

如果一个序列存在单位根，其单位根的个数是较重要的信息，因为对序列进行一次差分所得到的新时序，就较原时序减少一个单位根。这样对有 d 个单位根的序列，进行 d 次差分后，则该序列将变为平稳的序列。所以，人们将单位根过程也叫作差分平稳过程或单整过程、单积过程。一般以 $Y_t \sim I(d)$ 来表示单位根过程，其中 d 为单整的阶数，即单位根个数。在社会经济现象中，多数是非平稳过程。但是它们经过一两次的差分之后，基本上就可以转化为平稳的序列了。

(四) 综合系统模型

1. 综合系统模型的形式

将上述各类模型综合表述，Y 的数据生成过程可以标记为 $\mathrm{ARIMA}(p,d,q)$，如果使用滞后算子则表达式为

$$A(L)(1-L)^d Y_t = \mu_0 + W(L)\varepsilon_t \tag{5-11}$$

其中，$A(L) = 1 - \alpha_1 L - \alpha_2 L^2 - \cdots - \alpha_p L^p$ 是 AR 滞后多项式；$(1-L)^d Y_t$ 是 Y 的 d 次差分，即单整滞后多项式；$W(L) = 1 - \omega_1 L - \omega_2 L^2 - \cdots - \omega_q L^q$ 是 MA 滞后多项式。

2. 各组合部分的含义

$\mathrm{ARIMA}(p,d,q)$ 的不同参数值所反映的经济意义：①当 $p > 0$，$d = 0$，$q = 0$ 时，为 $\mathrm{AR}(p)$ 过程；②当 $p = 0$，$d > 0$，$q = 0$ 时，为 $\mathrm{I}(d)$ 过程；③当 $p = 0$，$d = 0$，$q > 0$ 时，为 $\mathrm{MA}(q)$

过程；④当 $p>0$，$d=0$，$q>0$ 时，为 ARMA (p,q) 过程；⑤当 $p>0$，$d>0$，$q=0$ 时，为 ARI (p,d) 过程；⑥当 $p=0$，$d>0$，$q>0$ 时，为 IMA (d,q) 过程；⑦当 $p>0$，$d>0$，$q>0$ 时，为 ARIMA (p,d,q) 过程。

上述各类模型会出现在后续学习的不同场合，是我们检验和修正模型的常用工具，也是反映和恰当地描述现实的主要手段，并会在后续的学习中得到应用和进一步的巩固。

▌第二节 经济参数的约束与普遍性

经济意义检验的最常见形式就是各参数的约束性检验，其在经济分析中广泛存在，主要内容如下。

一、约束的含义及其形式

在建立回归模型时，根据经济理论的需要，对模型中的参数施加一定的约束条件，我们称为参数的约束。根据约束的形式，我们将其分为如下两种形式。

(一)线性约束

当对模型的参数施加的约束是线性时，一般的形式如下：

$$H_0: C\beta = r, \quad H_1: C\beta \neq r$$

其中，$C = (C_0, C_1, \cdots, C_K)$；$\beta = (\beta_0, \beta_1, \cdots, \beta_K)'$。当然在计量建模中也可以就单一的参数进行约束，或就几个参数进行约束等。

【例 5-1】需求函数的零阶齐次性条件：根据微观经济理论需求是由价格决定的，根据宏观经济理论需求是由收入决定的。结合两种理论对现实进行观察时，我们需要构建一个由物价 X_1 和收入 X_2 共同决定消费需求 Y 的模型：

$$Y = f(X_1, X_2) = \beta_0 + \beta_1 X_1 + \beta_2 X_2 + \varepsilon$$

如果该模型是正确的，则偏回归系数是稳定的，且 β_1 为负值(物价的上涨会引起消费的减少)、β_2 为正值(收入的增加会引起消费的增加)，即 β_1 和 β_2 是绝对值相等、符号相反的参数。这样的理论是否成立，就需要我们做关于 $\beta_1+\beta_2=0$ 的约束，该约束就叫作零阶齐次性假设。如果对此约束进行显著性检验，则可以得到对理论的实证。

【例 5-2】生产函数的一阶齐次性条件：根据生产理论，生产函数的典型形式是科布和道格拉斯提出的 C-D 生产函数。其基本形式如下：

$$Y = AL^\alpha K^\beta e^\varepsilon$$

式中，Y 为产出量；L 为劳动投入量；K 为资本投入量；A 为技术进步因子；α 为劳动产出弹性系数；β 为资本产出弹性系数；ε 为误差项。

当劳动投入增加 1%时，产出 Y 要增加 α%；当资本投入增加 1%时，产出 Y 要增加 β%；这样，当劳动和资本同时增加 1%时，产出 Y 将增加多少？就是生产函数是否具有一阶齐次性的特点。该特点实质上就是对模型中的参数进行约束，具体有如下几种情况：

当 $\alpha+\beta=1$ 时，我们称为一阶齐次性的生产函数。这时的生产活动是规模报酬固定的，即生产处于效率最高的理想状态。

当 $\alpha+\beta<1$ 时，是规模报酬递减的生产函数，这是有过剩的生产要素投入的情况。

当 $\alpha+\beta>1$ 时，是规模报酬递增的生产函数，这是各要素短缺的情况。

上述这些实例都属于线性约束的问题，是经济理论中最常见的约束。

(二)非线性约束

当上述案例中的理论视角改变为参数的关系不是线性的时候，我们的约束也就是非线性的约束了。例如，消费函数不是线性的，而是物价与收入是乘积关系的函数时，或生产函数中的参数约束为 "$\alpha\beta=1$" 时，则属于非线性约束。关于非线性约束等相关研究很少，特殊的情况下也需要特殊的理论支持，所以这里不做进一步的分析和探讨了。

【例 5-3】假设原模型为

$$Y = \beta_0 + \beta_1 X_1 + \beta_2 X_2 + \cdots + \beta_K X_K + \varepsilon$$

根据理论对该模型施加如下两个约束：

$$\beta_1 + \beta_2 = 1, \quad \beta_{K-1}\beta_K = 1$$

则原模型将变为

$$Y = \beta_0 + \beta_1 X_1 + (1-\beta_1)X_2 + \beta_3 X_3 + \cdots + X_{K-1}/\beta_K + \beta_K X_K + e$$

$$\beta_K(Y-X_2) - X_{K-1} = \beta_0\beta_K + \beta_1\beta_K(X_1-X_2) + \beta_3\beta_K X_3 + \cdots + \beta_K{}^2 X_K + \beta_K + e$$

进行参数整理有

$$X_{K-1} = -\beta_0\beta_K - \beta_1\beta_K(X_1-X_2) - \beta_3\beta_K X_3 - \cdots + \beta_K(Y-X_2) - \beta_K{}^2 X_K - \beta_K + e$$

由此可见，线性约束的数量会使模型的参数减少，且有多少个约束就会使参数减少多少个，但不会改变模型的结构；而非线性约束同样会减少参数的数量，但它会使模型的结构发生改变，使模型的性质变为更复杂的情况。

二、约束在建模中的普遍性

在进行模型估算和检验中，除上述经济意义的约束性检验外，人们还经常广泛地使用着各种时空上的约束性假设。

(一)截面数据模型的约束假设

在截面数据所反映的模型中，实质上不同的空间是存在着不同的经济关系的，所以 n 个空间单位就要使用 n 个方程来构成方程组，具体对于第 i 个空间单位的情况如下：

$$Y_i = \beta_{0i} + \beta_{1i}X_{1i} + \beta_{2i}X_{2i} + \cdots + \beta_{Ki}X_{Ki} + \varepsilon$$

这里的 $i=1,2,3,\cdots,n$ 是表明各单位空间的序号，所以由 n 个方程构成的方程组，可以看作是现实的情况。但是要找到空间各单位的普遍规律，我们就要将各空间的平均水平作为建模的依据，并以约束的方式来简化模型，才能得到普遍的规律。具体做法如下。

(1)对各方程施加截距项的约束：$\beta_{0i} = \beta_0$。

(2)对于上述模型再进行各项斜率约束：$\beta_{ki} = \beta_k$。

这样，就有了我们常见的模型：

$$Y = \beta_0 + \beta_1 X_1 + \beta_2 X_2 + \cdots + \beta_K X_K + u$$

(二)时间序列数据模型的约束假设

对于同一总体来说，不同时间的数据序列，会有不同的表现形式，所以可以建立不同的计量经济模型：

$$Y_t = \beta_{0t} + \beta_{1t} X_{1t} + \beta_{2t} X_{2t} + \cdots + \beta_{Kt} X_{Kt} + u_t$$

这里的 $t = 1,2,3,\cdots,T$ 是表明时间的序号，所以会有 T 个方程，同样可以使用约束的方法来简化模型，并达到对不同时间的一般规律性的认识。约束的形式为 $\beta_{kt} = \beta_k$，即不同时间的偏回归系数是相同的假设。

(三)面板数据模型的约束假设

由于面板数据同时具有不同空间单位和不同时间单位的观察数据，所以上述时间或空间的约束都可以实施。因此，利用面板数据就可以同时检验空间的差异和时间的变化等不同视角的规律性问题。而这一系列规律的检验与发现，主要取决于对这些参数的约束性检验。

■ 第三节　基于残差的约束性检验

利用不同约束下的残差类信息做经济意义检验，需要学习如下内容。

一、方程的约束与残差

当参数的约束不同时，采用相同的数据资料估算的方程不同，其残差也会有所不同。而利用这种不同的统计量做比较分析，就需要先对其进行核算。

(一)有关参数约束及方程残差的基本设定

1. 约束的设定

设我们对参数的约束，无论是线性约束，还是非线性约束，都可以使用原假设的形式来表述，即有

$$H_0: R(B) \in R, \quad H_1: R(B) \notin R$$

这样，我们就常将各类经济常识、定理、命题、经验、想法等以约束的形式表述，并将其视为原假设，而将无约束或违背约束看作是备择假设。

2. 方程残差的设定

设受约束的回归方程(restricted regression)的残差列向量为 e_R，则其残差平方和 RSS_R 称为受约束的残差平方和；而无约束回归(unrestricted regression)的残差列向量为 e_U，其平方和 RSS_U 为无约束的残差平方和。

由第四章中的方程显著性 F 检验可知：$\mathrm{RSS}_R > \mathrm{RSS}_U$，这不只是在 $\beta_k = 0$ 这一类约束中成立，在更一般的情况下，也是成立的。

(二)约束检验的基本思想

如果约束有效，即原假设成立时，则两个残差平方和就应该很接近；如果约束无效，即原假设不能成立，则两个残差平方和就应该差距较大。而对两者差距大小的判断，有很多的方法，既可以利用这两个残差平方和做比较，也可以对原假设下的似然函数的差异做比较。对残差平方和差异的比较是本节学习的主要任务，而对似然函数的比较则是下一节系统学习的内容。

对残差的比较主要是通过残差平方和 RSS_R 和 RSS_U 的差距进行分析，可以使用两者之差的比较，也可以使用两者之比的比较。其中使用两者之差 $\mathrm{RSS}_R - \mathrm{RSS}_U$，再与 RSS_U 的比值构成 F 统计量的检验方法最为有效，所以本节的核心就是 F 检验法。

二、F 检验

F 检验方法在模型显著性检验的学习中已有接触，这里的不同之处主要是体现在原假设上，原假设不同，检验的内容也就不同了。

(一)F 检验的基本原理

χ^2 分布是随机变量平方和的分布规律，由式(4-14)~式(4-16)可知，有关的残差平方和基本上都服从该分布律。设受约束方程的残差平方和为 RSS_R，无约束方程的残差平方和为 RSS_U，根据式(4-15)和式(4-16)可以得到如下线性约束的 F 检验统计量：

$$F = \frac{(\mathrm{RSS}_R - \mathrm{RSS}_U)/(K_U - K_R)}{\mathrm{RSS}_U/(n - K_U - 1)} \sim F(K_U - K_R, n - K_U - 1) \qquad (5\text{-}12)$$

其中，分子的自由度 $K_U - K_R$ 恰为约束条件的个数，若以约束为原假设，则 RSS_R 与 RSS_U 的差异在假设成立时将接近于 0；而当它明显不为 0 时，即 $F > F_\alpha$ 时，就要否定原假设，说明约束不符合现实。其检验的基本步骤如下。

1. 提出约束假设

根据经济理论或经验，提出约束假设作为原假设。检验结果是否定原假设时，说明约束条件不成立；而接受原假设时，说明约束条件成立。

2. 计算 F 统计量

(1)首先要求得到两类残差平方和，即受约束方程 M_R 的残差平方和 RSS_R 与无约束方程 M_U 的残差平方和 RSS_U。其计算方法有两个途径。

一是估算回归方程 M 后，使用 summary(M)命令，可以读取残差的标准差 s_e(或称

为标准误)和它的自由度$(n-K-1)$，即

$$RSS=(s_e\verb|^|2)*(n-K-1)$$

二是估算回归方程 M 后，直接计算该指标：

$$RSS=sum(M\$resid\verb|^|2)$$

(2)计算检验统计量 F，公式为

$$F=\left((RSS_R-RSS_U)/(K_U-K_R)\right)/\left(RSS_U/(n-K_U-1)\right)$$

3. 判断分析

(1)依据显著性水平，计算 F 检验的临界值，即明确 F 检验的否定域。例如，显著水平为 0.05 时临界值计算如下：

$$F_{0.05}<-qf(0.95,K_U-K_R,n-K_U-1)$$

(2)判断约束的合理性，即当 $F>F_\alpha$ 时，否定原假设，认为约束无效；当 $F\leqslant F_\alpha$ 时，接受原假设，认为约束是有效的。

(二)线性约束 F 检验的R编程

将上述过程编写一个 R 程序，会减少很多重复计算工作，参考程序如下：

```
Fa<-function(Gu,Gr,sjk,RS){Mu=lm(Gu,sjk);Mr=lm(Gr,sjk);
RSSU<-sum(Mu$resid^2);RSSR<-sum(Mr$resid^2);
FZ<-((RSSR-RSSU)/(RS))/(RSSU/Mu$df);
pf(FZ,RS,Mu$df,low=F)}
```

使用该程序，需要首先要给出无约束方程的结构公式 Gu 和受约束的结构公式 Gr，然后按照无约束公式、有约束公式、数据框名及约束个数的顺序输入到该函数中的参数位置。如果计算结果小于 0.05 等显著性水平，则否定约束为真的假设。

【例5-4】使用例 3-9 中的 CDHG，对 $\alpha+\beta=1$ 和 $\beta=0$ 进行 F 检验。

首先，对 $\alpha+\beta=1$ 的约束检验如下：

```
>Gu<-log(GDP)～log(LT)+log(KT)
>Gr<-log(GDP/KT)～log(LT/KT)
>Fa(Gu,Gr,sj,1)
[1] 4.345587e-18
```

计算结果表明不能否定两参数之和为 1 的假设，这说明该生产函数是规模报酬固定的。

其次，使用该程序对 $\beta=0$ 的约束进行检验如下：

```
>Gu<-log(GDP)～log(LT)+log(KT)
>Gr<-log(GDP)～log(LT)
>Fa(Gu,Gr,CDST,1)
[1] 1.153672e-15
```

即以很大的把握程度否定原约束假设，认为 $\beta \neq 0$。

第四节　基于似然统计量的约束性检验

对无约束回归的似然统计量 B_U 与受约束回归的似然统计量 B_R 之间对比关系的分析，可以说明约束假设是否显著。这方面的常用方法，主要是接下来要学习的似然比检验（likelihood ratio test）、沃尔德检验、拉格朗日乘数检验等方法。

一、似然比检验

极大似然比检验是在使用极大似然法进行估计时，对无约束方程与受约束方程之间的似然函数值的区别是否"足够大"的检验。即在约束条件成立时，两者的区别不会很大；而在约束条件不成立时，两者的区别就会很大。

（一）似然比检验的基本思想

记 $L(X,\beta)$ 为似然函数；B_U 为无参数约束时似然函数 $L(X,B_U)$ 最大时的 ML 估计量，B_R 为有参数约束 $R(\beta)=0$ 的似然函数 $L(X,B_R)$ 最大时的 ML 估计量；由于似然函数值都在 0～1，且无约束时的似然函数值大于有约束时的似然函数值，所以受约束与无约束的似然函数的比值也在 0～1，且在约束成立时，该比值将接近于 1。而在约束不成立时，该比值的分子与分母将区别很大，即比值将趋近于零。为此我们定义似然函数比（likelihood ratio）为

$$\lambda = L(X,B_R) / L(X,B_U) \tag{5-13}$$

如果似然比值 λ 很小，则拒绝约束为真的假设；如果比值 λ 接近于 1，则接受约束。

（二）似然比检验的标准

要计算似然比，首先需要计算似然函数值。而似然函数的极值会因其统计量分布不同而不同，因此，我们可以根据前面回归估计中学习过的求极值的函数，来计算各类似然函数。由于正态分布是最常见的统计分布，且在其取对数时的计算更为方便，所以人们习惯上使用其对数的似然函数来计算似然比统计量。

Neyman 和 Pearson 在 1928 年证明了似然比统计量服从卡方分布，即有正态对数似然比：

$$\text{LR} = -2\left[\ln L\left(X,B_R\right) - \ln L\left(X,B_U\right)\right] \sim \chi^2\left(h\right) \tag{5-14}$$

其中，h 为约束个数，该统计量将比值转化为差值，即差距接近零时约束成立。所以，在给定显著性水平 α 时，计算卡方临界值 $\chi^2_\alpha(h)$，则有：当 $\text{LR} > \chi^2_\alpha(h)$ 时，否定原假设，认为约束条件不成立，即约束无效；当 $\text{LR} \leqslant \chi^2_\alpha(h)$ 时，接受原约束假设，认为约束条件成立，约束是有效的。

(三)似然比检验的程序

在 R 的基本操作平台中 RGui 中，没有关于似然比的直接使用的检验函数，我们可以通过计算对数似然比统计量和卡方临界值的比较进行判断分析。

1. 对数似然函数的计算

在 R 中可以使用 logLik()函数命令，来获得回归估计的对数极大似然函数值。即在估算回归方程后，将回归对象名代入该命令就可得到极大似然函数的测算值。

【例 5-5】在例 4-2 中，我们估算了含有 11 个解释变量的回归方程 HG1 及含有 4 个解释变量的回归方程 HG2，并分别以 HG1 和 HG2 为方程对象存储。则 HG2 就相当于在 HG1 的基础上，对其中的 7 个变量和常数项对应的偏回归系数施加了 $\beta_k=0$ 的 8 个约束，这样两个方程的对数似然函数，分别计算如下。

无约束方程的对数似然函数极值：

```
>LB1<-logLik(HG1)
>LB1
'log Lik.' 148.0819 (df=13)
```

受约束方程的对数似然函数极值：

```
>LB2<-logLik(HG2)
>LB2
'log Lik.' 143.601 (df=5)
```

可见无约束的方程 HG1 与有 8 个约束的方程 HG2 比较，受约束方程的似然函数要小一些。

2. 对数似然比统计量的计算

对数似然比是受约束的对数似然函数值 $L(X,B_R)$ 与无约束的对数似然函数值 $L(X,B_U)$ 的复合函数，即

$$LR = 2\left[\ln L(X,B_U) - \ln L(X,B_R)\right]$$

在本例中 $\ln L(X,B_R) = \mathrm{LB2}$，$\ln L(X,B_U) = \mathrm{LB1}$，则有

```
>LR=(148.0819-143.601)*2
>LR
[1] 8.9618
```

3. 做检验判断

由于约束为 8(7 个变量加 1 个截距项)，所以卡方分布的 0.05 水平下的临界值为

$$\chi^2_{0.05}(8)=\mathrm{qchisq}(0.05,8,\mathrm{low}=F)=15.50731$$

可见 LR=8.9618<15.50731，不能否定约束性假设，认为 8 个约束是有效的。

注意：似然比检验是在线性约束下，同时能够计算受约束方程和无约束方程的两个似然函数的条件下，才能够使用。

4. 自编似然比检验的 R 程序

线性约束的似然比检验程序如下：

```
LRa<-function(Gu,Gr,SJ,K){Mu<-lm(Gu,SJ);Mr<-lm(Gr,SJ);
pchisq(2*(logLik(Mu)-logLik(Mr)),K,low=F)}
```

该程序的使用要求如下。

首先，要分别给出无约束回归方程的结构公式 Gu 和受约束回归方程结构公式 Gr。

其次，按照 Gu、Gr、SJ、K 的顺序输入函数 LRa() 的参数，其中 SJ 为数据框名称、K 为约束的个数。该函数的计算结果是似然比统计量右侧的较大制累积概率，如果该结果小于显著水平（如 0.05），则认为约束是无效的。否则，概率值大于显著性水平，就认为约束有效。

【例 5-6】使用例 3-9 中的 CDHG，对 $\beta = 0$ 进行似然比检验如下：

```
>U<-log(GDP)~log(LT)+log(KT)
>R<-log(GDP)~log(LT)
>LRa(U,R,CDSJ,1)
[1] 4.345587e-18
```

该结果说明 $\beta = 0$ 的假设不成立。同样，对 $\alpha + \beta = 1$ 约束进行检验，有

```
>U<-log(GDP)~log(LT)+log(KT)
>G<-log(GDP/KT)~log(LT/KT)
>LRa(U,G,CDSJ,1)
[1] 3.197949e-7
```

该结果说明：$\alpha + \beta = 1$ 的假设是不成立的。

二、沃尔德检验

有些特殊的假设，尤其是非线性模型的特殊假设中，常会表现出无法使用前述方法进行检验的情况。为此沃尔德提出了更一般性的、适合非线性的检验方法。

(一)基本原理

设 B 为无约束的似然函数取最大值 $L(X,B)$ 时所对应的参数估计量，我们对各参数所施加的约束 $H(\beta) \in R$，可以转换为 $R(\beta) = 0$ 的形式，则备择假设将是 $R(\beta) \neq 0$。这样在约束有效时，无约束和受约束方程的似然函数将差距不大，同时估计量的约束式 $R(B)$ 也将接近于 0，即 $B - \beta$ 也会接近于 0。

对于无约束的统计量 B，在真值 β 处的泰勒展开，是近似求极值的常用方法，即有

$$R(B) \approx R(\beta) + (\partial R(\beta)/\partial \beta')(B - \beta)$$
$$R(B) - R(\beta) \approx (\partial R(\beta)/\partial \beta')(B - \beta)$$

由于 $(B - \beta) \sim N(0, \text{Var}(B))$，则在约束为真，即 $R(\beta) = 0$ 时，根据德尔塔方法有

$$\text{Var}[R(B)] = [\partial R(\beta)/\partial \beta']\text{Var}(B)[\partial R(\beta)/\partial \beta']'$$

即有

$$R(B) \sim N(0, \text{Var}[R(B)])$$

则有在 B 处关于二次型①的关系分布为

$$R(B)' \text{Var}[R(B)]^{-1} R(B) \sim \chi^2 \tag{5-15}$$

沃尔德根据这种关系②，给出了自由度为约束个数 h 的沃尔德卡方统计量：

$$W = R(B)' \left\{ [\partial R(B) / \partial B'] \text{Var}(B) [\partial R(B) / \partial B'] \right\}^{-1} R(B) \tag{5-16}$$

即 W 统计量是约束函数的标准化的平方值，当 $W > \chi^2_\alpha(h)$ 时否定原假设，即约束无效；而当 $W \leqslant \chi^2_\alpha(h)$ 时，接受原假设，认为约束是有效的。

(二)案例及测算

在 R 的基本平台中没有沃尔德检验的程序函数，需要我们逐步手工计算。

1. 沃尔德统计量的计算

首先，计算回归系数的方差-协方差矩阵，可使用 vcov(回归对象)->A 来获得。

其次，计算约束函数式关于参数的偏导数向量 D。

再次，计算约束函数的方差-协方差矩阵 $D'AD$ 的逆阵。

最后，计算沃尔德统计量，即 $W = R(B)'(D'AD)^{-1}R(B)$。

2. 进行沃尔德检验

首先，明确显著性水平，并计算卡方临界值 $\chi^2_\alpha(h)$。

其次，进行对比分析，当 $W > \chi^2_\alpha(h)$ 时，否定约束为真的假设。

【例 5-7】使用例 3-9 中的 C-D 生产函数的回归对象 CDHG，分别对 $\alpha + \beta = 1$ 和 $\alpha\beta = 1$ 这两个约束进行检验。

第一，计算其 CDHG 的三个回归系数的方差-协方差阵有

>vcov(CDHG)

	(Intercept)	log(CDST$LT)	log(CDST$KT)
(Intercept)	35.2364011	-3.32230883	0.182856578
log(CDST$LT)	-3.3223088	0.31331856	-0.017313687
log(CDST$KT)	0.1828566	-0.01731369	0.001024802

第二，计算约束的偏导向量。

(1)约束 $\alpha + \beta - 1 = 0$ 的关于截距项的导数为 0，关于 α 的导数为 1，关于 β 的导数为 1，则有

$$D1 = c(0,1,1)$$

(2)约束 $\alpha\beta - 1 = 0$ 的关于截距项的导数为 0，关于 α 的导数为 β，关于 β 的导数为 α，则有

---

① 矩阵的二次型为 $x'Ax = a_{11}x_1^2 + a_2^2x_2^2 + \cdots + a_{ij}x_ix_j + \cdots$。

② 对于 $Z \sim N(\mu, \Sigma)$ 有：$(Z-\mu)'\Sigma^{-1}(Z-\mu) \sim \chi^2$。

$$D2 = c(0, \beta, \alpha)$$

在例 3-1 中，$\alpha = 3.7196$，$\beta = 0.7194$，所以有 $D2 = c(0, 0.7194, 3.7196)$。

第三，计算约束后的方差：

(1) $D1\%*\%\mathrm{vcov}(\mathrm{CDSCHS})\%*\%D1 = 0.279716$。

(2) $D2\%*\%\mathrm{vcov}(\mathrm{CDSCHS})\%*\%D2 = 0.08367361$。

第四，计算沃尔德统计量：

(1) 约束表达式 0.7194+3.7196−1=3.439，则有 $W1 = 3.439^2/0.279716 = 42.28117$。

(2) 约束表达式 0.7194×3.7196−1=1.67588，则有 $W2 = 1.67588^2/0.08367361 = 33.56583$。

第五，查约束为一个时的卡方分布的临界值，并判断如下：

$$\mathrm{qchisq}(0.95, 1) = 3.841459$$

可见，$W1$ 和 $W2$ 都明显的大于卡方分布的临界值，即否定约束为真的原假设，认为这两个约束与现实的情况不符合。可见，该检验对 $\alpha + \beta = 1$ 约束的检验结果与 F 检验和 LR 检验相同。

三、拉格朗日乘数检验

在处理目标与约束关系的数学方法中，拉格朗日乘数技术是人们最常用的，其将各约束转换为无约束的形式，是一项有效的检验技术。

(一) 基本原理

从规划求解的视角来分析极大似然法估计的求解问题时，我们的目标函数是使似然函数达到最大，即以 $\ln L(Y \mid X, \beta, \sigma^2)$ 的最大为目标，而现实中往往涉及在约束 $R(\beta)$ 的限制下的求解问题。

求解约束下的可行解，常用的方法是通过拉格朗日乘数法，将约束方程融入到目标函数中，即构成多项式 $\ln L(Y \mid X, \beta, \sigma^2) + \lambda' R(\beta)$；该多项式的极值就是符合约束 $R(\beta)$ 的最优解。其中的 λ' 是以各约束条件相对应的拉格朗日乘数为元素的行向量，各 λ_i 的大小反映着各约束条件对极大似然函数 $\ln L(Y \mid X, \beta, \sigma^2)$ 的影响程度。这种处理方法，就相当于在原来的似然函数中增加了约束条件及约束的权重参数 λ，使得未知参数增加了一倍，但是也使得方程的数量因此而减少了。

如果某一约束为真，则该约束条件对似然函数的影响就小，即其对应的 λ 值就接近于零。因此，拉格朗日乘数检验就是检验某些拉格朗日乘数的值是否"足够大"，如果足够大就拒绝约束为真的假设。

(二) 拉格朗日乘数检验的统计量的确定

拉格朗日对数似然函数为 $L = \ln(Y \mid X, \beta, \sigma^2) + \lambda' R(\beta)$，其求极值一阶条件是：

$$\begin{cases} \dfrac{\partial L}{\partial \beta} = \dfrac{\partial \ln L(Y \mid X, \beta, \sigma^2)}{\partial \beta} + \lambda \dfrac{\partial R(\beta)}{\partial \beta} = 0 \\[3mm] \dfrac{\partial L}{\partial \sigma} = \dfrac{\partial \ln L(Y \mid X, \beta, \sigma^2)}{\partial \sigma} = 0 \\[3mm] \dfrac{\partial L}{\partial \lambda} = R(\beta) = 0 \end{cases} \tag{5-17}$$

解该方程组，就会得到各参数 β、σ、λ 的估计值，并以向量 B 来表示。则上述三类方程组可进一步简记为 $\partial L / \partial B$，且其分布将服从正态分布 $N(0, \text{Var}(\partial L / \partial B))$。根据方差的二次型表示方式，该分布的方差就构成了拉格朗日乘数的卡方检验统计量：

$$\text{LM} = \left(\frac{\partial L}{\partial B} \right)' \left(\frac{\partial^2 L}{\partial B \partial B'} \right)^{-1} \left(\frac{\partial L}{\partial B} \right) \tag{5-18}$$

同样，当 $\text{LM} > \chi_\alpha^2$ 时，否定约束为真的原假设。该统计量的计算涉及极值函数的海塞矩阵的计算，较为复杂。所以人们寻找到了线性回归模型的另一种测算方法，即以辅助回归方程来计算 LM，具体步骤如下。

（1）以约束为真来计算回归方程，以取得受约束方程的残差 $u = Y - XR$ 作为辅助回归方程的被解释变量。

（2）以无约束的回归方程的各解释变量为辅助回归方程的解释变量，来估算辅助回归方程 $u = XB$ 的判定系数 R^2。

（3）以样本容量 n 与辅助回归的 R^2 的乘积，构建 $\text{LM} = nR^2$ 为检验统计量，进行 LM 检验。

【例 5-8】使用例 4-2 中的数据，以 HG2 方程为受约束的方程，采用 LM 方法检验该方程的截距项为 0 的约束是否成立？检验过程如下：

首先，提取 HG2 方程的残差，$u <\text{-resid}(\text{HG2})$，并以 u 为辅助回归方程 FZHG 的被解释变量，以 HG2 方程的各解释变量为辅助回归方程的解释变量，并在辅助回归方程中加上截距项。估计并检验辅助回归方程，如 summary（FZHG）可以得到 $R^2 = 0.02818$。

其次，以样本容量与辅助回归方程的判定系数构成 LM 统计量，即

$$\text{LM} = 23 \times 0.02818 = 0.64814$$

最后，计算临界值：qchisq(0.95,1)=3.841459，因 $\text{LM}<$临界值，不能否定截距为零的约束。

四、三种检验方法的使用与比较

似然比、沃尔德、拉格朗日乘数检验，是三种常用的基于似然估计的关于约束有效性的检验方法。其主要关系及使用原则如下。

（一）三种方法的关系

三种方法都是基于极大似然估计进行的经济意义及其约束性检验，且都是依据卡方

分布进行检验的常规方法。其不同点如下：

首先，统计量的计算结果有差异，即在同样的约束假设和同一样本数据中，计算结果都不同。且一般关系是：$LM \leqslant LR \leqslant W$，这说明 W 最易否定原假设，而 LM 最易接受原假设，似然比统计量居中。

其次，检验效果的差异：大样本情况下，三者是渐近等价的；而对于小样本而言，似然比检验的渐近性最好，拉格朗日检验次之，沃尔德检验的效果有时不令人满意。

（二）三种方法的应用原则

首先，应用视角的差异：似然比的检验需要分别就约束方程及非约束方程同时计算，并参与分析检验；沃尔德的检验只需要使用无约束方程的估计就可以完成；拉格朗日乘数的检验，则只需使用受约束方程的估计就可以完成。由于估计受约束的方程较为复杂，所以拉格朗日乘数检验最为麻烦、似然比检验次之、沃尔德检验最简单。

其次，使用范围的差异：三种检验都可以应用于线性的约束，而在非线性约束中，只有沃尔德检验是最有效的。

■本章小结

在经济理论及相关假说的基础上，对反映经济规律性的参数加以约束，并将约束的形式看作是原假设，进行统计显著性的检验性实证分析。主要方法是从两大视角进行的，一是从残差的角度，主要采用 F 检验进行分析；二是从似然函数角度，主要采用似然比、沃尔德、拉格朗日乘数等方法进行分析。两个视角实质上是一致的，如拉格朗日的方法也可以通过判定系数来实现。

■思考与练习

1. 分别对第三章思考与练习中的 M1 和 M2 两个方程做约束性的经济意义检验。
2. 将本章学习的四种检验方法，试编为 R 的函数程序。

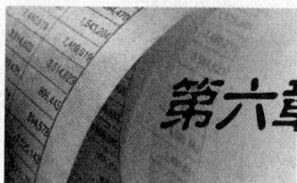

第六章

参数的计量检验

从本章开始我们进入了一个新的学习单元，即经济模型各要素的计量检验与修正。模型的基本要素主要包括参数、残差、变量及方程形式四项内容，分别对其进行各类假设检验及其修正，将是后续学习的主要内容。本章就经济参数的计量属性进行检验，并据此对模型做必要的修正。

■ 第一节　经济参数的突变点检验

在一个成功的计量经济模型中，经济参数应该恰当地反映出变量间的规律性内容，因为规律是相对稳定的，所以参数的数值在一定范围内应该相对稳定。即模型在估算、统计和经济意义检验后，还要通过计量技术对模型的回归系数进行稳定性检验。为此美籍华裔经济学家邹至庄教授提出了一系列有关的检验方法，称为邹氏突变点检验（Chow breakpoint test），同时也是对模型质量的一种评价。主要内容如下。

一、邹氏突变点检验

在我们的实证建模中，经常会遇到在观察的样本区间内，包含着某些可能改变模型参数的事件。例如，观察样本包含着某个重要的历史转折点或明显的区域化管理的分界线，都可能引发回归参数的改变。我们将这种使参数改变的分界点叫作突变点，邹至庄教授有关突变点的检验方法如下。

(一)邹氏突变点检验的假设与分组模型

1. 基本假设

邹至庄教授将可能的突变点作为检验点，并提出在该点的参数是稳定的假设。即有

$$H_0: \quad \beta_A = \beta_B$$

该假设是指在该检验点之前的方程回归系数与在该之后的方程回归系数没有发生改变，即模型参数在该点上是稳定不变的。

2. 检验的分组模型表述

设需要建立的模型为

$$Y = \beta_0 + \beta_1 X_1 + \beta_2 X_2 + \cdots + \beta_K X_K + \varepsilon$$

要检验某一数据点是否为突变点，就要以该数据点为分界点，将原回归建模的数据分为 A 和 B 两个连续的部分，即 A 是检验点之前的数据区间，分别标记为 "$1 \sim n_A$"；B 是检验点及其之后的数据区间，分别标记为 "$n_A+1 \sim n_A+n_B$"。两部分模型相应的变量和参数也可以下角标 A 和 B 来标注，则相应的各部分模型分别为

$$Y_A = \beta_{A0} + \beta_{A1} X_{A1} + \beta_{A2} X_{A2} + \cdots + \beta_{AK} X_{AK} + \varepsilon_{At}$$

$$Y_B = \beta_{B0} + \beta_{B1} X_{B1} + \beta_{B2} X_{B2} + \cdots + \beta_{BK} X_{BK} + \varepsilon_{Bt}$$

为保证各方程可解，必须要求 n_A 和 n_B 都要大于 $K+1$，则以矩阵形式表述各模型如下：

$$\begin{pmatrix} Y_A \\ Y_B \end{pmatrix} = \begin{pmatrix} X_A & 0_A \\ 0_B & X_B \end{pmatrix} \begin{pmatrix} \beta_A \\ \beta_B \end{pmatrix} + \begin{pmatrix} \varepsilon_A \\ \varepsilon_B \end{pmatrix} \tag{6-1}$$

这样，原混合模型 $Y = X\beta + \varepsilon$ 就可以看作是对上式分块模型施加约束后的结果，即约束为回归系数向量 $\beta_A = \beta_B$，表示在 n_A 点前后的参数没有改变。即模型结构在该点没有发生变化，所以我们将没有分块的原模型叫作受约束模型。而分块式模型，实质上是将数据划分为 n_A 和 n_B 项后，分别估算的两个方程的参数各不相同，所以我们称为无约束的模型。这样根据两部分模型的残差或似然函数值，就可以进行 F 检验或卡方检验了。

(二)邹氏突变点检验的基本方法

将分块无约束模型与混合受约束模型的残差或似然函数值对比进行的检验如下。

1. F检验法

首先，在原假设 H_0：$\beta_A = \beta_B$ 的前提下，按照 F 检验的原理分别计算估计混合数据的回归方程及各部分的回归方程，并求得各方程的残差平方和。即原模型的残差平方和记为 RSS_R，并视为受约束的残差平方和，以 A 和 B 各组的数据分别建立回归方程，其残差平方和分别记为 RSS_A 和 RSS_B。则无约束分块式模型的残差平方和为

$$\mathrm{RSS}_U = \mathrm{RSS}_A + \mathrm{RSS}_B$$

其次，构造检验的 F 统计量。即使用受约束的残差平方和 RSS_R 及约束数量、无约束的残差平方和 RSS_U 及其自由度来构成 F 统计量如下：

$$F = \frac{(\mathrm{RSS}_R - \mathrm{RSS}_U)/(K+1)}{\mathrm{RSS}_U/(n_A + n_B - 2K - 2)} \sim F\left(K+1, n_A + n_B - 2K - 2\right)$$

最后，依据显著性水平和 F 统计量的计算值，来判断检验原假设是否成立。判断方法可以从如下两个角度进行：①依据显著性水平计算临界值 F_α，以 $F > F_\alpha$ 为否定域；②以 F 值右侧的累积概率 Fa 是否小于显著性水平 α 为依据，来判断原假设是否成立。即当 $Fa < \alpha$ 时否定原假设，认为该点是突变点。

2. 似然比检验法

首先，依据卡方分布来计算对数似然函数比的检验统计量。其 R 程序的计算公式如下：

$$\chi^2 = 2*(\text{logLik}(MA) + \text{logLik}(MB) - \text{logLik}(MR))$$

该式中的 MA 和 MB 是检验点前后的两个回归方程，MR 是混合数据的受约束回归方程。

其次，分析判断也可以从如下两个角度进行：①依据显著性水平 α 计算检验临界值 χ_α^2，当卡方统计量 $\chi^2 > \chi_\alpha^2$ 时否定原假设；②依据卡方统计量 χ^2 右侧的累计概率 Ka 是否小于 α 来判断参数的稳定性，即 $Ka < \alpha$ 时否定原假设，认为参数不稳定。较大制的累计概率计算公式为

$$Ka = \text{pchisq}(\chi^2, K+1, \text{low} = F)$$

其中，K 为解释变量的数量。

(三) 检验的程序与案例

按照 F 检验和 LR 检验的原理，编制突变点检验的 R 程序如下：

```
ZTa<-function(GS,SJ,BD){M<-lm(GS,data=SJ);MA<-lm(GS,data=SJ
[1:BD-1,]);
MB<-lm(GS,data=SJ[-(1:BD-1),]);RSSR<-sum(resid(M)^2);
RSSU<-sum(resid(MA)^2)+sum(resid(MB)^2);
K<-length(M$coef);UDF<-MA$df+MB$df;
Fa<-pf(((RSSR-RSSU)/K)/(RSSU/UDF),K,UDF,low=F);
LRa<-pchisq(2*(logLik(MA)+logLik(MB)-logLik(M)),K,low=F);
c(Fa,LRa,(Fa+LRa)/2) }
```

该程序中的 GS 为模型结构公式，SJ 为计算数据框，BD 为检验的突变点位置。而程序给出的结果是以检验统计量的较大制累积概率给出的，且按照 F 检验、LR 检验的概率，以及两概率的平均值顺序显示。当计算结果小于等于 0.05 时，可以判断该时间点为突变点。

【例 6-1】使用例 3-9 中的数据资料，分别采用 F 检验和 LR 检验，对 2000 年是否为突变点进行邹氏检验有

```
>G<-log(GDP)～log(LT)+log(KT)
>ZTa(G,CDSJ,12)
[1] 0.14667131    0.06697599    0.10682365
```

可见，三个概率都大于 0.05，因此不能否定稳定性原假设，即参数在 2000 年是稳定的。

二、夸特-安德鲁斯突变检验

邹氏突变点检验需要明确具体的分区时点，而在历史不是太了解时，具体的突变点往往都是未知的，为解决这一问题，夸特-安德鲁斯（Quandt-Andrews）提出了他们的突变

点检验方法。

（一）基本原理

就时序设定两个观测点 $L1$ 和 $L2$，对两点之间的每一个观察期都要进行 Chow 突变检验，并将各检验统计量整合而进行的检验，就是夸特-安德鲁斯检验。它主要适合于未知的突变点的查找，是可以代替邹氏检验的一般方法。

观测点 $L1$ 之前的期数一般要与 $L2$ 之后的期数相同，且不参与检验。在参数稳定的原假设下，可以分别采用 F 统计量、LR 统计量、沃尔德统计量等进行检验，并可以将这些统计量的最大值、指数值、平均值等作为检验判断和分析的依据，程序中多数都给出原假设成立的概率 P 值。

（二）R的实现

下面的参考程序是以 F 检验和 LR 检验的平均结果为判定依据给出的。使用中需要将回归方程的结构公式给出，同时要指定数据框。具体程序如下：

```
#夸特-安德鲁斯突变点检验，其中 GS 为回归方程的结构公式，SJ 为计算数据框。
QAa<-function(GS,SJ) {
Mr<-lm(GS,SJ);RSSR<-sum(resid(Mr)^2);#先估算约束方程获得残差平方和的信息。
N<-length(resid(Mr));jg<-matrix(rep(1,3*N),N,3);#获有效长度并设计结果显示结构。
K<-length(Mr$coef);SC<-length(SJ[,1]);ZH<-SC-N;I<-K+ZH;J<-SC-K;#计算各控制变量。
for(L in I:J) {MA<-lm(GS,SJ[1:L,]);MB<-lm(GS,SJ[-(1:L),]);#分别计算分组回归。
RSSU<-sum(resid(MA)^2)+sum(resid(MB)^2);ZUD<-MA$df+MB$df;#求无约束残差平方和。
Fa<-pf(((RSSR-RSSU)/K)/(RSSU/ZUD),K,ZUD,low=F);#计算 F 检验的累积概率。
LRa<-pchisq(2*(logLik(MA)+logLik(MB)-logLik(Mr)),K,low=F);#计算 LR 检验的累积概率。
Fa->jg[L+1,1];LRa->jg[L+1,2];(Fa+LRa)/2->jg[L+1,3]};#将结果逐一加入到结果矩阵中。
round(jg,5)}#以 5 位的四舍五入值显示全部计算结果，其中 Fa 为 F 检验的大于累计概率。
#LRa 为卡方检验的右侧累计概率，第 3 列结果是前两列的均值。
```

该程序在调用时的格式为

$$QAa（回归公式，数据框名） \tag{6-2}$$

输出结果是一个 $N×3$ 的矩阵，前两列分别是 F 和 LR 的较大制概率，第 3 列是前两列的均值。表明在该数据点上参数稳定的可能性，即只要某行的 3 个数值都小于 0.05，就可以认为此处的参数是突变点。

一般情况下，使用 QAa() 程序完全可以取代 ZTa() 程序，所以直接进行夸特-安德鲁斯检验就可以全阶段地观察现象的参数是否稳定了。

【例 6-2】使用例 3-9 中的数据资料，使用我们自编的 F 和 LR 检验程序，进行夸特-安德鲁斯突变点检验，结果如下：

```
>G<-log(GDP)～log(LT)+log(KT)
>QAa(G,CDSJ)
```

	[,1]	[,2]	[,3]
[1,]	1.00000	1.00000	1.00000
[2,]	1.00000	1.00000	1.00000
[3,]	1.00000	1.00000	1.00000
[4,]	0.99083	0.00000	0.49541
[5,]	0.02926	0.00009	0.01467
[6,]	0.06003	0.02079	0.04041
[7,]	0.08395	0.02913	0.05654
[8,]	0.05819	0.01904	0.03862
[9,]	0.06836	0.02467	0.04651
[10,]	0.16826	0.08056	0.12441
[11,]	0.24162	0.13538	0.18850
[12,]	0.14667	0.06698	0.10682
[13,]	0.07211	0.02501	0.04856
[14,]	0.07153	0.02234	0.04693
[15,]	0.41062	0.20365	0.30714
[16,]	0.63949	0.17846	0.40897
[17,]	0.83111	0.38086	0.60599
[18,]	0.77314	0.40487	0.58901
[19,]	0.96419	0.50234	0.73327
[20,]	0.69903	0.00016	0.34959
[21,]	0.90300	0.00000	0.45150
[22,]	1.00000	1.00000	1.00000
[23,]	1.00000	1.00000	1.00000

可见，第 5 期和第 6 期(即 1994 年和 1995 年两年)有可能是突变点，还有第 8 期和第 9 期(即 1997 年和 1998 年两年)也可能是突变点。这可能是市场经济政策的显现及香港回归后港资的大量投入，使内地市场引起的投资弹性系数发生了改变。

■ 第二节　预测的稳定性检验

一个模型的参数稳定时，其预测也将是稳定而准确的。因此，按照这种思想进行的参数稳定性检验，称为参数稳定性的预测检验。

一、参数稳定的预测性检验

这也是邹至庄教授提出的，通过模型的预测能力进行的参数稳定性检验，简称为邹氏预测检验（Chow test for predictive failure）。它与邹氏突变点检验不同之处，是对数据分类时不要求 $n_B > K+1$，其检验的基本思想是先用 n_A 组数据估计原模型，再用估计出的模型对另一部分 n_B 组数据作预测性分析。如果预测误差较大，则说明参数发生了变化，否则说明参数是稳定的。具体内容如下。

（一）基本原理

分别以 β 和 ρ 表示 A 和 B 两个部分的方程参数，第一个方程（即数据 $n_A > K+1$ 部分）的回归系数是 β，而第二部分数据（即数据 $n_B < K+1$ 部分）对应的方程参数为 ρ，则两个方程分别是

$$Y_A = X_A \beta + \varepsilon_A \text{ 和 } Y_B = X_B \rho + \varepsilon_B$$

在以第一个方程为基准进行预测时，其系数偏差及预测残差等情况，可表述如下：

$$Y_B = X_B \beta + X_B(\rho - \beta) + \varepsilon_B = X_B \beta + \gamma + \varepsilon_B$$

将上述两个方程用矩阵表述如下：

$$\begin{pmatrix} Y_A \\ Y_B \end{pmatrix} = \begin{pmatrix} X_A & 0_A \\ X_B & X_B \end{pmatrix} \begin{pmatrix} \beta \\ \rho - \beta \end{pmatrix} + \begin{pmatrix} \varepsilon_A \\ \varepsilon_B \end{pmatrix} \tag{6-3}$$

在该方程组中以 γ 表明两个方程的系数之差，以及其在方程 B 中的作用程度，其内容是

$$\gamma = X_B(\rho - \beta)$$

由于解释变量为非零向量，所以要使 $\gamma = 0$，则必须要求两个方程的系数相等，即 $\rho = \beta$，这表明参数在估计期与预测期相同。邹氏预测检验就是以 $\gamma = 0$，进而要求两个方程的系数稳定为假设进行的。

如果将 A 方程视为无约束的方程，则其残差平方和为 RSS_U，而将系数不变的假设作为方程中的约束，则全部数据参与计算的方程为受约束方程，其残差记为 RSS_R，根据对方程参数约束的 F 检验原理，构建 F 检验统计量有

$$F = \frac{(\text{RSS}_R - \text{RSS}_U) / n_B}{\text{RSS}_U / (n_A - K - 1)}$$

根据 F 分布规律，在显著性水平 α 给定的前提下，确定否定域的临界值 F_α，当 $F > F_\alpha$ 时，即 F 值右侧的概率值小于 α 时，否定原假设，认为方程的参数不稳定。

（二）预测性检验的基本步骤

第一步，提出原假设 $H_0: \rho = \beta$；$H_1: \rho \neq \beta$。

第二步，在两部分数据混合的样本下做 OLS 回归，并将其视为受约束的模型，其残差平方和记为 RSS_R。

第三步，利用第一部分 n_A 组数据构成的子样做 OLS 回归，视为无约束的方程，得

到的残差平方和记为 RSS_U。

第四步，计算检验统计量 F 值、临界值 $qf(1-\alpha, n_B, n_A - K - 1)$ 或概率 $pf(F, n_B, n_A - K - 1, low = F)$。

第五步，做出判断：在显著性水平 α 下，如果 $F > F_\alpha$，即 F 值右侧的概率小于 α 时，则拒绝原假设，认为预测期发生了结构变化。否则，参数是稳定的。

(三) R程序

根据上述原理，使用 R 软件编制参数稳定的预测性检验程序如下：

```
ZYa<-function(GS,SJ,YT){MR<-lm(GS,SJ);RSSR<-sum(MR$resid^2);
MU<-lm(GS,SJ[1:YT,]);RSSU<-sum(resid(MU)^2);
ZUD<-MU$df;SC<-length(SJ[,1]);
FZ<-pf((((RSSR-RSSU)/(SC-YT))/(RSSU/ZUD),SC-YT,ZUD,low=F);
LR<-pchisq(2*(logLik(MU)-logLik(MR)),SC-YT,low=F);
jg<-matrix(NA,2,3);"Fa"->jg[1,1];"LRa"->jg[1,2];"平均"->jg[1,3];
round(FZ,4)->jg[2,1];round(LR,4)->jg[2,2];round((FZ+LR)/2,4)
->jg[2,3];jg}
```

一般情况下，当该检验的结果都小于 0.05 时，就否定预测稳定的原假设。

【例 6-3】使用例 3-9 中的数据资料，和自编的 F 和 LR 检验程序，以前 20 项数据为建模依据，以后 3 项数据作为预测检验的对象，则进行邹氏预测性检验如下：

```
>G<-log(GDP)～log(LT)+log(KT)
>ZYa(G,CDSJ,20)
        [,1]       [,2]       [,3]
[1,]    "Fa"       "LRa"      "平均"
[2,]    "0.903"    "1"        "0.9515"
```

计算结果都大于 0.05，表明据 2010 年、2011 年、2012 年等三年的数据检验 C-D 生产函数的参数稳定性，其检验结果不能被否定原假设，即三年的参数是稳定的。

二、递归最小二乘检验法

递归最小二乘法 (recursive least squares) 是一个不断扩大样本、不断增加自由度和参数相同的约束，并逐次重新估计的动态估计方法。利用这种方法不但可以估计模型，还可以在估算过程中观察到模型中各要素的稳定性。具体内容如下。

(一) 一步预测误差

令 X_{t-1} 为 1 到 $t-1$ 期解释变量构成的 $(t-1) \times K$ 阶矩阵，Y_{t-1} 为对应的被解释变量的向量，B_{t-1} 为 OLS 估计的回归系数。则基础模型为

$$Y_{t-1} = X_{t-1}B_{t-1} + \varepsilon_{t-1}$$

设 Y_t 的预测值 $\hat{Y}_t = X_t B_{t-1}$，其中 X_t 为第 t 期观察值的预测向量，则预测误差为 $Y_t - X_t B_{t-1}$，预测误差的方差为

$$\sigma^2\left[1+X_t'(X_{t-1}'X_{t-1})^{-1}X_t\right]$$

该式的证明在第十一章，可参见式(11-17)。据此定义递归预测的误差标准化的变量为

$$\omega_t=\frac{Y_t-X_tB_{t-1}}{\sigma\sqrt{1+X_t'(X_{t-1}'X_{t-1})^{-1}X_t}}$$

根据此递归误差公式可以从第 $K+1$ 项数据开始，分别计算出 $t=(K+1,K+2,\cdots,T)$ 期的递归预测误差。如果建立的模型有效，递归预测误差将服从独立的均值为零、方差为某常数的正态分布。以一步预测误差为基础可以建立一系列分析模型稳定性的指标。

(二)递归回归系数

利用递归最小二乘法可以得到逐期扩展的递归回归系数序列，以图形的方式能够更加形象地反映出参数的稳定趋势。如果参数的逐期变化不大，基本维持在一定的水平线上，说明该参数较为稳定，其作用程度固定；如果某回归系数有着明显的趋势，说明该解释变量的作用呈现规律性变化，我们就要进一步分析其成因，并在模型中修正其作用方式。为方便地实现该检验，可参考如下程序进行测试：

DGLS<-function(GS,SJ,XF){if(XF=="XX"){MT<-lm(GS,SJ)}else{MT<-nls(GS,SJ,XF)};
K<-length(coef(MT));#初算整体参数，如果是线性模型 XF="XX"；如果是非线性模型要给出初始参数列单 list(a=1 等列表)。
N<-length(resid(MT));SC<-length(SJ[,1]);I<-K+SC-N;xz<-1:(SC-I);#估算整体模型测算参数个数、有效预测长度、数据长度、开始计算的方程数据长度、递归的次数等。
Bl<-array(NA,c(K,2,(SC-I)));B<-matrix(NA,K,(SC-I));#建立一个存放系数的矩阵B(参数个数 K 为行，递归次数 xz 为列)和存放区间的三维数组 Bl(K,2,xz)。
for(Ls in (I+1):SC){if(XF=="XX"){Ma<-lm(GS,SJ[1:Ls,])}else{Ma<-nls(GS,SJ[1:Ls,],XF)};
Bl[,,(Ls-I)]<-round(confint(Ma),4);B[,(Ls-I)]<-round(coef(Ma),4)};#求解递归方程，并将各系数及区间值赋给 B 和 Bl。
YSXX<-matrix(NA,K,2);for(LL in 1:K){YSXX[LL,1]<-min(Bl[LL,1,],na.rm=T);YSXX[LL,2]<-max(Bl[LL,2,],na.rm=T)};#创建一个存放极的矩阵，并将各区间的极值赋给矩阵。
for(LSZ in 1:K){plot(xz,B[LSZ,],ylab="参数水平",xlab=LSZ,ylim=c(YSXX[LSZ,1],YSXX[LSZ,2]));
lines(xz,Bl[LSZ,1,]);lines(xz,Bl[LSZ,2,]);scan()}}#按系数逐一绘图，并回车后显示下一张图。

该程序将参数 b_k 保存在 B 矩阵中，其中行为参数顺序 k，列为逐步顺序；将参数的上下限保存在三维数组 Bl 中，其中第 1 维表明回归系数顺序 k；第 2 维表明各回归系数的 0.025 和 0.975 的下限和上限，即 95%把握的区间估计；第 3 维为逐步顺序。图形是据这两个数组绘制的。

【例 6-4】利用例 3-9 的资料，使用 DGLS.R 检验 C-D 生产函数的系数稳定情况有：

```
>G<-log(GDP)～log(LT)+log(KT)
>DGLS(G,CDSJ,"XX")
```

从程序给出的图 6-1 上看，三个参数的分布都越来越趋于稳定，不过前十年是中国经济改革的转型期，所以波动较大。但是，从计量单位上可以看出表明技术的参数 $B1$ 和表明劳动的产出弹性 $B2$ 的波动更大一些。

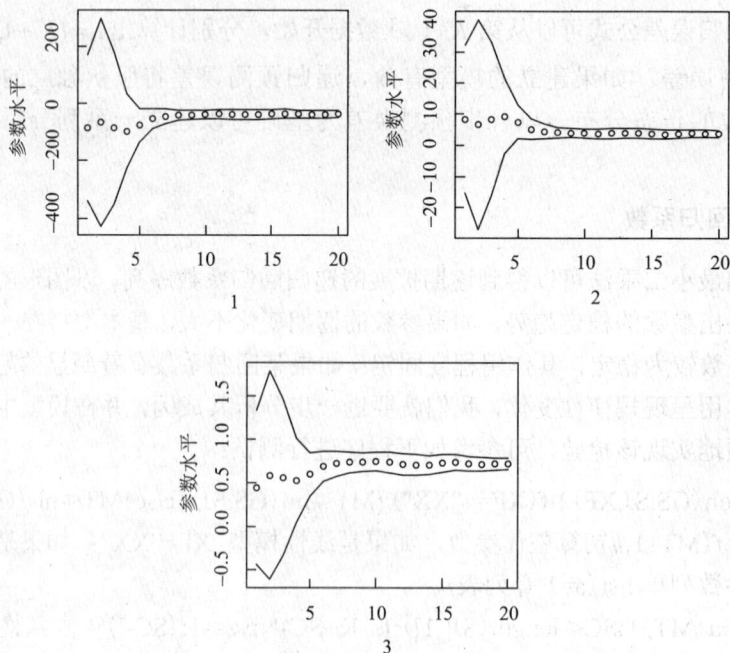

图 6-1　C-D 生产函数的递归系数分布图

利用例 3-9 中的非线性劳动与技术融合的模型，则其参数的分布如图 6-2 所示。

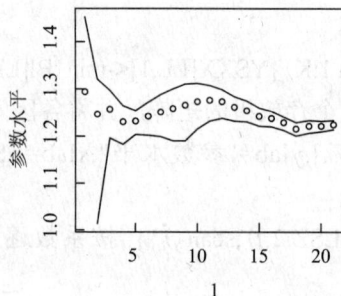

图 6-2　$Y=(ZC×LT)^{a}+u$ 模型的参数分布图

从计量单位上看，从图 6-2 可知劳动与技术融合的模型参数要较 C-D 模型稳定得多，即很快趋于稳定，且集中的速度也很快。

三、移动回归系数观察

按照递归的思想，我们可以编制一个移动回归的程序，获得各经济参数的变化分布情况，并从中可以发现参数的稳定性，以及变化的突变等特殊情况。

(一)移动回归系数的程序

从回归方程可解的基本要求出发，以相邻的 $K+1$ 组数据来求解回归方程，且逐项移动，则可获得各回归系数的分布数列。与递归方法类似，其 R 程序参考如下：

```
YDLS<-function(GS,SJ,XF){if(XF=="XX"){MT<-lm(GS,SJ)}else{MT<-n
ls(GS,SJ,XF)};
K<-length(coef(MT));
N<-length(resid(MT));SC<-length(SJ[,1]);I<-K+SC-N;xz<-1:(SC-I);
Bl<-array(NA,c(K,2,(SC-I)));B<-matrix(NA,K,(SC-I));i<-0;
for(Ls in (I+1):SC){if(XF=="XX"){Ma<-lm(GS,SJ[(i+1):Ls,]);i<-i+1}
else{Ma<-nls(GS,SJ[(i+1):Ls,],XF);i<-i+1};
Bl[,,(Ls-I)]<-confint(Ma);B[,(Ls-I)]<-coef(Ma)};
YSXX<-matrix(NA,K,2);
for(LL in 1:K){YSXX[LL,1]<-min(Bl[LL,1,],na.rm=T);YSXX[LL,2]<
-max(Bl[LL,2,],na.rm=T)};
for(LSZ in 1:K){plot(xz,B[LSZ,],ylab="参数水平",xlab=LSZ,
ylim=c(YSXX[LSZ,1],YSXX[LSZ,2]));
lines(xz,Bl[LSZ,1,]);lines(xz,Bl[LSZ,2,]);scan()}}
```

【例6-5】C-D 生产函数的移动回归系数分布如图6-3所示。

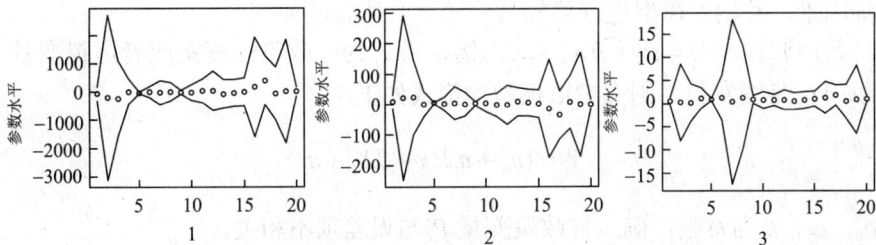

图6-3　C-D 生产函数的移动回归系数分布

(二)回归系数分布的含义

1. 在某一水平线上分布

如果回归系数在同一水平线上分布，可以说明其是相对稳定的。如果这一水平线是0，则该回归系数所对应的解释变量对被解释变量没有显著影响。如图 6-3 中的索洛技术项和劳动投入弹性系数的度量较大，有部分远离零的点，但是整体上是在零的附近波动，说明其作用并不显著；然而投资弹性多大于零，但其计量单位小，也是很接近于零的，说明其作用也不太显著。

2. 存在有规律的变动

如果回归系数不在某一水平线上分布，则说明其作用的变化情况，这是变参数问题，也可能是由模型设定的不恰当造成的，具体参见本章第三节的内容。

上述递归和移动回归的应用前提是模型正确合理，所以在没有确定其合理性之前，只能作为估算和检验的参考。

第三节 变参数模型及其诊断

在经典的计量分析中，我们假定模型的参数是固定不变的常数。但是现实的情况并非如此，随着环境的改变参数也往往会产生变化。如果在模型中参数是个变量，则我们称为变参数模型。但是这种变参数模型的背后，却暗含着模型设定所存在的问题。

一、模型截距项为变参数的问题

如果模型中的截距项参数不是稳定的时候，我们称为截距项变参数模型或漂移模型。对这类问题的分析，可以分为如下两种情况。

(一)截距变参数存在确定性变化趋势

如果不稳定的截距项有着确定性的变化趋势时，说明该参数是随着数据序列的顺序，或某一变量的变化而有规律地改变着。这说明在模型所选择的解释变量之外，有一作用变量在明显起作用，即模型遗漏了重要的解释变量。这种情况在普通回归上，会反映在残差上，并出现残差项的自相关或异方差，这时的截距项会与政策性变量的控制方向，以及数据的大小成较高的相关性。为此，我们可以查找与该截距参数分布相近或相反的经济因素，并纳入模型进行估算与检验。具体做法如下。

以一元回归模型 $Y_t = \alpha_t + \beta X_t + \varepsilon_t$ 为例，设 P_t 为一政策性变量或者虚拟变量，而模型的截距项 α_t 是变参数，则变参数模型的形式如下：

$$Y_t = (a_0 + a_1 P_t) + \beta X_t + \varepsilon_t \tag{6-4}$$

其中，a_0，a_1，β 为常数，确定性政策变量 P_t 与误差项不相关。

当 P_t 为虚拟变量时，如果 $t \notin A$ 使用 $P_t = 0$ 来表述，$t \in A$ 使用 $P_t = 1$ 来表述，该虚拟变量的作用可以通过 a_1 的显著性检验来判断，这相当于以加法的方式在模型中引入一个虚拟变量，它只改变模型的截距项，使截距项要么是 a_0，要么是 a_0+a_1。

当 P_t 为数值序列时，a_1 的显著性会使回归方程增加一个解释变量，同时截距项也会因 a_1 在 a_0 中的作用扣除，使得 a_0 也将有所改变。

(二)截距变参数呈随机性分布

当截距参数的分布体现出不确定性的特征时，称为随机变参数模型。仍以一元线性模型 $Y_t = \alpha_t + \beta X_t + \varepsilon_t$ 为例，如果截距项成随机性地在某一常数附近波动，则其参数将为如下形式：

$$\alpha_t = a + \eta_t$$

其中，η 为零均值的随机变量时，则必有

$$Y_t = a + bX_t + \omega_t$$

其中，$\omega_t = \varepsilon_t + \eta_t$，$E(\omega_t) = 0$，$\mathrm{Var}(\omega_t) = E(\varepsilon_t + \eta_t)^2 = E(\varepsilon_t^2) + E(\eta_t^2) + 0 = \sigma^2 + \sigma^2 = 2\sigma^2$。

可见，该随机项 ω_t 与基本假设相同，只是增大了一倍的同方差，因此不会影响我们的分析效果。

二、斜率存在变参数问题

在移动回归中如果发现斜率项存在动态的规律性，则在普通最小二乘估计中，也会表现出残差项的自相关性等违背基本假设的情况。仍以一元线性模型 $Y_t = \alpha + \beta_t X_t + \varepsilon_t$ 为例，如果斜率项 β_t 不是常数，则可能有如下几种情况。

(一)斜率项有确定性的变化方向问题

如果移动回归模型中的斜率项参数是确定性的变化方向，则说明该回归系数所反映的该解释变量的作用在逐渐加强或逐渐减弱。设 P_t 为依附于该解释变量的使该变量的作用不断改变的因素变量(或一政策性虚拟变量)，则将该作用因子纳入模型的形式如下：

$$Y_t = \alpha + (\beta + \beta P_t)X_t + \varepsilon_t \tag{6-5}$$

其中，α、β_0、β_1 为常数；如果 P_t 为虚拟变量，则当 $t \notin A$ 时 $P_t = 0$，并不改变解释变量 X 对被解释变量 Y 的影响程度；而当 $t \in A$ 时 $P_t = 1$，则 P_t 的作用将改变解释变量对被解释变量的边际倾向。该虚拟变量的作用，可以通过 β_1 的显著性检验来判断。如果 P 是递增或递减的变量，则在 β_1 显著的情况下，使得解释变量 X 对被解释变量 Y 的边际倾向递增或递减。这类模型的求解，可以通过查找政策性相关变量，改变模型为如下形式来实现：

$$Y_t = \alpha + \beta_0 X_t + \beta_1 P_t X_t + \varepsilon_t$$

其中，PX 交叉项可以看作是变量替换，则该式就是一个普通的多元线性模型了。

(二)回归系数有随机性的变化问题

如果模型中的斜率参数变量没有确定性的变化方向，则是随机性变量。这时可能存在如下两种情况。

1. 参数的变化是围绕某一水平线波动

这时的参数可以表述为如下形式：

$$\beta_t = b + \xi_t$$

其中，ζ 为零均值的随机项，则必有

$$Y_t = a + bX_t + \xi_t X_t + \varepsilon_t = a + bX_t + \omega_t \qquad (6\text{-}6)$$

其中，$\omega_t = \varepsilon_t + \xi_t X_t$，可见 ζ 与 X 的关系决定该模型存在如下性质和问题。

（1）由于 X 是确定性变量，ζ 是随机性变量，两者乘积的期望为零，则残差的期望仍然为零，即 $E(\omega_t) = E(\varepsilon_t + \xi_t X_t) = 0$。

（2）残差存在异方差。因为

$$\text{Var}(\omega_t) = E(\varepsilon_t + \xi_t X_t)^2 = E(\varepsilon_t^2) + E(\xi_t^2 X_t^2) + 2E(\varepsilon_t \xi_t X_t) = \sigma^2 + X^2\sigma^2 = (1 + X^2)\sigma^2$$

可见，该模型的随机项 ω_t 必然存在异方差。这种情况往往是由我们没有找到恰当的与解释变量有交互作用的周期性因素造成的。

2. 回归系数不在某一水平线上波动

这时可能的形式可以表述为

$$\beta_t = b + \rho P_t + \xi_t$$

则模型变为

$$Y_t = a + (b + \rho P_t + \xi_t)X_t + \varepsilon_t = a + bX_t + \rho P_t X_t + \xi_t X_t + \varepsilon_t = a + bX_t + \omega_t \qquad (6\text{-}7)$$

同样，由于 P 是不确定的变量，所以残差中包含着 P 和 X 的作用，即必然引起异方差。这也说明在我们的模型中，遗漏了与解释变量有交互作用的某项重要因素的测定。

三、参数的变化是由其自身因素决定的问题

如果变参数模型是由参数或解释变量的动态因素引起的，常称为自适应模型。我们从如下两方面做分析。

（一）截距项的自回归问题

如果变参数模型是由截距项的自回归引起的，则其基本形式为

$$\alpha_t = a + \rho\alpha_{t-1} + \eta_t$$

则原模型变为

$$
\begin{aligned}
Y_t &= a + \rho\alpha_{t-1} + \eta_t + bX_t + \varepsilon_t \\
&= a + \rho(a + \rho\alpha_{t-2} + \eta_{t-1}) + \eta_t + bX_t + \varepsilon_t \\
&= a + \rho a + \rho^2(a + \rho\alpha_{t-3} + \eta_{t-2}) + \rho\eta_{t-1} + \eta_t + bX_t + \varepsilon_t = \cdots \\
&= a/(1-\rho) + (\eta_t + \rho\eta_{t-1} + \rho^2\eta_{t-2} + \cdots + \rho^\infty\eta_{t-\infty}) + bX_t + \varepsilon_t \\
&= a/(1-\rho) + bX_t + \varepsilon_t
\end{aligned}
\qquad (6\text{-}8)
$$

可见在 $\rho < 1$ 时，即存在周期性波动时的参数估计是无偏有效的。

(二)斜率的自回归问题

如果模型的斜率存在自相关，则其基本形式为

$$\beta_t = b + \rho\beta_{t-1} + \xi_t$$

原模型将变为

$$
\begin{aligned}
Y_t &= a + bX_t + \rho\beta_{t-1}X_t + \xi_t X_t + \varepsilon_t \\
&= a + bX_t + \rho(b + \rho\beta_{t-2} + \xi_{t-1})X_t + \xi_t X_t + \varepsilon_t \\
&= a + (b + \rho b)X_t + \rho^2(b + \rho\beta_{t-3} + \xi_{t-2})X_t + (\xi_t + \rho\xi_{t-1})X_t + \varepsilon_t \\
&= a + (b + \rho b + \rho^2 b + \cdots)X_t + \rho^\infty\beta_{-\infty}X_t + (\xi_t + \rho\xi_{t-1} + \rho^2\xi_{t-2} + \cdots)X_t + \varepsilon_t \\
&= a + bX_t/(1-\rho) + \varepsilon_t
\end{aligned}
\tag{6-9}
$$

式(6-8)和式(6-9)都是在 $\rho < 1$ 的假设下得到的，即变参数是个平稳的周期性因素时，我们的估计是长期稳定的无偏估计。然而在 $\rho = 1$ 时，说明 β 是不平稳的，若这时我们还是采用 OLS 估计线性模型，将会得到方差无穷的有偏的估计了。

第四节　生产函数的参数检验总结

【例6-6】在第一章第四节中我们提出了生产函数的构建思想，第二章第四节中又针对创建生产函数中缺少技术进步的数据进行了度量，即科技贡献的度量。现以中国的宏观数据为例进行实证如下。

一、模型的估算和统计检验

第三章第四节中我们通过估算和统计检验得到的可供选择的中国宏观经济生产函数的形式如下。

(一)传统的C-D生产函数

以科布-道格拉斯的思想构建的传统理论函数是例3-9中估算的CDHG：

$$Y = (4.055\,389e - 17)L^{3.7196}K^{0.7194}\exp(u)$$

其中，Y 是 GDP；L 是经济人口；K 是资本形成总额；u 为残差。从经济意义上看，A 的数值很小，劳动投入的弹性系数很大，且属于规模报酬递增型的经济系统。结果说明我国的劳动力贡献程度大或意味着劳动力短缺，这似乎说明 C-D 生产函数与现实不符。

(二)劳动价值论生产函数探索

基于劳动价值论思想构建生产函数，由于形式未定我们做如下三方面的探索。

1. 例3-9中的线性函数LDHG

$$GDP = \exp(-114.201)\times KJ^{0.323}\times LT^{11.296}\times\exp(u)$$

其中，KJ 代表综合科技贡献程度；LT 代表劳动投入量。该模型表明劳动的贡献明显大于科技，说明我国生产技术主要是以规模增长为主。

2. 劳效（技术贡献）与劳动投入的非线性模型

例 3-10 中的 FXHG：

$$Y=(KJ \times LT)^a+u=(KJ \times LT)^{1.223}+u$$

该模型说明劳动人数与技术的结合，构成生产的决定因素，而其产出弹性系数为 1.223，即要素每增加 1 个单位，产出就是增加 1.223 个单位，这与现实情况很接近。

上述三个模型的各类统计检验都很显著，但是哪个更佳还需要以后再做进一步的分析。

二、经济意义和参数稳定性检验

利用前几章所学的知识，对两类生产函数进行各类检验，并做比较性的研究和讨论。

（一）对于传统C-D生产函数的检验

人们习惯上对 $\alpha+\beta$ 是否为 1 做约束性检验，以判断生产要素组合的状态及短缺要素等问题。在例 5-4 中我们对 CDHG 进行了 $\alpha+\beta=1$ 的约束性 F 检验，且与例 5-6 中的 LR 检验，以及例 5-7 中的沃尔德检验，其结论都是约束无效，同时对 $\beta=0$ 的检验也都是约束无效的。

在例 6-2 中我们使用夸特-安德鲁斯突变点检验，结果是 1995 年、1997 年、2002 年和 2003 年等年不太稳定，有可能是突变点；同时，在例 6-3 中使用邹氏预测检验，预测的效果较好；用递归最小二乘法的程序 DGLS.R 检验 C-D 生产函数的系数都是趋于稳定的。

在例 6-4 中的递归最小二乘法中，各参数虽然都趋于稳定，但是截距和劳动系数都趋向零，且波动较大；资本回归系数在逐渐增大。而在例 6-5 中使用移动回归，发现所有系数都在零的附近波动，且截距项和劳动投入弹性系数的波动较大，而投资的弹性系数存在递增性波动，也不稳定。这些都表明 C-D 函数有很多不理想的地方。

（二）劳动价值论函数的参数检验

通过估算和统计及经济意义检验，我们选定如下两个方程做进一步的分析。

1. LDHG函数

(1)夸特-安德鲁斯检验从 1999 年以后都不稳定。

(2)邹氏预测性检验认为，后三年的预测效果很好。

(3)递归回归系数都逐渐趋于平稳。

(4)移动回归的三个系数都是在 2006 年左右有较大的波动，其他时间较为平稳。

2. FXHG函数

(1)递归系数呈波浪式趋稳。

(2)移动回归的系数在 2007 年左右波动较大，其他时间相对稳定。

通过上述分析我们认为 C-D 函数和上述两个方程都不理想，都需要做进一步的分析和改进。

■本章小结

本章主要介绍了有关经济参数的计量性检验，即恰当的模型其经济参数应该是稳定的，如果所建模型的参数并不稳定，就说明该模型存在某方面的缺陷。为此我们以突变点、预测效果、递归最小二乘法、移动回归法等手段来判断所估算的方程的各经济参数的稳定性，并在判断分析中发现产生不稳定的决定因子，以修正模型的形式或追加遗漏的重要经济变量。这一检验内容对提高建模质量很有必要，为了体会这些学习内容，本章最后对生产函数进行了综合性的参数检验。

■思考与练习

1. 综合上述各章的思考与练习，将习题中的 M1 和 M2 模型进行参数检验，并评价出较为理想的模型形式。

2. 试编模型参数检验的综合性 R 程序。

第七章

残差项的计量检验

在第一章第二节中已初步了解到计量经济模型的基本假设。其中有关残差项的基本假设为：$\varepsilon \sim$ i.i.d.$N(0, \sigma^2)$ 是独立同分布的正态平稳性变量。具体内容可以概括如下。

(1) 残差项的期望值为零：$E(\varepsilon_i) = 0$。

(2) 残差的波动基本相同（同方差）：$\mathrm{Var}(\varepsilon_i) = \sigma^2$。

(3) 残差项之间应该是相互独立的（无自相关）：$\mathrm{Cov}(\varepsilon_i, \varepsilon_j) = 0$。

综合 (1) 和 (2) 说明残差项是与解释变量无关的平稳的随机变量，综合 (2) 和 (3) 说明残差为 $\sigma^2 I$ 的随机变量。为了检验残差是否符合上述基本假设，并从中查找出产生问题的根源，我们必须做有关残差项的计量检验，它是本书最核心的内容之一。

■ 第一节　残差的正态性检验

有关残差项的基本假设的最核心内容，就是各项残差都应该服从独立的相同特征的正态分布。即在模型建立正确的情况下，残差应该是只受随机性因素的影响，而表现为正态分布的随机变量。反之，模型的残差包含非随机等因素的影响时，往往会出现非正态的状况。所以我们有必要对残差的正态性做检验，主要方法如下。

一、残差的正态分布判断的图示法

对残差序列的数据与计算机程序中的正态分布模型生成的数据做比较，看两者的分布是否一致，较为直观的对比判断方法就是 Q-Q 图法。

(一) Q-Q 图的含义与绘制方法

1. Q-Q 图的含义

Q-Q 图是 "quantile-quantile graphs" 的缩写，其主要是将两组数据的分位数与分位数对照构成的坐标图，用以反映观察数据与已知分布的数据之间吻合程度的图示。它将已知分布（如正态分布）的各分位数标在纵轴上，将观测数据的分位数标在横轴上，以其各自分位数构成的散点分布状态，看其是否分布在角分线上，来说明观测值的分布与已知的分布(如正态分布)是否一致的方法。

2. Q-Q图的绘制方法

Q-Q 图的绘制过程很容易理解，可以通过如下步骤来获得。

(1)将进行对比的两组数据 x、y 分别从小到大排序，可以使用 X<-sort(x) 等函数进行。

(2) 在排序的基础上，可以根据全部数据或两组数据的分位数来绘图，即使用 plot(X,Y) 绘图，绘图中可以采用 quantile(数据,分位列表)函数对数据 X 和 Y 进行分位数读取。

(3)以 lines( ) 函数在散点图上添加参照直线，一般以 $Y = X$ 为基准线。当然在多数情况下，还是使用 $Y = u + sX$ ，其中 u 为均值，s 为标准差，来描绘各散点分布所接近的直线。

如果所有的点都集中在参照直线上，就说明两组数据是同分布的。否则远离直线的点越多，则两者的分布就越不相同。

3. 正态分布的Q-Q图

在 R 中提供的正态分布 Q-Q 图的绘制函数为

$$\text{qqnorm(数据)} \tag{7-1}$$

该命令只能绘制最常用的正态分布的对照散点图，还需要使用如下命令添加参照直线：

$$\text{qqline(数据)} \tag{7-2}$$

【例 7-1】从例 4-2 的 HG2 中获得残差序列，并与正态分布模拟数据绘制 Q-Q 图的过程如下：

```
> e<-resid(HG2)
> qqnorm(e)
> qqline(e)
```

结果如图 7-1(c)所示。图 7-1 表明绝大多数数据点在基准直线上，而少数的极端值也是存在的，且偏离的程度还很大，初步判定是不服从正态分布的。若将极端值去除将是服从正态分布的，所以现实分析中要具体剖析极端值产生的原因。

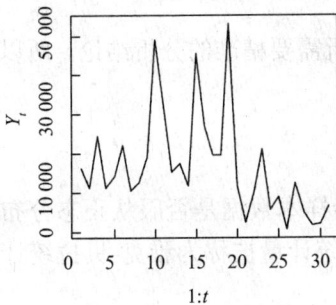

(a)实际与预测对比图

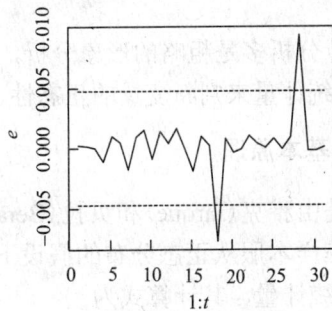

(b)残差与二倍标准差对比图

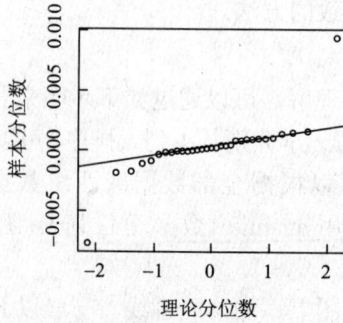

(c) 残差正态分布 Q-Q 图

图 7-1　HG2 的回归效果分析图

(二)对回归分析图的修改

如果将该 Q-Q 图加入到第 3 章编制的回归分析图中，则自编的 **HGfx()** 函数可做如下修改：

```
HGfxt<-function(Hg){e<-resid(Hg);Yt<-Hg$f+e;t<-length(e);
yjd<-max(Yt,na.rm=T);yxd<-min(Yt,na.rm=T);
plot(1:t,Yt,type="l",main="实际——与预测---对比图");lines(1:t,
Hg$f,lty=2);scan();
bzc<-2*sd(e);Bzx<-rep(-bzc,t);Bzs<-rep(bzc,t);
cjd<-max(c(e,bzc),na.rm=T);cjx<-min(c(e,-bzc),na.rm=T);
plot(1:t,e,'l',main="残差 ——与2倍标准差---对比图",ylim=c(cjx,cjd));
lines(1:t,Bzs,lty=2);lines(1:t,Bzx,lty=2);scan();
qqnorm(e);qqline(e)}
```

该程序在使用时在原命令名后加了个 *t*，以例 4-2 的回归方程 HG2 为例使用该程序，则效果图如图 7-1 所示，Q-Q 图的加入使回归结果的分析更加细致全面了。当估算了回归方程并做基本的统计检验后，都可以使用该程序做辅助分析和判断。

二、正态性判断的JB统计量

图示分析多是粗略的形象分析，而计量经济分析需要精准的分析结论，所以人们创建了 JB 统计量来判断变量的正态性。

(一)基本原理

这是由雅克(Jarque)和贝拉(Bera)提出的，检验样本数据是否服从正态分布的检验方法。在样本服从正态分布的假设下，计算检验的统计量被称为雅克-贝拉统计量，简记为 JB 统计量，其计算式为

$$JB = \frac{n}{6}\left(S^2 + \frac{(K-3)^2}{4}\right) \sim \chi^2(2) \tag{7-3}$$

其中，S 为偏度；K 为峰度；n 为样本容量。一般在检验时使用 JB 统计量与卡方分布的临界值比较进行，即当 $JB > \chi^2_{0.05}(k)$ 卡方临界值时否定正态原假设。

（二）R的实现

由于没有发现 R 平台中的 JB 检验函数，所以我们编制一个该检验的函数，可供以后拷贝使用。具体编程如下：

```
JB<-function(x){pchisq((length(x)/6)*((mean((x-mean(x))^3)/sd
(x)^3)^2+((mean((x-mean(x))^4)/var(x)^2)-3)^2/4),length(x)
-1),low=F}                                              (7-4)
```

该程序的运行结果，是一个卡方分布的概率，即 JB 统计量右侧的累计概率值。当该概率值小于 0.05 时，我们就有 95% 以上的把握认为所观察的变量不是正态分布的。该概率值越大则说明数据服从正态分布的可能性就越大，而该概率越小我们否定正态性分布原假设的把握性就越大。

将上述程序拷贝到文本文件 JB.R 中，使用时只需要在 R 的控制平台上，选择运行该脚本文件或者使用命令：

$$source("路径\\JB.R")$$

就可以将其读入到内存，如其他函数一样使用。使用中不只是残差，其他任何变量都可以通过该函数来判断其是否服从正态分布。

【例 7-2】将 HG2 的残差带入到 JB 函数中，有

```
>e<-resid(HG2)
>JB(e)
[1] 2.73452e-08
```

计算结果表明 HG2 的残差服从正态分布的可能性几乎没有。

第二节 异方差性检验

残差项正态分布基本假设下，隐含的第一个具体假设，就是同方差假设。对该假设的违背，我们称为异方差性（heteroscedasticity）。

一、异方差问题

模型存在异方差时，主要体现在残差的方差不一致，有关问题介绍如下。

（一）异方差性及其类型

1. 异方差的定义

对于模型 $Y_i = \beta_0 + \beta_1 X_{1i} + \beta_2 X_{2i} + \cdots + \beta_k X_{ki} + \varepsilon_i$，如果出现：

$$\text{Var}(\varepsilon_i \mid X_i) = \sigma^2 w_i \neq \sigma^2 I \tag{7-5}$$

即对于不同的样本点，随机误差项的方差不再是常数，而是随着解释变量 X 而改变的变量，则认为出现了异方差性。

如图 1-4 所示，异方差性表现为随着解释变量 X 的改变，Y 的变化波动幅度是不同的。因此，同方差可以表述为 $\text{Cov}(X,\varepsilon)=0$，即残差的变化与 X 无关，所以异方差也可以表述为 $\text{Cov}(X,\varepsilon)\neq 0$。由于 X 的不同就体现出样本点的不同，所以 $\text{Var}(\varepsilon)\neq\sigma^2$ 说明不同样本点的方差不是固定的常数，这说明不同的 X 与 ε 是有关联的了。因此，异方差的存在说明了两个问题：一是模型未能将 X 的作用全部解释出来，还有一部分仍然存在于误差(残差)之中；二是说明与 X 有关联的对被解释变量 Y 有决定性作用的 X 之外的因素，没有包含在模型之中，需要我们进一步提炼和研究。

2. 异方差的类型

异方差表现为随着解释变量的改变而有规律的变化，而这种规律可归为如下三类。

(1) 单调递增型。模型残差的方差 σ_i^2 随着 X_i 的增大而不断增大时，叫作单调递增的异方差。这往往是与 X 变化方向一致的重要因素，或者是 X 的高次乘方等作用的结果。

(2) 单调递减型。模型残差的方差 σ_i^2 随 X_i 的增大而不断减小时，叫作单调递减的异方差。这往往是与 X 呈负相关的重要因素作用的结果。

(3) 复杂型。模型残差的方差 σ_i^2 随着 X_i 的变化而呈非线性有规律的改变时，往往是影响残差的因素的改变与 X 的分布呈现波动性的交叉作用的结果。

(二)产生异方差性的根源

如果我们建立的模型存在异方差，那么由于随机性的数据巧合造成的可能性很小。往往都是我们所建立的模型质量不佳造成的，且很可能存在如下几方面的主要问题。

1. 模型的基本形式错误

假设模型的真实形式为非线性的，如 $Y=a+bX+cX^2+\varepsilon$，而我们所建立的模型却为线性的，如 $Y=a+bX+u$，则必然存在 $u=cX^2+\varepsilon$ 的关系，这样就会出现随着 X 的改变，残差 u 的方差就会随之有规律的变化。如果我们发现残差的变化随着某解释变量的改变而有规律的变化，则要考虑将该变量的平方项或立方项纳入到模型之中。

2. 模型没能反映数据规模或分组的规律性作用

异方差多数情况下存在于截面数据的建模中，常表现为不同样本空间的数据差异及规律性分布。这主要是由于某变量在不同水平上的作用力不同，且模型并没有反映出这种作用的规律性，则在模型的残差中就会产生异方差性。

例如，在研究居民家庭的储蓄行为时，如果我们将方程设定为家庭储蓄 Y 只受家庭收入 X 的影响时，会有 $Y=a+bX+\varepsilon$，该模型中 b 值反映着平均的储蓄倾向。我们知道收入水平不同的家庭，其储蓄的行为也是不同的。即高收入家庭的储蓄变化幅度往往很大，而较低收入家庭的储蓄行为往往变化不大，这种变化的大小体现在模型的残差之中，就表现为异方差。因此，这种情况下的模型就不能使用一个平均的储蓄倾向系数了，而要将收入水平分组设置为多元选择变量或虚拟变量等形式，并就不同的收入水平测算出不同的储蓄倾向，当然也可以考虑采用平均数据进行分析建模。

3. 建模中遗漏了重要的解释变量也会产生异方差

由于建模时考虑不周，漏掉了重要的解释变量，那么该变量对被解释变量的作用，就会体现在模型的残差之中，并常表现为异方差的存在。例如，依据某些地区的企业数据构建 C-D 生产函数时，我们往往只考虑到了劳动和资本两类要素对产出的影响分析，而没有将各企业所处的环境等因素纳入到模型之中，则环境和资源禀赋的影响就会体现在残差之中，使模型出现异方差性。因此，在现实的建模过程中，所要考虑的影响因素将会较理论上更多。

4. 解释变量的随机性

在模型的基本假设中，我们假定解释变量是确定性的，而现实中获得经济观察数据时，常常是随机抽样获得的，即某些解释变量表现为随机性的特征。在解释变量为随机数据时，它与随机误差项之间就有可能产生相关，并表现出残差随该解释变量的改变而有规律的分布。

（三）异方差的后果

如果存在异方差，而我们仍然按其符合基本假设来估算模型的参数，则会产生如下后果。

1. 参数估计量的无效性

在式 (3-14) 的参数无偏性证明中，使用了解释变量 X 与随机误差项 ε 之间的独立性假设，才保证了参数估计量的无偏性。而当 X 与 ε 相关时，就无法保证其无偏性了，且随着两者相关程度的提高而越不能保证。所以说存在异方差时，参数的估计是有偏的，并非如某些教科书所言是无偏的。

在式 (3-15) 的参数估计有效性证明中，证明了在 $\sigma^2 I$（即同方差和无自相关）的假设下，$\mathrm{Var}(B) = \sigma^2 (XX')^{-1}$ 为最小值；而在异方差存在时，有 $E(\varepsilon\varepsilon') = \sigma^2 W$，即 $\mathrm{Var}(B) = \sigma^2 W(X'X)^{-1}$ 将不再是最小值，且随着 W 的改变可能会使参数的方差更大。同时也可以证明，参数估计量也不具有渐近有效性。

这些事实说明在存在异方差时，如果仍然采用 OLS 估计方法，则所得的参数将是有偏的，且是无效的。

2. 变量的显著性检验失去意义

在变量的显著性 t 检验中，构造了统计量 $t = B / s(B)$，是建立在总体标准差 σ 为不变的常数假设下的随机变量，且正确估计了参数方差 $s(b_k)$ 基础上的检验。如果出现了异方差，估计量中的 $s(b_k) = \mathrm{sqrt}(\mathrm{Var}(B))$ 就会产生偏误，t 检验就失去了意义。其他涉及 $\mathrm{Var}(B)$ 的各类检验也是如此，即存在异方差使统计检验失效。

3. 模型无法使用

在使用模型的各个领域中预测是最简单的应用。存在异方差时，由于统计的估计和检验都失效了，所以依据参数 B 的点预测和区间预测，会因 B 的标准差的增大而使预测误差变得更大，进而引起预测精度降低，预测功能失效。因此，在异方差出现时，我们所估算的回归方程是无效的，即使是简单的预测也不能使用。

二、异方差性的检验技术

异方差是残差项数据的方差，随着某解释变量的变化而呈某种规律性改变的现象。那么检验异方差性，也就是检验随机误差项的方差与解释变量观测值之间的相关性及其相关的形式。因此，一般的处理方法是首先采用 OLS 法估计可能的回归方程，以求得残差项的估计量 $e = Y_i - (\hat{Y}_i)_{\text{OLS}}$，即

$$\text{Var}(\varepsilon_i) = E(\varepsilon_i^2) \approx e_i^2$$

用 e_i^2 来表示随机误差项的方差，进行 e 与某 X 的相关性分析。

(一)异方差检验的图示方法

用 X-Y 的散点图或 X-e 的散点图都可以进行判断，即以 X 顺序数据为横轴，以实际值 Y 的数据或残差 e 的数据为纵轴，来绘制散点图。

1. 含有线性趋势时的方差特征图

根据蒙特卡罗模拟可以得到随着 X 的改变，Y 的变化及其分布情况，如图 7-2 所示。

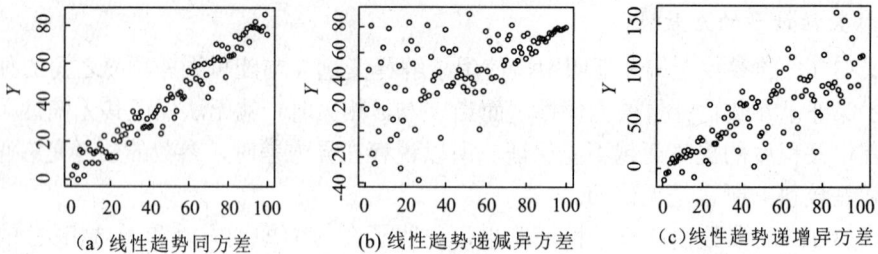

(a)线性趋势同方差　　(b)线性趋势递减异方差　　(c)线性趋势递增异方差

图 7-2　线性趋势时 X-Y 平面的散点分布图

图 7-2 中的 Y 不仅包含趋势的变动，还包含着残差的分布情况。

2. 剔除趋势后的残差分布图

如果使用 X-e 的散点图会更直观和清晰地反映递增或递减的异方差，如图 7-3 所示。

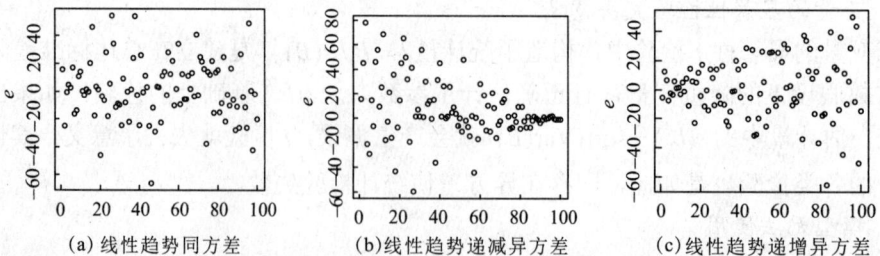

(a)线性趋势同方差　　(b)线性趋势递减异方差　　(c)线性趋势递增异方差

图 7-3　剔除趋势后残差分布图

如果使用 X-e^2 来绘制，如图 7-4 所示。

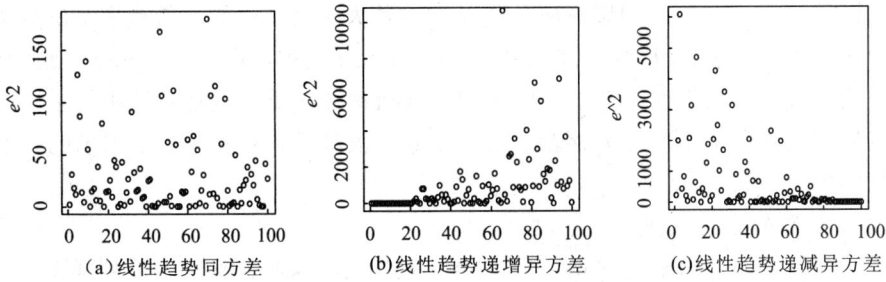

(a)线性趋势同方差　　(b)线性趋势递增异方差　　(c)线性趋势递减异方差

图 7-4　线性趋势残差平方的分布图

3. 非线性趋势时的方差特征

当趋势是非线性时，如平方趋势时残差的方差表现如图 7-5 所示。

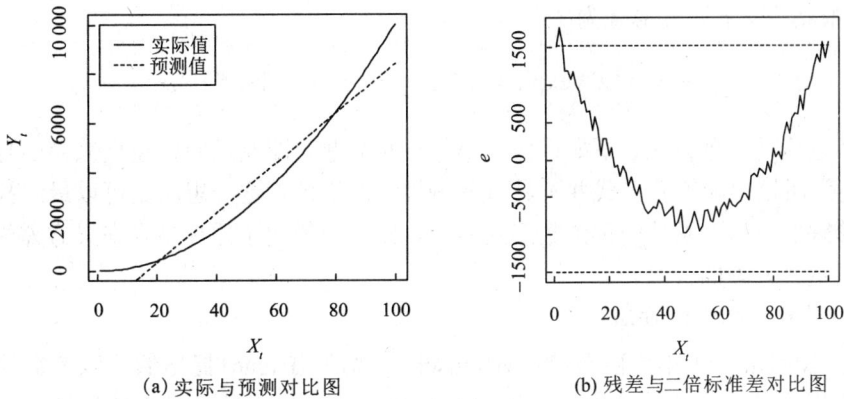

(a) 实际与预测对比图　　　　　　　(b) 残差与二倍标准差对比图

图 7-5　平方趋势时使用线性回归的分析图示

在较为复杂的非线性趋势情况下，异方差的主要表现是残差有规律的分布。多数在高次趋势情况下，残差分布呈 U 形分布，而残差的平方呈现为 W 形分布；指数幂的趋势情况下，多呈现为 J 形或 L 形分布。通过图形的形状，我们可以判断其可能的趋势，在寻找到恰当的趋势方程后，残差的异方差可能就消除了。

【例 7-3】绘制模型 HG2 的各解释变量与残差的关系图，观察其分布特征可知，都与图 7-3(a)相类似，即模型中各对数项没有明显的异方差。

(二)异方差检验技术的发展

依据图形的判断往往是粗略的，且对简单明显的关系才能有效。而较为精确的方法，就是以统计量的分布为依据进行判断的方法，为此人们做过很多的探索。

1. 戈德菲尔德-匡特检验

戈德菲尔德(Goldfeld)和匡特(Quandt)两位学者于 1965 年提出了，判断异方差的存在及类型的基本检验方法。其基本做法就是将数据依一定的顺序分为两部分，分别线性回归并获得两部分的残差等数据；然后采用 F 检验来判断两部分残差的差距，如果两部分残差相同就属于同方差；如果前部分残差的方差大于后部分的，就是递减的异方差；反之，就是递增的异方差。这种方法的 R 程序在 lmtest 包中，可以使用 gqtest（回归对象）函数来完成。该检验的作用很有限，根本无法判断解释变量与残差的具体关系形式。而为了寻找残差与解释变量间可能存在的具体形式，很多学者对此进行了大量的探索，并提出了很多的方法。

2. 戈里瑟和帕克的方法

戈里瑟（H.Glejser）和帕克（Park）于 1969 年提出，以残差 e 或 $|e|$ 为被解释变量，以模型中解释变量的各种形式，如倒数、乘方根、乘方根的倒数、对数等数据为残差回归方程的解释变量，进行回归并经过统计检验来证明异方差性。其具体方程如下。

（1）戈里瑟检验的基本形式为

$$|e| = X^h + \varepsilon$$

（2）帕克检验的基本形式为

$$e^2 = \sigma^2 X^\alpha \exp(\varepsilon) \text{ 或 } 2\ln e = \ln(\sigma^2) + \alpha\ln(X) + \varepsilon$$

与其说这是一种方法，不如说他提出了一种思想，即通过回归模型来判断异方差的形式。他们所提出的检验形式并不具有普遍性，但是延着这一思路是可以最终找到比较合理的形式的。即如果某一种函数形式显著，则不但说明了原模型存在异方差性，还可以找到产生异方差的根源。

3. 布劳殊和帕干的方法

这是 20 世纪 70 年代由布劳殊（Breusch）和帕干（Pagan）提出的，以参数约束的方式进行假设检验的方法，其检验统计量主要是 F 和 LM，其为异方差的检验思想和方法的形成奠定了基础。该检验的程序也在 lmtest 包中，可使用 bptest（回归对象）函数进行检验。

（三）怀特检验方法

1. 基本原理

怀特检验是由 H.White 于 1980 年提出的，其基本原理综合了上述多位学者的思想与方法，并主要采用了拉格朗日乘数的做法，在进行显著性检验的同时，还得到了异方差产生原因的初步判断。其也是在同方差假设前提下进行的基本检验，具体内容如下。

第一步，利用原回归模型获得残差项的数据 e，并以 e^2 为检验辅助回归方程的被解释变量，即作为误差项方差的代表值。

第二步，对 e^2 与所有的解释变量及其平方、交叉乘积各项同时进行回归，并判断回归系数的显著性，由此建立起 e^2 与 X 决定因素之间关系的辅助回归方程。该方程中显著项的内容，就是引起异方差的主要原因。

第三步，使用辅助回归方程的判定系数为基础，构建卡方的检验统计量，并在显著性水平的制约下，来判断异方差的程度。例如，对二元线性回归方程，可建立如下检验用的辅助回归方程：

$$e^2 = c_0 + c_1 X_1 + c_2 X_2 + c_3 X_1^2 + c_4 X_2^2 + c_5 X_1^3 + c_6 X_2^3 + c_7 X_1 X_2 + u$$

怀特将样本容量 n 与该检验辅助回归方程的判定系数 R^2 构成的卡方统计量为

$$nR^2 \sim \chi^2(H) \tag{7-6}$$

其中，H 为该辅助方程的解释变量（常数项除外）的个数。当 $nR^2 > \chi^2\alpha(H)$ 时，否定原假设，认为存在异方差。

2. 怀特检验的应用

怀特检验是具有普遍意义的检验方法，因其可操作性的特点，所以能够得到广泛应用。而在其应用中也常会遇到如下主要问题。

(1) 自由度的问题。在辅助回归方程中，解释变量的过多会减少其有效的自由度，在样本有限时使检验无法进行。为此，可以使用原回归方程的回归值作为辅助回归方程的解释变量来获得构建卡方统计量初始判定系数。即辅助回归方程为

$$e^2 = c_0 + c_1 \hat{Y} + c_2 \hat{Y}^2 + u \tag{7-7}$$

该方程的初始判定系数与原辅助回归方程的初始判定系数基本相同，即有

$$nR^2 \sim \chi^2(2) \tag{7-8}$$

检验时对异方差性的判断与原辅助回归方程一致，只是具体哪个解释变量是引起异方差的原因分析，是该方程很难做到的。为此，可参考使用如下自编程序：

```
WhiteTest<-function(Hg){yc<-Hg$f;e<-resid(Hg);n<-length(e);
fzhg<-lm(e^2~I(yc)+I(yc^2)+I(yc^3));WL<-n*summary(fzhg)$r.squared;
Ka<-pchisq(n*WL,length(fzhg$coef)-1,low=F);
if(Ka<0.05){list(Ka,summary(fzhg))}else{Ka}}
```

该程序使用时要输入回归对象，运行中以 0.05 的显著性水平给出结果：即当 95% 的把握认为是同方差时，只给出 LM 乘数检验显著性小概率水平；而认为存在异方差时，还要给出辅助回归方程及其统计检验的结果，以帮助进行异方差原因的判断。

(2) 异方差产生的原因判断问题。当辅助回归方程中的某解释变量显著时，该变量所包含的因素就是引起异方差的原因。而辅助回归方程的各解释变量都不显著时，我们就要寻找其他的原因来做进一步的分析。可考虑将原模型的残差作为被解释变量，将原模型中各解释变量的更高次方及其交叉项作为解释变量，再次使用辅助回归方程来分析，判断具体引起异方差的原因。

【例 7-4】对回归方程 HG2 使用怀特检验程序如下：

```
>WhiteTest(HG2)
[[1]]
[1] 0.02190831
[[2]]
Call:
lm(formula=e^2~I(yc)+I(yc^2)+I(yc^3))
```

```
Residuals:
     Min          1Q          Median         3Q           Max
-8.662e-06   -5.983e-06   -4.901e-06   -2.791e-06    8.185e-05
Coefficients:
               Estimate     Std.Error    t value     Pr(>|t|)
(Intercept)    8.849e-06    1.152e-05     0.768       0.449
I(yc)         -3.080e-10    2.121e-09    -0.145       0.886
I(yc^2)        6.673e-15    1.085e-13     0.062       0.951
I(yc^3)       -7.015e-20    1.441e-18    -0.049       0.962
Residual standard error:1.977e-05 on 27 degrees of freedom
Multiple R-squared:0.01003,   Adjusted R-squared:-0.09997
F-statistic:0.09118 on 3 and 27 DF, p-value:0.9643
```

上述结论说明 HG2 存在异方差，但是其原因并不存在于原解释变量的平方和立方。为此我们需要对其交叉项做如下的分析和判断：

```
>e<-resid(HG2)
>fzhg<-lm(e^2~LC*SCS+LC*GZ+LC*YY+SCS*GZ+SCS*YY+GZ*YY,HGJMSJ)
>summary(fzhg)
Call:
lm(formula=e^2~LC*SCS+LC*GZ+LC*YY+SCS*GZ+SCS*YY+GZ*YY,data=
HGJMSJ)
Residuals:
     Min          1Q          Median        3Q           Max
-1.219e-05   -7.799e-06   -5.640e-06   4.720e-07    7.979e-05
Coefficients:
               Estimate     Std.Error    t value     Pr(>|t|)
(Intercept)    4.863e-06    1.022e-05     0.476       0.639
LC             1.734e-09    6.538e-09     0.265       0.794
SCS           -1.070e-08    2.945e-08    -0.363       0.720
GZ             2.754e-08    3.700e-08     0.744       0.465
YY            -9.756e-09    1.196e-08    -0.816       0.424
LC:SCS         1.043e-11    9.281e-12     1.124       0.274
LC:GZ         -7.971e-12    7.686e-12    -1.037       0.312
LC:YY         -2.000e-12    5.250e-12    -0.381       0.707
SCS:GZ        -1.848e-11    2.971e-11    -0.622       0.541
SCS:YY        -5.186e-12    8.638e-12    -0.600       0.555
GZ:YY          1.622e-11    1.604e-11     1.012       0.324
Residual standard error: 2.103e-05 on 20 degrees of freedom
Multiple R-squared: 0.1705,    Adjusted R-squared: -0.2442
F-statistic: 0.4111 on 10 and 20 DF, p-value: 0.9251
```

从上述分析的结果上看，各交叉项都不可能是引起异方差的原因。因此，可以考虑是截面数据的地区之间的水平差异等原因造成的异方差，这将在第八章中进一步学习。

三、异方差问题的修正与处理方法

传统的处理异方差的方法多是从数理角度，采用加权最小二乘法、广义最小二乘法、广义差分法、怀特修正法等方法，对估计的过程或结果进行修正。这些方法的使用前提是模型的理论合理、设定正确，只因数据的随机性造成异方差。而实际的情况并非如此，多数异方差的产生都是模型设定不恰当造成的，修改模型的形式将是最合理的做法。

(一)异方差问题的处理原则

当我们发现存在异方差时，首先要尽可能地查找其产生的原因，以便对症修正模型。根据前述产生异方差的原因，在做怀特检验时要针对辅助回归方程，就异方差的类型进行归类判断，并在归类的基础上分别在后续章节来学习其解决的办法。具体的分类情况如下。

1. 变量项的原因

当解释变量与残差平方有关时，说明该解释变量的作用是分区间的或是随机性的。这时需要采用有关变量的处理方式进行，这将在第八章变量的计量检验中介绍。

2. 乘方项的原因

当解释变量的平方项或立方项与残差平方相关时，说明该变量的非线性作用显著，应该将原线性模型修正为与检验结果一致的非线性模型。这部分知识将在第九章模型形式的检验中学习。

3. 交叉项的原因

当两个解释变量的交叉项与残差平方相关时，说明该两个变量有交互作用，在模型中没有得到体现，这将在第八章变量的计量检验和第九章模型形式的检验中，分不同的情况来学习解决的方法。

4. 其他的原因

当检验存在异方差时，却发现变量、乘方、交叉等各项都不是引起异方差的原因时，说明我们所建的模型漏掉了重要的解释变量，或者是模型的动态形式不对，这也需要在形式和变量的检验中学习。

(二)条件异方差模型

在建模中，如果你找不到产生异方差的原因，可以考虑使用条件异方差模型来修正异方差问题。这是 1983 年 Engle 和 Kraft(克拉格)在分析宏观数据时发现的一种现象，即经济时序常表现为明显的趋势，但并不是一直保持这种趋势。在某些冲击下有的时序表现为很大又持久的波动，而有些时序却表现为散乱无序的变化，还有的时序间存在协同变动等复杂的周期性变化。为此，可将异方差的周期性波动作为建模的依据来修正模型。

1. 条件异方差模型的基本形式

$$Y_t = f(X_1, X_2, \cdots, X_K) + \sigma(u_t) + \varepsilon_t \tag{7-9}$$

其中，Y 为被解释变量；$f(X_1, X_2, \cdots, X_K)$ 为基本回归方程；$\sigma(u_t)$ 为异方差波动函数；ε_t 为符合基本假设的残差项(即 $\varepsilon \sim \sigma^2 I$)。这里的 $\sigma(u)$ 相当于基本回归方程的残差的函数，其具体形式常以残差自身的滞后期为解释变量来描述，所以称为自回归条件异方差 ARCH 模型。

2. 适应的条件

该方法适用于呈高峰厚尾分布(leptokurtosis and fat-tail)特征的现象，即均值附近与尾区的概率值比正态分布大，而其余区域的概率比正态分布小。这种极端值较多的高峰厚尾的分布图如图 7-6 所示。

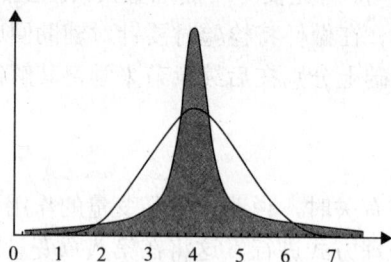

图 7-6 高峰厚尾(阴影)与正态比较图

对该类现象建立普通回归模型后，其残差往往表现为波动的集聚(volatility clustering)特征，即残差的方差在一定时段中比较小，而在另一时段中比较大。虽然波动使残差的方差不大平稳，但是也没有趋向无穷，或出现间断的跳动，即仍保持整体上的相对平稳和连续性。

该类模型是在基本回归方程中，找不到具体的波动因素时，以残差的波动来修正模型异方差的变通方法。只有在经济预测等活动分析中可能有效，并不适合于经济结构性分析。

第三节　自相关性检验

在残差基本假设中的第二个具体假设就是无自相关，对其违背的情况叫作自相关性。

一、自相关问题

什么才是自相关，其主要表现、产生的原因和后果，都是我们学习中要明确的内容。

(一)自相关的含义

对于模型 $Y = X\beta + \varepsilon$，随机项互不相关的基本假设常表述为

$$\text{Cov}(\varepsilon_i, \varepsilon_j) = 0 \quad (i \neq j; i = 1, 2, \cdots, n; j = 1, 2, \cdots, n) \tag{7-10}$$

如果对于不同的样本点，随机误差项之间不再是独立的，而是存在某种相关性，则认为出现了自相关（autocorrelation），即违背了无自相关的假设。对于时间序列就称为序列相关性（serial correlation）。

在其他假设仍然成立的条件下，自相关就意味着 $E(\varepsilon_i \varepsilon_j) \neq 0$；如果同方差假设成立，则在同方差下的自相关可用矩阵表述如下：

$$\begin{pmatrix} \sigma^2 & \sigma_{12}^2 & \cdots & \sigma_{1n}^2 \\ \sigma_{21}^2 & \sigma_{22}^2 & \cdots & \sigma_{2n}^2 \\ \vdots & \vdots & & \vdots \\ \sigma_{n1}^2 & \sigma_{n2}^2 & \cdots & \sigma_{nn}^2 \end{pmatrix} = \sigma^2 \varphi \neq \sigma^2 I \tag{7-11}$$

习惯上人们以 $\sigma^2 I$ 表明无异方差且无自相关时的基本假设，以 $\sigma^2 W$ 表示无自相关有异方差的情况，$\sigma^2 \varphi$ 表明无异方差有自相关的情况，以 $\sigma^2 \Omega$ 表明既有异方差又有自相关的情况。自相关是经济建模中常见的问题，必须分析其产生的原因与后果。

（二）自相关产生的根源

1. 经济变量固有的惯性

大多数经济时间数据都有一个明显的特点，即趋同的惯性或周期性的波动，该类特征常表现为序列各项数据之间的自相关。例如，在只有绝对收入 Y 影响消费的假设下，居民总消费 C 函数模型为

$$C_t = b_0 + b_1 Y_t + \varepsilon_t \quad (t = 1, 2, \cdots, n)$$

由于该模型是静态的，如消费习惯等因素的影响，都没有被包含在解释变量内。所以，在随机误差项中，往往会出现这些动态相关因素造成的残差项的序列相关性，且常表现为正的自相关。

2. 模型设定偏误

所谓模型设定偏误（specification error）是指所设定的模型遗漏了重要的解释变量、非线性关系的线性设定、动态关系的静态设定及滞后期设定的不合理等方面的错误造成的偏差。例如，本来应该估计的回归模型为

$$Y_t = \beta_0 + \beta_1 X_t + \beta_2 X_t^2 + \varepsilon_t$$

但是在模型设定中错误地做了下述回归：

$$Y_t = \beta_0 + \beta_1 X_t + u_t$$

因此，$u_t = \beta_2 X_t^2 + \varepsilon_t$，这时的残差将随着 X 的改变而有规律的分布。如果 X^2 确实影响 Y，则会出现序列相关，如图 7-7 所示。

(a)线性模拟图

(b)线性模拟残差图

(c)残差的一阶自相关图

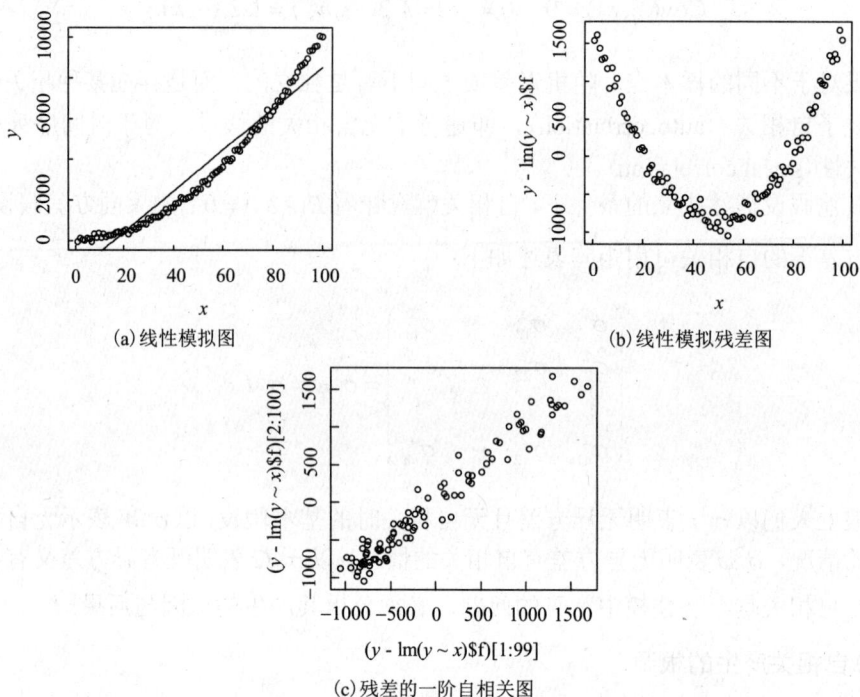

图 7-7 非线性的线性估计产生的残差图示

3. 数据处理不当产生的自相关

在实际经济问题中，有些数据是通过已知数据生成的。因此，新生成的数据与原数据同时用于同一系统的经济建模时，其内在的联系很容易表现出序列的相关性。例如，季度数据来自月度数据的简单平均，这种平均的计算减弱了每月数据的波动性，从而使随机干扰项出现序列相关。还有两个时间点之间的内插或外推等处理技术，也往往会导致残差项的序列相关性。

(三)自相关性的后果

对存在序列自相关的模型，如果仍采用 OLS 法估计模型参数，会产生下列不良后果。

1. 参数估计量非有效

因在参数估计量有效性证明中，利用了同方差性和互相独立性的假设 $\sigma^2 I$，所以在存在自相关时与存在异方差的情况一样，使参数估计的方差不再是最小的。即失去了有效性，且在大样本的情况下，虽然具有渐近无偏性，但是不具有渐近有效性。

2. 变量的显著性检验失去意义

在变量的显著性检验中，检验统计量是以参数方差能正确估计为前提的，这只有当随机误差项具有同方差性和无自相关时才能成立。如果存在序列自相关，估计的参数方差 s_b 将产生较大的偏误(偏大或偏小)，使 t 检验失去意义。

3. 模型的预测失效

区间预测与参数估计量的方差有关，在方差有偏误的情况下，会使预测估计不准确，预测精度降低，预测功能失效。

二、自相关性的检验方法

与异方差性检验类似，自相关的检验也可以分为两类：一是简单直观的图示方法；二是以统计量的分布为依据的解析方法。在解析法的探索中，1950 年由杜宾（J.Durbin）和瓦特森（G.S.Watson）提出的 DW 检验，在一般的教科书中都有介绍，但是由于其应用条件苛刻，适用范围很有限，且还存在很大的无法判断的空间，所以本书不做介绍。这里只介绍较有实用价值的主要检验方法。

(一)检验的基本思想与图示方法

各残差项之间的相关性是违背基本假设的根本原因，而相关的形式很多又很难把握。所以人们在模型是否存在自相关的信息未知时，可以直接采用 OLS 来估算方程，以获取残差的近似估计值，并对残差的分布及残差间的相关性进行观察和计算，其主要的图示观察如图 7-8 所示。

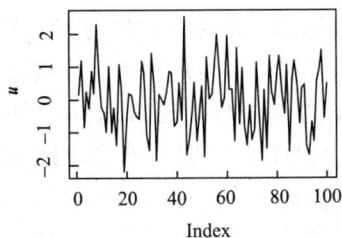

(a)无自相关的残差自然顺序分布图

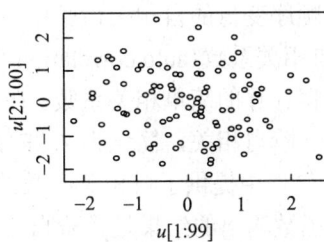

(b)无自相关的残差与其一阶滞后散点图

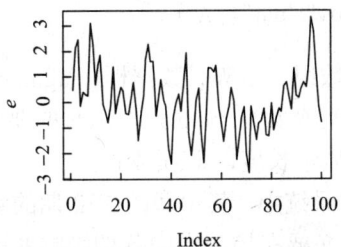

(c)有正的自相关时残差自然顺序分布图

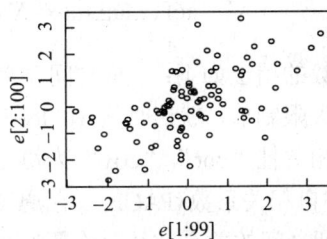

(d)有正的自相关时残差与其一阶滞后散点图

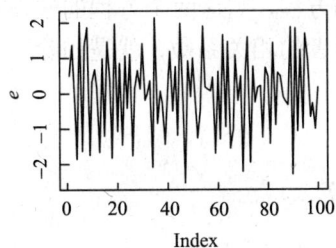

(e)有负的自相关时残差自然顺序分布图

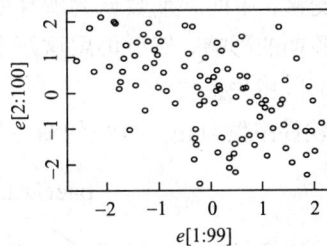

(f)有负的自相关时残差与其一阶滞后散点图

图 7-8 三类残差分布模拟图

图 7-8 中的两种表达方式，视觉效果不同。

一是残差的顺序分布观察图，其在无自相关时没有任何的分布规律可循。存在正的自相关时，往往呈现有规律的分布，如一些大于零的，又有一些小于零等现象的交替出现；存在负的自相关时，往往是正负残差交替出现，且非常频繁。

二是当期残差与其滞后期残差的散点分布图。这类图是以各期残差为纵轴分布数据，而以其 k 期滞后数据为横轴分布数据绘制的散点图。其在无自相关时表现为无规律分布；而自相关存在时就会显现出相应的分布形式。例如，对于无自相关、正的一阶（相差一项之间的）自相关、负的一阶自相关等具体的分布在图 7-8 中，就非常形象地表现出来了。

(二) 检验的基本指标与Q统计量

1. 自相关分析的主要统计指标

统计上衡量相关程度的指标是相关系数，其常见的计算方法就是使用积差法，对两个变量进行简单相关系数的计算，或者是系统中两个变量的偏相关系数的计算。而在时间序列等顺序变量的自相关检验中，也可以同时计算这两个指标。具体内容如下。

(1) 自相关系数 (auto correlation function, ACF)。自相关系数是利用序列数据与其滞后序列数据计算的简单相关系数。在观察前后期（即相邻两个数据间的）相差一期的相关时，称为一阶自相关，简记为 ACF(1)；观察相差 k 期的自相关时，就要计算 ACF(k)。

在 R 软件中提供了自相关函数的计算命令，该函数是各阶自相关系数的滞后期阶数的函数。函数输出的结果是各阶自相关系数及其分布图示，人们可以通过自相关函数的计算来获得各阶的自相关系数，具体命令如下：

$$\text{acf}(x, \text{lag.max}=N, \text{type}=c(\text{"cor"},\text{"cov"},\text{"par"}), \ldots) \tag{7-12}$$

各参数的用法如下：x 是时间序列或数据向量、数组、矩阵、数据框；lag.max 为滞后期的最大限制值，默认时为 10*log10（观测值数/序列个数）；type 为显示时的要求，默认时只有相关性 "cor"，"cov" 为协方差，"par" 为显示长度，即项数。

(2) 偏自相关系数 (PACF)。在周期性长度为 P 的系统中，其中间的 $P-2$ 期的数据对 1 期和 P 期之间的关系往往是有影响的，因此我们有必要在控制中间各期影响的前提下来计算其相关系数，这就是所谓的偏自相关系数。该系数的计算，首先要分别建立两期为被解释变量，中间各期数据为解释变量的两个回归方程，则这两个方程的残差中将不包含中间各期的影响。然后再用这两个残差来计算两者的相关系数，就是扣除了中间各期影响的偏自相关系数。

在 R 软件中偏自相关函数的命令如下：

$$\text{pacf}(x, \text{lag.max}=N, \text{plot}=T, \ldots) \tag{7-13}$$

各参数的意义与 ACF 函数中一致，默认值 plot=T 为显示图形。

2. 自相关显著性检验的Q统计量

现象之间的随机关系是普遍存在的，一般以 0～1 的数值来表述相关的程度，即相关系数。那么什么程度的相关才是显著的，需要我们做相应的检验。Box 和 Pierce 为此于 1970 年提出了 Q 统计量，后来 Ljung 和 Box 又于 1978 年提出了更优的且适合于小样本的 Q 统计量，如下：

$$QLB = T(T + 2)(R'R) / (T - P) \sim \chi^2(P) \tag{7-14}$$

该统计量中 T 为序列长度，P 为最大滞后期，R=acf(序列名,P)是由各 $p = (1, 2, \cdots, P)$ 阶自相关系数 ACF(p) 构成的自相关系数列向量。

由于 R 中没有该检验的函数，参考程序设计如下：

```
QLB<-function(x,p){T<-length(x);
qlb<-T*(T+2)*cumsum((acf(x,plot=F)$a[-1])^2)/(T-p);
pchisq(qlb,p,low=F)}
```

参数 x 为判断序列（如残差），计算结果是各阶卡方统计量的较大制概率值，即显著性水平 α 的 p 阶数据向量。可以将其看作是以 $1 - \alpha$ 把握程度来肯定"无自相关"原假设的数据向量。所以当计算的数值小于 0.05 时，就说明序列存在该阶的自相关。例如：

```
>QLB(rnorm(100,0,1),60)
[1] 1 1 1 1 1 1 1 1 1 1
```

可见随机产生的标准正态分布的数据之间没有相关的可能。

（三）BG检验方法

1. 基本原理与做法

由布劳殊(Breusch)和戈弗雷(Godfrey)采用 LM 检验法，于 1978 年提出的 GB 检验是关于多元模型残差的 p 阶序列相关检验。该检验不但可以判断残差是否存在自相关，还可以通过辅助回归方程观察产生自相关的可能原因，其约束检验的辅助回归方程如下：

$$e_t = \beta_0 + \beta_1 X_{1t} + \cdots + \beta_K X_{Kt} + \alpha_1 e_{t-1} + \cdots + \alpha_p e_{t-p} + \varepsilon_t \tag{7-15}$$

在 H_0：$\alpha_1 = \alpha_2 = \cdots = \alpha_p = 0$ 的约束下，构造的 LM 服从卡方分布的统计量为

$$BG = TR^2 \sim \chi^2(p) \tag{7-16}$$

其中，T 为样本容量；R^2 为辅助回归方程的初始判定系数。该统计量的原假设实质上还是残差序列无自相关，只有 $BG > \chi_\alpha^2(p)$ 时，才能否定原假设。同样，我们可以通过如下步骤来完成该检验。

首先，从原回归方程对象中获取残差数据的公式为

$$resid(HG) ->e;$$

其次，选择滞后 p 期时估算辅助回归方程的公式为

$$e[(Hp):T] \sim X1[(1+p):T]+\cdots+XK[(1+p):T]+e[1:(T-p)]+\cdots+e[p:(T-1)] \tag{7-17}$$

式(7-17)中对各变量滞后期的处理较麻烦，可以使用 R 程序中提供的较为方便的 embed 函数来创建一个滞后变量系统数据框。

最后，使用 summary 函数对辅助回归方程进行统计检验，获得判定系数构成 BG 统

计量，通过 t 检验观察可能产生自相关的原因。卡方检验 BG 的显著性水平 Pr 值计算：

$$\text{Pr<-pchisq}(T*R^2,p,\text{low}=F)$$

即当 Pr<0.05 时，否定原假设。

2. 检验分析的具体内容

通过 BG 统计量及方程的统计检验结果，可知：如果 BG 显著水平 Pr ≥ 0.05 时，认为残差无自相关；如果 BG 显著水平 Pr<0.05，则有如下几种情况。

(1)当 X_k 的 t 检验认为参数显著不为 0 时，则说明 X_k 是引起自相关的原因。

(2)当 X_k 的参数都显著为 0 时，说明在 X 线性作用之外的原因引起了自相关。

(3)e_p 项显著，则说明存在着 p 阶的自相关。

【例 7-5】利用例 4-2 中的数据框 CDSJ 中的数据及回归对象 CDHG 中的残差数据，构建新的数据框 zhsj，对 C-D 生产函数进行自相关性的 BG 检验有：

```
>e<-resid(CDHG)
>zhsj<-data.frame("LT"=CDSJ$LT[-1],"KT"=CDSJ$KT[-1],"e"=
embed(e,2))
>GS<-e.1~log(LT)+log(KT)+e.2
>lm(GS,zhsj)->fzhgfc
>summary(fzhgfc)
Call:
lm(formula=GS, data=zhsj)
Residuals:
    Min        1Q      Median        3Q         Max
-0.094782  -0.012075  0.002257   0.020545    0.057745
Coefficients:
            Estimate   Std.Error   t value    Pr(>|t|)
(Intercept) 3.35306    5.54629     0.605      0.5530
log(LT)     -0.31715   0.52292     -0.606     0.5518
log(KT)     0.01849    0.02998     0.617      0.5451
e.2         0.52859    0.20964     2.521      0.0213*
Signif. codes:0 '***' 0.001 '**' 0.01 '*' 0.05 '.' 0.1 ' ' 1
Residual standard error: 0.03673 on 18 degrees of freedom
Multiple R-squared: 0.2611,   Adjusted R-squared: 0.1379
F-statistic: 2.12 on 3 and 18 DF, p-value: 0.1333
```

利用该辅助回归方程的判定系数 0.2611，构建 BG 统计量，并计算卡方概率值有

```
>pchisq(23*0.2611,1,low=F)
[1] 0.01426297
```

可见，检验的结果小于 0.05 的显著性水平，说明 C-D 生产函数存在一阶自相关，而产生自相关的原因，并不是原回归方程 CDHG 中的各要素。具体原因还需要进一步做变量等内容的分析，将在第八章中学习。

三、残差的自相关与模型的修正

当检验发现残差存在自相关时，必须对其查明原因，并针对不同情况做如下处理。

(一)残差自相关时的模型修正思想

当自相关存在时，最好的修正方法就是将静态的模型变为动态的，即将模型中引起自相关的因素，以滞后的形式引入模型，使模型能反映出动态的关系。滞后变量作解释变量时，可以是解释变量的滞后，也可以是被解释变量的滞后。具体的技术内容如下。

1. 动态建模的原则

根据经济分析的需要，遵循模型基本假设的要求，通过上述各种检验来完成。其处理的技术性原则如下：①滞后变量的使用要以模型残差符合基本假设为原则；②加入滞后变量后的各类统计检验还必须是显著的；③根据经济理论或经验，约束性检验可以选择性使用。

2. 滞后期的评价方法

为了评价含有不同滞后期的模型的优良情况，人们常使用如下模型质量的评价标准。

(1)赤池信息准则（Akaike info criterion, AIC）。这是由日籍学者赤池提出的，以残差平方和为基础构建的统计信息量，计算公式是

$$\text{AIC} = 2K - \ln(L)\text{和}\text{AIC} = 2K + n \times \log(\text{RSS}/n) \tag{7-18}$$

这是分别从残差和似然函数两个视角给出的对数形式的公式[①]，其中，K 为解释变量(含滞后)的数量，n 为样本容量，RSS 为残差平方和，L 是似然函数。上述两个公式得到的数值不同，多数软件使用对数似然函数的公式。

(2)施瓦茨准则(Schwarz criterion, SC)与 AIC 类似，其计算公式为

$$\text{SC} = n^{K/n}\text{RSS}/n \tag{7-19}$$

取对数的形式为

$$\ln(\text{SC}) = (K/n) \times \ln(n) + \ln(\text{RSS}/n)$$

这两准则均要求仅当所增加的解释变量或滞后期能够减少 AIC 值或 SC 值时，才在原模型中增加该解释变量或滞后期。

(3)马娄斯的 Cp 检验准则(C.P. Mallows)。马娄斯提出的则是计算如下统计信息：

$$\text{CP} = (\text{RSS}/s^2) - (n - 2K) \tag{7-20}$$

其中，s 为残差的标准差。

因为 $E(\text{RSS}) = (n-K)\sigma^2$，且 $E(s^2) = \sigma^2$，所以 $E(\text{CP}) = (n-K) - (n-2K) = K$，即

---

① AIC 计算还有很多形式，在不同的软件中处理也存在一定的差异。

CP 的值越接近于 K，说明模型就越好。

3. 自编模型质量检验(滞后期选择)的R参考程序

```
ZHQJY<-function(M1,M2){e1<-resid(M1);N1<-length(e1);
e2<-resid(M2);N2<-length(e2);
AIC_R1<-2*length(M1$coef)+log(sum(e1^2)/N1)*N1;
AIC_R2<-2*length(M2$coef)+N2*log(sum(e2^2)/N2);
AIC_L1<-2*(length(M1$coef)+1)-2*logLik(M1)[1];
AIC_L2<-2*(length(M2$coef)+1)-2*logLik(M2)[1];
SWC1<-log(N1)*(length(M1$coef)/N1)+log(sum(e1^2)/N1);
SWC2<-log(N2)*(length(M1$coef)/N2)+log(sum(e2^2)/N2);
MLS1<-(sum(e1^2)/var(e1))-(N1-2*length(M1$coef));
MLS2<-(sum(e2^2)/var(e2))-(N2-2*length(M2$coef));
list("AIC_R"=c(AIC_R1,AIC_R2),"AIC_L"=c(AIC_L1,AIC_L2),
"SC"=c(SWC1,SWC2),"MLS-CP"=c(MLS1,MLS2))}
```

【例 7-6】比较 CDHS 和 LDHS 两个模型的质量信息如下：

```
>ZHQJY(CDHG,LDHG)
$AIC_R
[1] -144.65554  -91.18166
$AIC_L
[1] -77.38437  -26.74836
$SC
[1] -6.141263  -3.995842
$`MLS-CP`
[1]    5         5
```

从检验结果上看，这两个模型中 LDHG 的质量较好。

(二)自相关函数及其分布特征的利用

1. 自相关函数的特征

回归系数与相关系数是相互关联的两个概念，在自回归模型中两者是相同的，即自回归系数约等于自相关系数。而在自回归分布滞后模型中，两者虽有差别，但是方向和数值的大小等方面的联系也很密切。所以可通过相关系数来帮助我们判断模型中各变量滞后期，很有效果，即以变量的自相关函数的分布特征来分析判断变量之间可能的滞后和分布等情况。

由时间序列的理论可知，相关函数是由各阶相关系数构成的、随滞后期的长度而改变的向量序列。其分布特点有如下几种情况。

(1)自相关函数的 p 阶截尾性：是指前 p 阶的相关系数明显，p 阶以后的各阶相关系数明显为零的分布规律。它反映出现象的作用在 p 期之内，而 p 期后几乎没有影响的情况，如图 7-9(a)所示。

(2)自相关函数拖尾：是指相关系数随着滞后阶数的扩大而越来越小，逐渐趋近于零的情况。这种衰减过程可能是正向或负向的单侧逐渐减少，也可能是正负交替的振荡性衰减，还可能是波动性逐渐衰减。它反映了现象作用关系随时间的延长，影响力越来越弱的情况，如图 7-9(b) 所示。

(3) 几乎不衰减的情况：这是非平稳现象的表现，即各期的影响对后续各期的作用持久，且不衰减的情况，如图 7-9(c) 所示。

(4) 没有滞后作用的情况：这是自相关系数为零的情况，说明各期间是相互独立的没有影响的系统，如图 7-9(d) 所示，是我们对残差的基本假设的状态。

图 7-9 的各图中的两条虚线，是两倍标准差的容许误差范围，相关系数线在容许范围内的都可以示为不显著，即约等于零。所以在图 7-9(a) 中一期滞后为 –0.4 是显著的，而滞后两期及以上的系数都可以视为等于零，因此将该图叫作一阶截尾。图 7-9(b) 中是逐期呈规律的减少的过程，所以称为拖尾。图 7-9(c) 中虽然可以看出衰减的趋势，但相比图 7-9(a) 和图 7-9(b)，其衰减的进程是非常缓慢的，可以视为不衰减[图 7-9(b) 只有 23 项数据，而图 7-9(c) 中有 1000 项数据]。

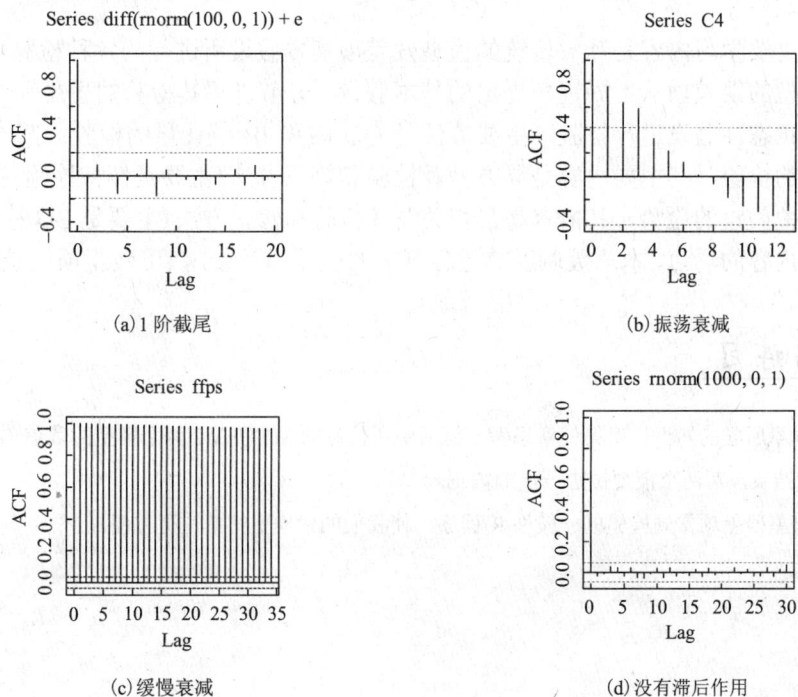

(a) 1 阶截尾　　　　　　　　　　　　　(b) 振荡衰减

(c) 缓慢衰减　　　　　　　　　　　　　(d) 没有滞后作用

图 7-9　相关系数分布特征图

2. 自相关有效阶数的判断

(1) 当某变量的自相关系数拖尾，偏自相关系数 p 阶截尾时，则说明该变量属于 $AR(p)$ 过程，即该现象存在有 p 阶滞后的自回归关系。

(2) 当某变量的自相关系数 q 阶截尾，偏自相关系数拖尾时，则说明该变量属于 $MA(q)$ 过程，即该现象的变动是受 q 期随机干扰影响的移动系统。

(3) 当某变量的自相关和偏自相关系数同时衰减至零或同时截尾时，说明该变量系统属于 ARMA$(1,1)$ 或 ARMA(p,q) 的自回归移动平均系统。

(4)当某变量的相关函数表现为不衰减或衰减相当缓慢时，说明该现象是滞后相关系数始终为 1 的非平稳系统。

3. 互相关有效阶数的判断

互相关系数是计算两个变量之间的相关阶数及程度的统计指标，其计算方法和表达形式与自相关类似，是以互相关函数来表示的。其判断使用方法也与自相关类似，通过它可以观察到 x 的多少阶滞后对 y 的影响是显著的。在 R 软件中提供的互相关函数命令为

$$\text{ccf}(x, y, \text{lag.max}=N, \text{type}=c(\text{"cor", "cov",”par”}),\text{plot=TRUE}, \ldots) \qquad (7\text{-}21)$$

其中各参数与自相关类似，只是数据多了一组 y。

■ 本章小结

本章的主要学习内容是针对传统的模型残差项基本假设所进行的各种检验。根据第一章中对模型的误差项从不同视角提出的基本假设，分节讲解其检验的思想和方法。首先，对残差正态性假设进行检验，主要方法是 QQ 图和 JB 统计量的检验；其次，是对同方差假设的检验，其主要内容是异方差及检验和修正方法(主要是怀特检验)；最后，是对无自相关假设的检验，其内容是自相关及其检验和修正方法(主要是 BG 检验)。为了体会这些内容的学习，本章最后以前述各例中的残差为对象，做出残差项检验的总结。

■ 思考与练习

1. 使用本章所学的知识，对第三章思考与练习中所估算的 M1 和 M2 两个模型的残差项做检验，并根据检验的结果，对两个模型做进一步的修正。

2. 试编模型残差项常规检验的一般性 R 程序，使我们的建模更简单、更方便。

第八章

变量的计量检验

在计量经济模型的基本构成要素中，变量是模型的主体部分，其是否符合基本假设，以及根据建模要求，对变量指标的组合选择等问题的研究是本章的主要学习内容。

第一节 解释变量的选择与检验

在一个模型中解释变量的多选或漏选都是常见的现象，而通过经典回归系数为零的 t 检验或回归系数同时为零的约束性 F 检验，可以单独或批量地筛选出多余的解释变量。但是对于遗漏解释变量的问题，只能通过残差项的检验发现其存在的可能性，且很难明确得出有关的具体结论。本节主要通过分部回归的学习，来分析遗漏解释变量为主的模型设定问题，并探讨其基本的解决方法。

一、分部回归及其估计量的性质

对多元模型 $Y = X\beta + \varepsilon$，将 X 矩阵分为不同的两部分，即 $X = (X_k, X_f)$，$X' = (X_k', \ X_f')'$，这里的 X_f 可以表示为 X_k 之外的某个或某些解释变量矩阵；同理，X_k 可以是某个或某些解释变量矩阵，则分部回归模型为

$$Y = X_k\beta_k + X_f\beta_f + \varepsilon \tag{8-1}$$

利用 $B = (X'X)^{-1}X'Y$ 公式可得正规方程组为

$$(X'X)B = X'Y$$

该正规方程组可以分块矩阵表示为

$$\begin{pmatrix} X_k'X_k & X_k'X_f \\ X_f'X_k & X_f'X_f \end{pmatrix} \begin{pmatrix} B_k \\ B_f \end{pmatrix} = \begin{pmatrix} X_k'Y \\ X_f'Y \end{pmatrix}$$

该分块式正规方程组还可分别表述为

$$X_k'X_kB_k + X_k'X_fB_f = X_k'Y \tag{8-2}$$

$$X_f'X_kB_k + X_f'X_fB_f = X_f'Y \tag{8-3}$$

则参数估计量的算式分别为

$$B_k = (X_k'X_k)^{-1}X_k'Y - (X_k'X_k)^{-1}(X_k'X_f)B_f \tag{8-4}$$

$$B_f = (X_f'X_f)^{-1}X_f'Y - (X_f'X_f)^{-1}(X_f'X_k)B_k \tag{8-5}$$

对这两个方程进行讨论，可以发现很多有用信息，遗漏重要解释变量、引入无关变量、解释变量之间的关系对估计量的影响等理论问题。具体分析如下。

(一)参数估计的无偏性及其条件

设 X_k 与 X_f 为两个解释变量，b_k 为 X_k 的偏回归系数，b_f 为 X_f 的偏回归系数，由式(8-4)可知：

$$\begin{aligned}
E(b_k) &= (X_k'X_k)^{-1}X_k'(\beta_kX_k + \beta_fX_f + \varepsilon) - (X_k'X_k)^{-1}(X_k'X_f)b_f \\
&= \beta_k(X_k'X_k)^{-1}X_k'X_k + \beta_f(X_k'X_k)^{-1}X_k'X_f - (X_k'X_k)^{-1}X_kX_fb_f \\
&= \beta_k + (\beta_f - b_f)(X_k'X_k)^{-1}X_k'X_f \\
&= \beta_k + (\beta_f - b_f)b_{kf} \tag{8-6}
\end{aligned}$$

式(8-6)说明当 X_k 与 X_f 不相关时，两者之间的回归系数 $b_{fk} = (X_k'X_k)^{-1}X_k'X_f$ 将为零，则有 $E(b_k) = \beta_k$，即 b_k 属于无偏估计；而在 X_k 与 X_f 相关时，因 b_{kf} 不为零，$(\beta_f - b_f)$ 也将不为零，即 b_k 是有偏的估计。而 b_k 的偏倚程度由两部分组成：一是 b_f 与 β_f 的偏倚程度；二是 b_{kf} 的大小。可见在回归方程中，如果将相关的变量同时纳入到同一方程的解释变量之中，则会产生回归系数的有偏估计，其偏倚程度就是两个相关变量之间的回归系数与其对被解释变量的回归系数的估计偏差之间的乘积。

(二)分部回归的偏估计量

1. 回归残差的相对表示

对于模型 $Y = XB + e$，采用 B 的估计式来表述残差如下：

$$e = Y - XB = Y - X(X'X)^{-1}X'Y = (I - X(X'X)^{-1}X')Y = MY \tag{8-7}$$

其中，$M = I - X(X'X)^{-1}X'$，是对称的幂等矩阵，即 $M = M'M$。表示 X 的变化所不能决定的程度，即残差的相对程度。同理，我们可以用 M_kY 表示 Y 对 X_k 回归后的残差，即 $M_kY = e_{Yk}$，M_kX_f 是 X_f 对 X_k 回归后的残差，即 $M_kX_f = e_{fk}$。

2. 分部回归的偏回归性质

将式(8-4)代入到式(8-3)中有

$$X_f'X_k \left[(X_k'X_k)^{-1} X_k'Y - (X_k'X_k)^{-1} X_k'X_f B_f \right] + X_f'X_f B_f = X_f'Y$$

$$X_f'X_k(X_k'X_k)^{-1} X_k'Y - X_f'X_k(X_k'X_k)^{-1} X_k'X_f B_f + X_f'X_f B_f = X_f'Y$$

移项并提公因式有

$$X_f' \left[I - X_k(X_k'X_k)^{-1} X_k' \right] X_f B_f = X_f' \left[I - X_k(X_k'X_k)^{-1} X_k' \right] Y$$

以 $I - X_k(X_k'X_k)^{-1} X_k' = M_k$ 的幂等形式表示，则有

$$X_f' M_k X_f B_f = X_f' M_k Y \tag{8-8}$$

又因为 M_k 是对称幂等矩阵，即有 $M_k = M_k' M_k$。

所以参数估计量 B_f 的正规方程可写为

$$X_f' M_k' M_k X_f B_f = X_f' M_k' M_k Y$$

即分部回归的参数估计式为

$$B_f = (X_f' M_k' M_k X_f)^{-1} X_f' M_k' M_k Y \tag{8-9}$$

同样以残差的形式表述，则参数估计量为

$$B_f = (e_{fk}' e_{fk})^{-1} e_{fk}' e_{Yk} \tag{8-10}$$

式 (8-10) 说明多元回归中，各回归系数都属于偏回归系数。即多元回归系数 b_f 是在扣除 X_k 对 X_f 和 Y 的影响之后，测算的 X_f 对 Y 决定程度的指标。这也从另一视角说明 B_f 的大小，不只取决于 X_f 对 Y 的决定程度，还要受到 X_k 对 X_f 的决定，同时也要受到 X_k 对 Y 的决定的影响。

（三）参数估计的方差

根据式 (3-16) 可知，参数的条件方差-协方差为

$$V(B \mid X) = \sigma^2 (X'X)^{-1}$$

由于多元回归中的各回归系数都是偏回归系数，所以考虑到剔除 X_f 的影响后的偏回归 b_k 的方差，则上式可具体表述为

$$\text{Var}(b_k \mid X) = \sigma^2 (e_{kf}' e_{kf})^{-1}$$

因为 X_f 对 X_k 的可决系数为

$$R_{kf}^2 = 1 - (e_{kf}' e_{kf}) / (X_k' M_f' M_f X_k)$$

可知

$$1 - R_{kf}^{\;2} = (e_{kf}{}' e_{kf}) / (X_k{}' M_f' M_f X_k)$$

即

$$(e_{kf}{}' e_{kf})^{-1} = \left[(1 - R_{kf}^{\;2})(X_k{}' M_f' M_f X_k) \right]^{-1}$$

所以有

$$\mathrm{Var}\left(b_k \,|\, X\right) = \sigma^2 \left(e_{kf}' e_{kf}\right)^{-1} = \frac{\sigma^2}{\left(1 - R_{kf}^2\right)\left(X_k' M_f X_k\right)} \tag{8-11}$$

可见根据式(8-11)对该方差的分析也存在如下两种情况。

1. 当 X_k 与 X_f 独立时

由于 $R_{kf}^{\;2} = 0$，或 $X_k X_f = 0$，则有

$$\mathrm{Var}(B_k \,|\, X_k) = \sigma^2 (X_k' X_k)^{-1} \tag{8-12}$$

对具体某个解释变量有 $\mathrm{Var}(b_k) = \sigma^2 / C_{kk}$，这一结论的推导使用了 X_k 与 X_f 都是相互独立的假设条件。

2. 当 X_k 与 X_f 相关时

通过式(8-11)可以看出当 X_k 与 X_f 的相关程度越高时，b_k 的方差就越大，即趋向无穷。可见在建模过程中不能将相关的因素纳入到一个方程中，而要尽量融入不相关的各因素。

二、错选解释变量的问题

错选解释变量是指遗漏了重要的解释变量，或引入了无关的解释变量这两种情况，这是我们经济建模中经常犯的错误。由于建立经济模型的基本原则之一就是尽量以较少的解释变量，来解释说明其决定被解释变量的因果关系。这样就需要在建模中筛选出影响被解释变量的少数关键性因素纳入到模型中。然而选择就必然存在多选或少选等问题，在以往的建模经验中，多数人认为遗漏重要解释变量的错误较增加无关变量的错误更为严重，所以这里将以遗漏重要解释变量为主，做重点分析如下。

设真实的最佳模型为

$$Y = \beta_0 + \beta_k X_k + \beta_f X_f + \varepsilon$$

而我们遗漏了重要的解释变量 X_f 所建立的模型却是

$$Y = b_0 + b_k X_k + e$$

则这时的残差将为 $e = \beta_f X_f + \varepsilon$，其往往会表现出自相关或异方差性等违背基本假设的问题。

(一)估计量 b_k 与遗漏变量的关系分析

由式(8-6)可知，当模型遗漏了重要的解释变量时，我们估算的回归系数估计量 b_k 的期望，存在如下两种情况。

1. X_k 与 X_f 相互独立时

当 X_k 与 X_f 相互独立时，因 b_{kf} 为零，则有 $E(b_k) = \beta_k$，即斜率 b_k 属于无偏估计。这种情况说明，X_k 是 Y 的主要影响因素之一，而遗漏的重要变量 X_f 的作用都会体现在截距项和残差项之中，这时的截距和残差都将是有偏的。而当残差项符合基本假设时，X_f 的作用将都体现在截距项中，这时的回归估计方程是包含截距项的，且截距项是有偏的。

2. 当 X_k 与 X_f 不独立时

当 X_k 与 X_f 并不独立时，因 b_{kf} 不再为零，则有 $E(b_k) \neq \beta_k$，即 b_k 属于有偏估计量，且其偏倚程度为 $\beta_f b_{kf}$，即 X_f 引起的 X_k 的改变程度与 X_f 引起的 Y 的改变之积。这说明：

(1) 在 X_k 与 X_f 相关时，b_k 的估计是有偏的，且在大样本下非一致。其偏倚程度取决于 X_f 对 X_k 和 X_f 对 Y 的影响的交互作用程度。

(2) 如果偏倚程度很大，则说明 X_k 不如 X_f 对 Y 的作用，这时要寻找 X_f 来替换 X_k。即最好是通过进一步的研究来核算出或查找到遗漏的重要解释变量，才能从根本上解决这一有偏估计问题。

(3) 作为真正的决定因素 X_f 往往是在一定程度上决定着被解释变量 Y，同时也部分程度上决定着 X_k。且往往是决定 Y 的程度要大于通过 X_k 再决定 Y 的程度，所以才在残差项中表现为异方差或自相关等问题。

(二) 估计的残差和方差性质分析

当遗漏了重要的解释变量 X_f 后，残差将为

$$e = M_k Y = M_k(X_k \beta_k + X_f \beta_f + \varepsilon) = M_k X_f \beta_f + M_k \varepsilon$$

则有残差平方和为

$$e'e = \beta_f' X_f' M_k X_f \beta_f + \beta_f' X_f' M_k \varepsilon + \varepsilon' M_k X_f \beta_f + \varepsilon' M_k \varepsilon$$

又因 $\sum \varepsilon = 0$，则有残差平方和的期望值为

$$E(e'e) = \beta_f' X_f' M_k X_f \beta_f + E(\varepsilon' M_k \varepsilon) = \beta_f' X_f' M_k X_f \beta_f + (n-K)\sigma^2 = \text{RSS}_k$$

即有估计标准误差

$$S_k^2 = \text{RSS}_k / (n-K) = \beta_f' X_f' M_k X_f \beta_f / (n-K) + \sigma^2 \tag{8-13}$$

可见，估计标准误差的偏倚度为 $S_k^2 - \sigma^2 = \beta_f' X_f' M_k X_f \beta_f / (n-K)$，即当 $M_k X_f \neq 0$ 时，误差项所产生的平均偏倚程度，这也说明估计量 S_k^2 在 X_k 与 X_f 相关时是有偏的估计。

同时，从式 (8-11) 也可以看出，当我们遗漏的解释变量与所选择的解释变量独立时，估计量的方差属于无偏估计；而当两者相关时，则是有偏的估计，且其偏倚程度随着相关程度的增加而趋向无穷，这样常规的关于回归系数的 t 检验也是无效的了。

(三) 解释变量的选择分析

与遗漏重要的解释变量相对应的问题，就是建模中多选了无关的解释变量。我们完全可以像分析遗漏重要解释变量的做法来分析变量的多选问题，只是上述分析的一个逆

序分析。有关结论介绍如表 8-1 所示[1]。

表 8-1　解释变量选择错误的后果分析表

对比内容	遗漏重要解释变量	引入无关解释变量
回归系数的 OLS 估计量	有偏	无偏
误差的方差 OLS 估计量	有偏	无偏
统计推断性检验	失效	有效
回归系数估计的条件方差	变小	变大

从表 8-1 的比较上看，引入无关变量比遗漏重要变量所犯的错误要轻一些。所以在建模过程中选择解释变量的基本原则是宁多毋少，但是从方差上看解释变量的数目又不宜过多，否则估计量的条件方差变大，有效性会降低。可见解决解释变量选择的矛盾，还需要建立一套可供参考的基本原则。经验做法可以分为如下两类。

1. 逐步回归的基本原则

(1)基本原理。逐步回归是从个别到一般的较为传统的建模过程，其基本步骤如下。

首先，从众多解释变量中选择一个最重要的解释变量，将其作为模型中的最主要的决定因素，并形成最初的可能带有截距项的一元线性回归的基本模型。

其次，在剩余的各解释变量中再选择最好的，相对于之前的选择，它就是次好的解释变量，将其纳入到模型中使原来的模型增加一个解释变量，并检验模型的质量是否提高了。当模型质量提高时，我们可以将该变量作为解释变量保留在模型之中。反之，模型质量下降时，则将该变量排除在解释变量之外。这一过程要经过若干次的重复，逐一将重要的解释变量纳入到模型之中。

最后，以所选择的 K 个解释变量构成最终的模型。该方法可以在判断解释变量之间相关性的同时来选择逐一纳入的解释变量，在一定程度上可以避免估计的无效性等问题。

(2)主要问题。逐步回归法，主要存在着如下两个严重问题。

首先，统计推断失效。从遗漏重要解释变量的分析中，我们知道在初始变量筛选过程中的模型，都属于遗漏重要解释变量的模型。这时的 t 检验等统计推断是无效的，以此为依据取舍解释变量是不可靠的。

其次，逐步回归属于数据挖掘的过程，洛维尔(Lovell)在研究数据挖掘风险时指出，在 J 个可供选择的解释变量中，只选择了 K 个，即遗漏了 $J-K$ 个重要解释变量时，其检验的显著水平要小于真实的水平值。即设名义的显著性检验水平为 α，而真实的显著性水平为 a，则两者间的关系为

$$a = 1 - (1-\alpha)^{1/K} \approx 1 - (1-\alpha J/K) = \alpha J/K \tag{8-14}$$

可见，只有当 $J=K$ 时，真实的显著性水平才能等于名义的显著性水平，即 $a=\alpha$。然而在逐步回归过程中，我们若以 5% 的名义显著性水平来做检验时，在实际上有 $J=3$ 个显著性解释变量的情况下，我们选择了 $K=1$ 个解释变量时，其实际的显著性水平就

① 靳云汇, 金赛男. 高级计量经济学. 北京: 北京大学出版社, 2007: 401.

将是 0.15=3×0.05，即否定原假设的可能性增加，使显著性水平实质上达到了 15%；而这一差距将造成扩大否定原假设的错误，即产生错选重要解释变量的错误。

(3)逐步回归方法使用的原则。综合前述分析，在使用逐步回归法时，我们对模型质量的评价，不能依赖统计推断的各指标。而是要结合模型的残差项是否符合基本假设，以及赤池信息准则、施瓦兹准则，并最好结合经济意义及参数的稳定性检验等方法进行。

2. 从一般到特殊的原则

由于上述推断性问题的存在，亨德瑞(Hendry)和伦敦经济学院的众多计量经济学家们提出了从全部变量构成的一般经济模型出发，经过各类检验逐渐精炼出最终的特殊形式。这种方法的优点是解释变量逐个减少，会增加自由度，降低标准差，同时也避免了估计的无效性问题。因为在包含无关变量时，统计估计仍然是无偏有效的，只是估计的方差会大一些，有效性会差一些。但是随着解释变量的减少，无效性的损失会逐渐减少。

这种方法越来越受到人们的重视，只是在实践中受到自由度的限制。为此我们要在自由度允许的条件下，尽量多选解释变量，并注意结合对模型的全面检验，使用该种方法将会更加有效。

■ 第二节　解释变量之间的关系分析

多元回归模型中的 X 矩阵特征，反映着各解释变量之间的关系。而这种关系多数的现实情况又是怎样的，对模型的质量有什么影响，也是我们常常关心的事情。

一、解释变量的关系分类

解释变量之间的关系，一般情况下有如下三种分类。

(一)解释变量的独立关系

如果解释变量之间是相互独立的，那么各解释变量两两之间的变化都将没有任何关联。从几何意义上讲，在二维或三维的空间上分布的变量两两之间是垂直的；在 N 维的空间中这种垂直的关系就叫作正交关系，其具有如下主要特点。

1. 两变量是正交的其向量的乘积为零

设 X_k 和 X_f 是正交的，则有 $X_k X_f = 0$，当两者都是向量时其乘积的矩阵为

$$X'X = \begin{pmatrix} \sum_{i=1}^{n} X_{ik}^2 & 0 \\ 0 & \sum_{i=1}^{n} X_{if}^2 \end{pmatrix} \tag{8-15}$$

可见正交积矩阵的主对角线上各元素都是各自的平方和，而非主对角线上的元素都是两向量的乘积，而该乘积为零就属于正交积矩阵的特点。

2. 正交积矩阵是满秩的

当两个变量是正交的，则有乘积矩阵的秩为 $\mathrm{rank}(X'X) = 2$，而多变量之间是正交时，

则其平方和阵也将是满秩的。

3. 两变量是正交的其相关系数必为零

当两个变量是正交的时候，计算其简单相关系数，必有接近于零的结果，即 cor=0。

4. 两组变量是正交的其积矩阵的行列式等于各变量平方和的连乘积

当两个变量是正交的时候，其构成的平方和矩阵，将是主对角线的元素为各变量的平方和，而非主对角线各元素都为零的情况。所以这时其积矩阵的行列式只能是各主对角线各元素的乘积了。

5. 正交积矩阵的逆阵存在

正交积矩阵是可逆的，且其逆阵就是各自变量平方和的倒数为主对角线的对角矩阵。

(二)解释变量之间的共线性

如果两个变量之间的关系是对应成比例的，即 $X_k = aX_f$ 时，则称其构成的矩阵为共线性矩阵。这种 X_k 与 X_f 之间的线性函数关系，其几何意义就是两变量在某一视角上是重合的(其夹角为 $0°$ 或 $180°$)。这时的矩阵特征如下。

1. 两变量共线的平方和矩阵

设 X_k 和 X_f 是共线的，则有 $X_k = aX_f$，这样由 X 的乘方构成的矩阵如下：

$$X'X = \begin{pmatrix} a^2\sum_{i=1}^{n} X_{if}^2 & a\sum_{i=1}^{n} X_{if}^2 \\ a\sum_{i=1}^{n} X_{if}^2 & \sum_{i=1}^{n} X_{if}^2 \end{pmatrix} = \sum_{i=1}^{n} X_{if}^2 \begin{pmatrix} a^2 & a \\ a & 1 \end{pmatrix} \tag{8-16}$$

可见各行列间的关系也是相差 a 倍的。

2. 共线性矩阵的平方和阵不是满秩的

当两个变量共线时，则有乘积矩阵的秩为 $\text{rank}(X'X) < 2$；而由多变量构成的矩阵，其中存在某两个变量之间的共线性时，则其平方和矩阵将是降秩的。

3. 共线的两个变量的相关系数为1

当两个变量是共线的时候，计算其简单相关系数，必有接近于 1 的结果，即 cor=1。

4. 两变量是共线的其平方和矩阵的行列式将等于零

当两个变量是共线的时候，其平方和矩阵 $X'X$ 因各行列对应成比例，而必然使其行列式的值为零。

5. 两变量是共线的其平方和阵的逆阵将不存在

如果两变量是共线的，则其平方和矩阵 $X'X$ 的逆阵，将因其行列式为零，而造成求逆时的分母为零，所以其逆阵将不存在。

(三)不完全共线

解释变量的正交或共线是其关系的两个极端，其中正交属于独立关系，而共线又属于线性函数关系。这两种情况常被称为确定性关系，而处于这两种情况之间的关系，人们常称为相关关系，并视其为随机性关系。在经济模型中解释变量被假设为确定性的变量，即非随机性的变量。在此假设下，确定性的变量之间就应该是确定性的关系，所以为了模型估计的无偏和有效性，需要控制各解释变量保持其间的正交性，或接近于正交性。然而，现实中的绝大多数现象都是不能控制的处于两种极端之间的关系，即不完全共线或近似正交。

由于解释变量的随机性很普遍，建模中的近似正交性也是很普遍的现象，所以就近似正交性的特点分析如下。

(1) 两变量近似正交时，其解释变量的平方和矩阵是满秩的。

(2) 两变量之间的关系往往可以描绘为 $X_k = aX_f + u$，其中随机性误差的绝对值 $|u|$ 越大，其随机性越强，而 $|u|$ 越小，则随机性就越弱。

(3) 近似正交的两个变量之间相关系数的绝对值大于 0 小于 1。

(4) 两变量近似正交时，其平方和阵的逆阵将很敏感。

二、多重共线性问题

在计量建模中，各解释变量之间独立是较为理想的状态，多重共线性会产生较严重的后果。然而这两种情况都不符合现实，有必要针对现实的情况做具体的分析。

(一) 多重共线性产生的后果

1. 完全共线性下参数估计量不存在

如果存在完全共线性，则 $X'X$ 的行列式为零，即逆阵 $(X'X)^{-1}$ 不存在，这时无法得到参数的估计量。

2. 不完全的近似共线性下OLS估计量非有效

不完全共线性时虽然行列式 $|X'X| \neq 0$，但会引起 $(X'X)^{-1}$ 主对角线元素较大，使参数估计值的方差增大，OLS 参数估计量非有效。

3. 近似共线性下模型的统计检验失效

近似共线性时，由于估计量的方差加大，会使 t 检验和 F 检验失效，可能会将重要的解释变量遗漏在模型之外。

4. 模型的预测失效

近似共线性下估计量的方差变大，容易使区间预测的"区间"变大，使预测失去意义。

5. 模型的经济意义不合理

如果模型中两个解释变量具有线性相关性，会使回归系数失去了应有的经济含义，于是经常表现出似乎反常的现象，如本来应该是正的，结果却是负的等不正常问题出现。

(二) 多重共线性产生的原因

一般地，产生多重共线性的主要原因有以下三个方面。

1. 经济变量相同的变化趋势

一般在经济繁荣时期，多数经济变量都趋于增长；而在经济衰退时期，又同时趋于下降；在某些地区也会出现投入和产出等各方面都大，而某些地区各方面都小等现象。

从一般经验上看，由时间序列数据样本构建的简单线性模型，往往会存在一定程度的多重共线性；而截面数据样本之间的共线性问题不那么严重，但仍然存在多重共线性的可能性。

2. 滞后变量的引入易引起多重共线性

在经济计量模型中，往往需要引入滞后经济变量来反映动态的经济关系。例如，消费$=f$(当期收入，前期收入)，显然，两期收入间常会有较强的线性相关性。

3. 样本资料的限制

由于完全符合理论模型所要求的样本数据较难收集，人们常以某些容易获得的统计指标来替代，这种做法很容易引起一定程度的多重共线性。

三、共线性的判断与技术处理

由于现实中的多数经济变量属于不完全共线性或近似正交的，所以在建模中常会发现各解释变量间的可能的共线性的存在，多数情况下都可以通过统计检验和经济意义检验消除这种可能存在的共线性问题。如果感到模型很不合常理的话，需要采用如下技术做分析和处理。

(一)多重共线性的诊断

1. 经验判断法

存在近似多重共线性时，最小二乘估计值常会出现一些反常的现象。例如：①模型的决定系数较大，F检验能通过，可是有些系数的t检验却不能通过；②有时自变量间的简单相关系数会很高；③回归系数的符号与简单相关系数的符号相反；④参数估计值的稳定性很差。

2. 相关系数参照法

首先，计算两两变量间的简单相关系数 cor 矩阵，若|cor|接近 1，则说明这两个变量间可能存在较强的多重共线性。

其次，将相关系数较高的各变量分别作为被解释变量与其余解释变量构成回归方程，并计算其决定系数。将其中决定系数最大者保留在模型之中。

最后，将所有可能存在共线性的变量都依次剔除，并通过拟合优度的判断，来确定其是否保留在模型之中。

3. 特征根判断法

如果模型存在共线性，则$X'X$矩阵的特征根至少有一个为零。所以可以计算条件指数(condition index, CI)，并通过 CI 判断共线性程度。CI 的定义如下：

$$CI = (\lambda_{max} / \lambda_i)^{1/2} \tag{8-17}$$

其中，λ_{max}为最大的特征根；λ_i为第i个特征根。一般情况下，判断的依据是：$0 < CI < 10$时，不存在多重共线性；$10 \leqslant CI < 100$时，具有较强的多重共线性；$CI > 100$时，为严重的多重共线性。

使用 R 软件计算$X'X$特征根的函数如下：

```
Tzg<-eigen(t(X)%*%X)$values
CI<-max(Tzg)/Tzg
```

4. 方差扩大因子法

方差扩大因子(variance inflation factor, VIF)是指解释变量逆阵 $(X'X)^{-1}$ 的主对角线上的元素 C_{kk}。即

$$\text{VIF}_k = C_{kk} = 1/(1 - R^2_k) \tag{8-18}$$

其中，R^2_k 是第 k 个解释变量与其他解释变量的复相关系数。显然复相关程度越强，则共线性就越强。当扩大因子大于 10 时，就可以认为该变量与其他变量间的共线性很严重。

利用各解释变量的方差扩大因子计算均值

$$E(\text{VIF}) = (\sum \text{VIF}_k)/K \tag{8-19}$$

一般情况下，在均值远大于 1 时，存在严重的多重共线性。

使用 R 软件处理如下：

```
Nz<-solve(t(X)%*%X)
Ev<-mean(diag(Nz))
```

(二)多重共线性的技术处理

如果发现存在较为严重的多重共线性，则需要选择如下处理技术来消除这一问题。

1. 改变数据样本

改变数据样本的做法是简单的，但是在社会经济现象中很难实现，而在大数据时代是有一定的可操作性的，具体做法如下：①增加样本容量；②增加数据的字长；③将时间序列数据与横截面数据混合作为样本；④进行双精度运算等。

2. 对解释变量的处理

从变量的角度入手，可以考虑如下做法：①在共线性强的变量中选出代表性的指标留在模型中，其他相关变量不纳入模型；②采用工具变量法(本章第 3 节介绍)，查找工具变量；③将变量差分后使用；④采用主成分法，核算新的代表性变量；⑤采用综合评价等方法合并相关变量等。

3. 采用逐步回归法建模

使用 R 软件中的 step(回归对象)就可以完成逐步回归过程，不过该程序主要是以 AIC 信息准则为判断标准，对各变量进行的逐步筛选过程。要观察最终结果，还需要使用 summary()函数。

第三节 解释变量的确定性假设及其检验

在前述的计量经济模型假设中，对变量的假设可以表述为解释变量是外生的确定性变量，而被解释变量是内生的随机性变量。而这一假设与经济现实的差距过大，需要我们在计量经济分析中特别关注。

一、随机解释变量及其产生的后果

解释变量的非确定性，也就是其随机性的问题，有关的计量检验与分析如下。

(一)随机解释变量的客观性

在实际经济问题中，经济变量很难像自然科学那样进行试验性控制，其数据的取得多具有随机性。一般情况下在单方程计量经济学模型中，凡是外生变量都被假设为是确定性的。然而这种假设与现实情况很难保持一致，具体原因如下。

1. 对社会经济现象观察的随机性

对社会经济现象的观察很难进行全面的调查，绝大多数经济统计数据都是抽样调查获得的，而抽样中所遵循的随机原则是保证统计数据代表性的关键，这也给统计数据标注上了随机性的特征。即使是人们可以控制的政策性变量，也有着人们对随机性产生的环境反映及反映本身的随机性问题。

2. 模型动态化的处理

在动态的时序模型中，我们使用滞后被解释变量作为模型的解释变量时，由于被解释变量自身的随机性特征，必然带入到该解释变量之中，使解释变量具有随机性而违背了经典的基本假设。

3. 建模省略相关变量的原因

在建模中由省略原则而产生的变量选择中，会因次要变量的省略而产生与之相关的主要变量对次要变量的信息携带问题。如果建模中所选择的解释变量与某些未被选入模型的重要变量之间存在相关关系，则其必然要在残差项中得到体现，并进而产生随机误差项与某解释变量相关的问题(如异方差性等)，使得该解释变量具有随机性的特点。

4. 联立偏差

当解释变量与被解释变量是互为因果关系时，而我们的单方程模型中又无法解决这一问题，因此这种现象存在时，必然会出现随机误差项与解释变量之间的相关问题。这将在联立方程等多方程模型中学习，这里不做分析。

(二)存在随机解释变量的后果

解释变量一旦具有随机性，则根据其与随机扰动项的关系不同，会对 OLS 估计产生不同影响。由最小二乘法的估计公式可知：

$$B = (X'X)^{-1}X'Y = (X'X)^{-1}X'(X\beta + \varepsilon) = \beta + (X'X)^{-1}X'\varepsilon = \beta + A\varepsilon$$

所以在考虑 X 给定，且属于随机性解释变量的条件下，该估计可表述为如下形式：

$$E(B \mid X) = E(\beta + A\varepsilon \mid X) = \beta + A \cdot E(\varepsilon \mid X) \tag{8-20}$$

式(8-20)的可能结果如下。

1. 解释变量与残差独立

在随机解释变量与误差项独立(independence)时，残差的条件期望等于无条件期望，且等于零，即 $E(\varepsilon \mid X) = E(\varepsilon) = 0$，这时的估计量是无偏的，即有

$$E(B \mid X) = \beta$$

2. 解释变量与残差不独立

当随机性解释变量与残差不独立时，$E(\varepsilon \mid X) \neq 0$，说明参数估计不再是无偏的估计量了。将式(8-20)两边取概率的极限有

$$P \lim B = \beta + P \lim \left[(X'X)^{-1} X'\varepsilon \right] = \beta + P \lim \left[(X'X / n)^{-1} (X'\varepsilon / n) \right] = \beta + M_X^{-1} \sigma_{X\varepsilon}$$

其中，M_X^{-1} 是正定矩阵，$\sigma_{X\varepsilon}$ 是协方差矩阵，即当 X 与 ε 不独立时，$\sigma_{X\varepsilon} \neq 0$，这时又可以分为如下两种情况。

(1)随机解释变量与误差项同期无关，但异期相关(contemporaneously uncorrelated)时，因 X 与 ε 同期不相关异期相关，则其协方差可能不为零，但将依概率而趋近于零。这时回归估计量将是有偏的，但是依然具有一致性的性质。

(2)随机解释变量与误差项同期相关(contemporaneously correlated)时，因 X 与 ε 同期就相关了，所以其协方差必不等于零，且不依概率趋近于零。所以这时的估计量既是有偏的也是非一致的。

二、随机解释变量的检验与处理技术

通过前面的分析我们知道如果模型中出现随机解释变量，且与随机误差项独立，并不影响参数估计。如果随机解释变量与随机误差项异期相关，则可以通过增大样本容量的办法来得到一致的估计量；但是如果同期相关，即使增大样本容量也无济于事。这时，最常用的估计方法就是工具变量法(instrument variables)，即寻找一个确定性的外生变量来替代这一随机性的内生变量的做法。

(一)关于变量X_k内生性的检验

豪斯曼(Hausman)提出的检验方法，主要步骤如下。

1. 估算 X_k 内生变化信息变量

首先，以可能存在内生性变化的变量 X_k 为被解释变量，以外生的工具变量为解释变量，建立辅助回归方程，并直接进行 OLS 估计，以得到辅助回归方程的残差 E。

其次，以辅助回归方程的残差 E，作为包含全部内生变化信息变量。

2. 建立如下判断回归方程

$$Y = XB + EA + u \tag{8-21}$$

其中，X 是全部解释变量矩阵；E 为各辅助回归的残差；u 为随机干扰项。

3. 检验与判断

豪斯曼的检验假设 H_0：$A=0$；H_1：$A \neq 0$。在对某个变量进行检验时，可以使用 t 检验的方法进行；当多个变量同时判断时，可以采用 F 检验进行判断。如果不能拒绝原假设 $A=0$ 时，表明不存在该变量的内生性。如果拒绝了原假设，则表明该变量是内生的。

(二)工具变量及其应用

工具变量是指在模型估计过程中被用于替代随机性解释变量的特殊变量，其必须满

足以下三个条件：①工具变量与其所替代的随机解释变量要高度相关；②工具变量要与随机误差项不相关；③工具变量要与模型中其他解释变量无多重共线性。

使用工具变量对模型进行估计就叫作工具变量法（instrumental variable, IV）。即将OLS 估计中的随机解释变量，在构建矩函数的过程中以工具变量替换之。设回归模型的矩阵形式表述如下：

$$Y = XB + e$$

假设 X 中的 X_2 与随机项 e 相关，选择工具变量 Z_2 替代 X_2，则可得到的正规方程组为

$$Z'Y = Z'XB$$

参数估计式为

$$B = (Z'X)^{-1}Z'Y \tag{8-22}$$

其中，Z 与 X 的矩阵结构相同，只是 X 中与误差相关的随机解释变量，都在 Z 中换为了工具变量。例如，只有 X_2 为随机解释变量时，即 X 矩阵的第 3 列的数据是随机性的，则工具变量矩阵 Z，只是在 X 的基础上将第 3 列的数据，更换为 Z_2 的各对应项的数值。这时我们将矩阵 Z 叫作工具变量矩阵，而对其进行转置，则可以表示为 Z'，具体的转置矩阵如下：

$$Z' = \begin{pmatrix} 1 & 1 & \cdots & 1 \\ X_{11} & X_{12} & \cdots & X_{1n} \\ Z_{21} & Z_{22} & \cdots & Z_{2n} \\ X_{31} & X_{32} & \cdots & X_{3n} \\ \vdots & \vdots & & \vdots \\ X_{K1} & X_{K2} & \cdots & X_{Kn} \end{pmatrix} \tag{8-23}$$

工具变量的性质与应用原则如下。

1. 工具变量法估计量的性质

（1）工具变量法估计量仍是有偏的，但是属于一致的估计量。即有

$$E(B) = E\left[(Z'X)^{-1}Z'Y\right] = E\left[(Z'X)^{-1}Z'(X\beta + \varepsilon)\right] = \beta + E\left[(Z'X)^{-1}Z'\varepsilon\right] \neq \beta$$

$$Plim B = \beta + Plim(Z'X)^{-1}Z'\varepsilon = \beta + \left[Plim(Z'X)^{-1}/n\right]\left[Plim Z'\varepsilon/n\right] = \beta$$

（2）如果 1 个随机解释变量可以找到多个互相独立的工具变量，人们希望充分利用这些工具变量的信息，就形成了广义矩方法（generalized method of moments, GMM）。一般情况下，OLS 可以看作工具变量法的一种特殊情况，而工具变量法又是 GMM 的一个特例。

（3）残差的方差、协方差的估计量都是一致性的。

（4）工具变量并没有替代模型中的解释变量，只是在估计过程中作为"工具"被使用。工具变量法估计过程，可等价地分解成下面的两步 OLS 回归。

第一步，用 OLS 法进行 X 关于工具变量 Z 的回归：$X_G = a_0 + a_1 Z$。

第二步，使用 X_G 为解释变量，再对 Y 进行回归：$Y_G = b_0 + b_1 X_G$。

2. 工具变量的选择原则

要找到与随机扰动项不相关而又与随机解释变量相关的工具变量，并不是一件很容易的事。一般情况下可以选择如下几种方法来寻找随机解释变量的工具变量。

(1)选择随机解释变量的滞后变量为原解释变量的工具变量。

(2)如果模型中有两个以上的随机解释变量与随机误差项相关，就必须找到两个以上的工具变量。但是，一旦工具变量选定，它们在估计过程被使用的次序不影响估计结果。

(3)在一个系统中，随机解释变量表现为内生变量，是由外生变量决定的。所以我们选择工具变量是要选择本方程中所不包含的、系统内的其他外生变量。如果 X_K 为内生性质的随机解释变量，我们可以建立以 X_K 为被解释变量，以外生变量和工具变量为解释变量的回归方程，估算其回归值 $\hat{X}_K$ 作为工具变量，再以 Y 为被解释变量，以外生变量和 $\hat{X}_K$ 为解释变量进行回归，则这种做法常被称为二阶段最小二乘法（2 stage least square, 2SLS）。

第四节 变量的平稳性与协整分析

传统的回归分析方法在自然科学的研究中效果明显，但是在社会科学中却不尽如人意。20 世纪 70 年代之后，以恩格尔、格兰杰等为代表的一批学者，研究发现变量数据的非平稳性是产生伪回归的根源，经进一步的研究发现协整性回归为更好的建模方法。

一、变量的非平稳性与伪回归问题

相对于人们的观察能力而言，自然界的绝大多数现象都是平稳的；而社会经济现象的绝大多数变量都是非平稳的，非平稳的现象容易产生伪回归。为此我们需要了解如下常识。

(一)平稳时序的相关定义

平稳时序是稳定过程（stationary process）的样本，即时间序列的一般水平处于稳定的状态。对稳定过程的观察角度及定义有如下几种。

1. 严平稳时间序列的定义

设 $\{Y_t\}$ 是一个随机时序，对任意整数 m 和 k 具有有穷维分布的性质：

$$F(Y_{t1}, Y_{t2}, \cdots, Y_{tm}) = F(Y_{t1+k}, Y_{t2+k}, \cdots, Y_{tm+k}) \tag{8-24}$$

则称该时序为严格平稳的或强平稳的。它意味着随机过程所有存在的矩都不随时间的变化而变化。这一条件是非常严格的，而且对于一个随机过程，上述联合分布函数很难获得，也不便于分析和使用，因此，统计上需要给出不那样严格的条件。所以在现实观察上可以只要求分布的主要参数相同，如只要求其一阶和二阶矩函数基本相同，这就引出了宽平稳概念。

2. 宽平稳时间序列的定义

设$\{Y_t\}$，$t \in T$，是随机序列，对任意整数 t、s、$k < \infty$，且满足：第一，均值函数恒为常数，即不同时期的随机变量的均值都为 $E(Y_t) = \mu$；第二，相同间隔长度的指标数值，其变化幅度（方差）是相同的。这时我们就称$\{Y_t\}$为宽平稳的时间序列（weakly stationary time series）。

从平稳序列的定义可见，波动是可以存在的，但其波动与独立时序的波动不同。独立时序的各种可能取值$\{X_t\}$和$\{X_{t-m}\}$是相互独立的，即$\{X_t\}$不会含有关于$\{X_{t-m}\}$的信息。而在平稳时序$\{Y_t\}$中往往含有$\{Y_{t-m}\}$的信息，这就为人们提供了利用历史样本$(y_1, y_2, \cdots, y_n)$来预测将来值$\{Y_{t+m}\}$的可能。也正因为如此，我们在建模中非常关心时序的平稳性特征。

3. 趋势平稳时序的定义

时序在不符合严平稳或宽平稳的期望为常数的定义时，由于序列有着确定的趋势，且这种趋势可以使用直线或曲线来描绘，即能够携带预测信息时，我们就称为趋势平稳时序（trend stationary time series）。

4. 非平稳时序的定义

不具有上述各种平稳性条件的过程就称为非平稳过程，也叫作随机性趋势过程。从中取得的样本就是非平稳时序（non-stationary time series）。一般说来，当环境及主要条件随时间变化时，就会产生非平稳过程。因此许多经济指标的时间序列数据，并不具有稳定过程的特征。然而，来自随机性趋势的非平稳时序，在现实中非常普遍。同时，它使传统的数理统计和计量经济学方法都无能为力了，特别是中心极限定理不再适用。也正因为如此，上述三种平稳的过程可以用作预测的依据，而非平稳的随机性趋势却无法用于预测。

（二）非平稳时序的统计特征

对非平稳时序进行统计描绘，你会发现存在着很多独特的地方，具体介绍如下。

1. 自相关系数为1

任何现象的数据生成（时间序列的变化）过程，都可以使用一个 ARMA 过程来描绘，其中的 AR 部分的自回归系数和 MA 部分的移动平均系数的绝对值，是反映系统运动力和干扰力的作用记忆程度的指标。当其中的系数绝对值或所有的同类系数和的绝对值小于1时变量是平稳的，即现象所受到的前期作用力和干扰对当期的作用程度有限，使事物不会偏离原有的均衡状态过远。而当干扰作用的绝对值为1时，其记忆性不会衰减，必然会产生永久性的作用，易使现象偏离应有轨迹，这种情况下序列将是不平稳的。

2. 单整阶数不小于1

如果你将一个平稳的时序进行累加计算，你会发现其累加后的序列自回归系数和移动平均系数都是接近于1的，即平稳时序的累加序列是不平稳的。而这种不平稳的时序经过差分，就可以得到平稳的结果。且经过几次累加的时序，只有经过几次差分才能回到平稳的状态。所以人们定义：经过一次差分就能平稳的序列为一阶单整过程，而当序列只有经过 d 次差分才能平稳的过程，被定义为 d 阶单整过程。这样，0 阶单

整过程就是平稳过程，而 1 阶及以上的单整过程，就是非平稳过程，也叫单位根过程，且常表述为

$$Y \sim I(d) \tag{8-25}$$

其中，Y 为随机过程；I 为单整过程；d 为单整阶数。

　　考虑单整过程的存在，人们将 AR 过程定义为平稳过程，即不包含自相关系数的绝对值为 1 的情况；将 MA 过程也定义为平稳过程，即不包含移动平均系数的绝对值为 1 的情况。而将两种等于 1 的情况称为单整（单位根）过程，则原来的 ARMA 数据生成系统就是一个平稳过程，而加入非平稳的更一般的过程，则改变为 ARIMA 的形式来表达。且在自然现象中多数可以 ARMA 来表达，而在社会经济现象中多数要以 ARIMA 来表达的。

　　3. 中心极限定理在非平稳时序中无效

　　从逻辑上讲，两个毫不相干的随机数据的相关系数应该为零；将毫不相干的两个随机变量分别做各自的累加，所得到的两个新变量也应该是毫不相干的，即其相关系数也应该为零；同样道理，将两个随机过程分别做各自的若干次累加，则所得到的两个新变量的相关系数也应该是为零的；尤其是在大量观察的基础上，应该依据中心极限定理服从正态分布。这是对传统数理统计学知识的逻辑扩展，然而因随机变量的累加过程所形成的新变量是非平稳过程，每累加一次就多出一阶的单整阶数，这种非平稳时序的统计量分布并不符合传统理论的逻辑扩展。我们可以通过如下蒙特卡罗试验来说明这一问题，试验过程如下。

　　【例 8-1】以 rnorm(200,0,1) 函数做两次操作，生成两个服从标准正态分布的随机过程序列 u 和 v，即 u~I(0)=N(0,1)，v~I(0)=N(0,1)。则利用这 200 项随机数据构成的两个随机变量，计算其相关系数就应该接近于 0。对这样的计算我们重复进行了 1 万次，则应该得到 1 万个接近于 0 的相关系数，将这 1 万个相关系数描绘成直方图，如图 8-1(a) 所示。

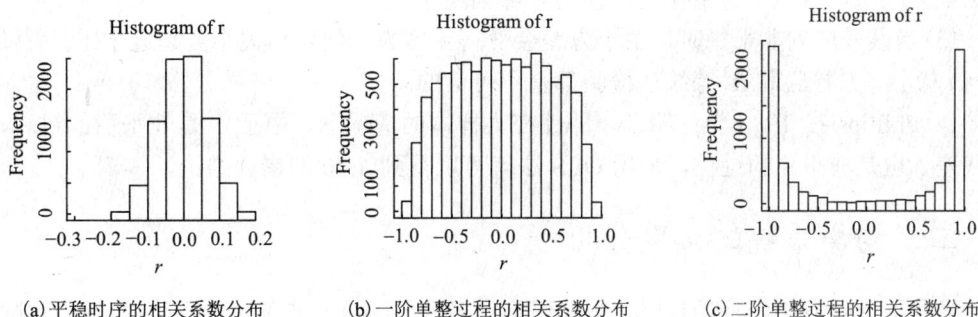

(a) 平稳时序的相关系数分布　　(b) 一阶单整过程的相关系数分布　　(c) 二阶单整过程的相关系数分布

图 8-1　相关系数分布图

　　图 8-1(b) 和图 8-1(c) 分别是 u 和 v 进行的一次和两次累加所得到的一阶和二阶单整过程相关系数的分布情况。通过对图 8-1(b) 和图 8-1(c) 的观察，中心极限定理已不存在了。即图 8-1(b) 是一阶单整过程的相关系数分布，其标准差明显较正态分布增大了数倍，且已有正负 100% 的相关情况。图 8-1(c) 是二阶单整过程的相关系数分布，其已经以正

负 100%的相关为主了，不相关的情况却是最少的。可见单整的阶数越高其偏离正态分布就越远，说明中心极限定理已经不起作用了。如果依据正态性假设进行相应的统计应用，则会因概率分布的差距而得到错误的结果。

(三)伪回归问题

在传统的回归分析中，隐含着一个重要的基本假设，即各变量都是平稳的。而在非平稳的时序间建立回归模型，很可能将本来与被解释变量没有因果关系的现象，纳入到回归方程的解释变量中，且通过 t 检验认为是显著的，这种情况就是伪回归。它是由格兰杰和纽博尔德(Newbold)在 1974 年提出的，对其理论解释与完善是由菲利浦斯(Phillips)在 1986 年完成的。格兰杰和纽博尔德也做了一个类似的实验，是将回归方程 $Y_t = \beta_0 + \beta_1 X_t + \varepsilon_t$ 的数据由随机游走系统生成如下：$X_t = X_{t-1} + u_t$，$X_0 = 0$，$u_t \sim IN(0, 1)$；$Y_t = Y_{t-1} + v_t$，$Y_0 = 0$，$v_t \sim IN(0, 1)$。其中，$E(u_i v_j) = 0$，表示 u_i 和 v_j 服从相互独立的标准正态分布，由此可知 X_t 和 Y_t 为相互独立的一阶单整 $I(1)$ 变量。

我们知道基于两个独立的随机游走变量建立的回归方程，应该是毫无意义的，即它们所体现的任何关系都具有欺骗性。更令人惊奇的是在 5%的显著性水平上，有近 75%的可能性会拒绝 $\beta_1 = 0$ 的原假设。且回归的 R^2 值通常都很大，但其残差却常表现为高度的自相关性。

他们试验所得到的回归系数的分布图，与我们试验的相关系数分布图很接近。所以依据图示可知，当时间序列非平稳时，若仍然使用 t 检验，则拒绝 $\beta_1 = 0$ 的概率将大大增加。且随着样本容量 $T \to \infty$，回归系数的 t 统计量的分布将是发散的，所以拒绝 $\beta_1 = 0$ 的概率将会越来越大，从而必将产生模型中引入无关解释变量而造成虚假回归的问题。这种伪回归的后果如下。

(1)回归残差 e 将不再平稳，回归没有任何现实意义了。

(2)由于残差序列含有随机性趋势，使其分布易产生偏离 0 的永久性偏差，且其作用也不会衰减，以至于模型在进行预测时都不能使用。

(3)当残差序列非平稳时，由于方差会变得无穷大，使自相关系数趋近于1。所以，任何 t 检验、F 检验和 R^2 等统计检验都是不可信的。

(4)Phillips 在 1986 年证明了，即使在大样本的情况下，由于 Y 是非平稳的过程，而残差 e 也是非平稳的过程，采用 OLS 法就可以得到 $\beta_1 \neq 0$ 的错误结论。

二、均衡系统的协整分析

当我们观察各类经济现象时，会发现绝大多数的数据分布都是非平稳的。而对非平稳现象进行回归往往又会得到虚假的结果，那么是不是回归分析就不适合经济现象的研究了?

(一)对经济均衡的现实观察

虽然多数经济现象是非平稳的，但经济现象之间的相互制约和人类的不断努力，使很多经济规律呈现出一种均衡的状态，表现为人们所关心的经济规律问题。因此均衡的概念不同于平稳概念，是指现象在其内在机制作用下，所达到的相对稳定的一种确定性趋势平稳状态。当系统受到某些外部干扰后会产生一定程度的偏离，而内在均衡机制会努力使系统重新回到均衡的状态，如市场在看不见手的作用下表现出的价格机制等。

如果经济变量 X 和 Y 之间永远处于均衡状态，则对该均衡的描绘误差将永远为零；如果某种干扰使系统偏离了均衡点，则会表现为误差非零；而一个均衡的系统在产生一定偏差后，会有一种力量将系统调整并恢复到均衡的状态，使各种非均衡的偏差平均来说是趋于零的。我们将维持系统稳定的非随机性的作用力看作是均衡的原因，将现象存在的系统看作是一种客观的均衡存在，即系统的结果。而将随机性干扰所产生的偏差叫作非均衡误差，其作用是逐期衰减的。即在一个具有均衡机制的系统中，均衡机制能够始终维持系统不断地排除非均衡误差的干扰，使经济系统保持相对均衡的状态。而具有这种机制的经济系统我们可以称为经济的协整系统。协整关系是对非平稳经济变量长期均衡关系的统计描述。

(二)协整的定义

在现实的经济变量之间存在着长期的均衡关系，对这种现象的计量描绘是 Engle 和 Granger 于 1987 年提出的协整(co-integration)关系概念，具体定义如下。

假定 $(n \times 1)$ 阶向量 Y 的每个分量序列都是 d 阶单整过程，即 $Y_i \sim I(d)$。如果存在 $(n \times 1)$ 阶向量 β，使得线性组合序列 $\beta'Y \sim I(d-b)$，则我们称 Y_i 的各分量之间是 d、b 阶协整的，并简记为 $Y \sim \mathrm{CI}(d,b)$，其中向量 β 就叫协整向量，β 中的元素叫作协整参数。

例如，若 $X_t \sim I(d)$，$Y_t \sim I(c)$，则有 $Z_t = (a X_t + bY_t) \sim I(\max[d, c])$，因为

$$\Delta Z_t = \Delta(aX_t + bY_t) = (aX_t + bY_t) - (aX_{t-1} + bY_{t-1}) = (a\Delta X_t + b\Delta Y_t)$$

所以当 $c > d$ 时，Z_t 只有差分 c 次才能平稳。一般来说，若 $X_t \sim I(c)$，$Y_t \sim I(c)$，则

$$Z_t = (aX_t + bY_t) \sim I(c)$$

而当 Z_t 的单整阶数小于 c 的情形时，往往是 X_t 与 Y_t 之间存在协整关系。

(三)协整与回归的关系

古典回归分析的前提条件是各回归元都是平稳的，而非平稳的各回归元，只有在协整系统中才是有效的。对协整回归的获得要注意以下几点。

1. 一元回归

一元回归时由于只有两个变量，所以要求两者必须是同阶单整的。例如，$[Y, X]' \sim \mathrm{CI}(1,1)$，即 $X \sim I(1)$，$Y \sim I(1)$。则在一元线性回归关系中，协整向量为 $\beta = (1, -b)$，这时只有 $e = Y - bX \sim I(0)$，才能说明该回归模型是有效的，如果残差 e 不平稳，则回归没意义。

2. 多元回归

在多元回归中各回归元都是同阶单整的，可能产生协整回归；如果多个变量间的单整阶数不等，则回归关系的成立需要有分阶协整关系的存在。例如，在两个解释变量的回归模型 $Y = bX$ 中，$X_1 \sim I(2)$，$X_2 \sim I(2)$，$Y \sim I(1)$，要想使回归有效，就必须使

$u = [Y, X]\beta \sim I(0)$ 成立,而其成立的条件就是 X 的协整阶数为 1,即 $X = [X_1, X_2] \sim CI(2,1)$。这说明 $X = b_1 X_1 + b_2 X_2 \sim I(1)$;同时还要有 $[Y, X] \sim CI(1,1)$ 成立,即 $u = Y - b_1 X_1 - b_2 X_2 \sim I(0)$,这时的协整向量为 $\beta = (1, -b_1, -b_2)$。因此在多元回归中,各变量的单整阶数可以不同,但必须符合如下几点要求:①被解释变量的单整阶数不能高于解释变量的最高单整阶数;②解释变量的单整阶数高于被解释变量时,最高阶的解释变量必须有两个及以上。

3. 回归结果的特征

(1)协整特征。对非平稳变量进行回归,如果协整关系存在,则该回归方程为协整回归方程,它将具备如下特征:第一,残差序列的平稳性,是最基本的特征要求;第二,残差序列符合基本假设仍然是必备的条件;第三,斯托克(Stock)于 1987 年证明了,如果该长期均衡存在,即存在协整回归时,则协整系数 b_i 将是超一致的估计量,即协整回归的 OLS 估计量要比一般平稳变量 OLS 估计量收敛得更快。

(2)伪回归的特征。对非平稳时序进行回归时,如果协整关系不存在,则其结果就是伪回归,它多出现在如下几类情况中:第一,各回归元非平稳,且其各自的单整阶数不等;第二,回归的残差时序中,仍然包含着明显的随机性趋势;第三,各回归元中有的变量存在确定趋势,而有的变量同时存在随机性趋势。

三、协整回归与误差修正模型

为了避免伪回归,在建立回归模型的过程中,进行包含协整性检验在内的一系列检验之后,所得到的回归方程就是协整回归。为此,从 20 世纪 80 年代开始,以亨格瑞(Hendry)为代表的动态建模思想得到了广泛传播。即将观察数据的特征与经济理论结合,并在交替运用两者所提供的信息基础上,逐步简化模型的建模理论。其基本步骤如下:首先,以自回归分布滞后的一般模型 ADL 作为数据生成过程 DGP 的基本依据;其次,通过因果关系、协整检验、统计检验等一系列计量检验,对 ADL 模型进行简化,以寻找协整回归;最后,在协整分析的基础上,构建误差修正模型。所以为获得协整回归,必须掌握如下关键性技术。

(一)协整回归存在的可能性判断

协整回归存在于同阶的单整变量之间,或不同阶单整变量,但是存在多阶协整的变量之间。因此判断某个系统中各类变量之间是否存在协整关系,首先要进行各变量的单整阶数的判断。根据单整的定义,我们知道经过 d 次差分才能平稳的变量就是 d 阶单整变量。所以判断单整阶数的关键,在于对变量的平稳性及经过几次差分才能平稳的判断问题。而对其判断方法的研究,是由迪克(Dicky)和富勒(Fully)两位学者提出的,后来恩格尔(Eegle)和格兰杰(Granger)又做了更严格的改进,最后麦金农(Mackinnon)的总结性工作,使平稳性检验成熟起来。

1. 检验模型

根据迪克-富勒的研究,所有的社会经济现象都可以通过如下三个模型来描绘:

$$Y_t = \beta Y_{t-1} + \varepsilon_t, \quad Y_0 = 0, \quad \varepsilon_t \sim IN(0, \sigma^2) \tag{8-26}$$

$$Y_t = \mu + \beta Y_{t-1} + \varepsilon_t, \quad Y_0 = 0, \quad \varepsilon_t \sim \text{IN}(0, \sigma^2) \tag{8-27}$$

$$Y_t = \mu + \alpha t + \beta Y_{t-1} + \varepsilon_t, \quad Y_0 = 0, \quad \varepsilon_t \sim \text{IN}(0, \sigma^2) \tag{8-28}$$

对这三个方程模型做进一步的分析如下：

(1)式(8-26)为基础的 AR(1)过程，而该过程中最关键的因素就是自相关系数$|\beta|$是否等于 1，即$|\beta|=1$时Y_t为非平稳序列，当$|\beta|<1$时为平稳序列。

(2)式(8-27)只是在式(8-26)的基础上，加入了一个漂移项。其最主要的成分仍然是 AR(1)过程，序列的平稳与否仍然取决于自相关系数$|\beta|$是否为 1，即$|\beta|<1$为平稳，$|\beta|=1$为非平稳，式(8-27)在$|\beta|=1$时称为带漂移项的随机趋势过程，其可以进行如下分解：

$$Y_t = \mu + Y_{t-1} + \varepsilon_t = \mu + (\mu + Y_{t-2} + \varepsilon_{t-1}) + \varepsilon_t = \cdots = Y_0 + \mu \cdot t + \sum \varepsilon_t$$

可见，带漂移项的随机趋势过程可以分解为确定性趋势过程$Y_0 + \mu \cdot t$和随机性趋势过程$\sum \varepsilon_t$两部分之和。即平稳过程有漂移项时，会体现为围绕该漂移项有限波动的分布特征；而非平稳过程有漂移项时，则体现为某确定性的趋势和无限制的波动特征。

(3)对式(8-28)依然是看自相关系数$|\beta|$是否为 1，即$|\beta|<1$时为平稳，$|\beta|=1$时为非平稳。而对非平稳的形式变形后我们会发现：

$$
\begin{aligned}
Y_t &= \mu + \alpha t + Y_{t-1} + \varepsilon_t \\
&= \mu + \alpha t + (\mu + \alpha(t-1) + Y_{t-2} + \varepsilon_{t-1}) + \varepsilon_t \\
&= \cdots \\
&= Y_0 + \mu t + \alpha(1 + 2 + \cdots + t) + \sum \varepsilon_i \\
&= Y_0 + \mu t + \alpha(1+t)t/2 + \sum \varepsilon_i \Rightarrow (\mu + \alpha/2)t + \alpha t^2/2 + \sum \varepsilon_i \ (\text{设定}\ Y_0 = 0)
\end{aligned}
$$

这说明在有漂移项和趋势项的非平稳的序列中，不但含有随机趋势和确定性趋势，而且还包含关于时间t的 2 次方项所形成的非线性趋势等复杂的过程。

可见式(8-26)~式(8-28)三个式子，包含了线性、非线性，确定趋势平稳、非平稳，零期望、非零期望等各种情况和特征，是数据生成过程的综合表达，能够代表各类经济指标的基本数据特征。

2. 平稳性检验的方法与程序

对于三种数据生成模型，看其平稳与否的关键就是自相关项的回归系数$|\beta|$是否为 1，为此我们可以对三种模型使用同一假设进行检验，即$H_0: |\beta|=1$，$H_1: |\beta| \neq 1$。该假设实质上是对数据生成模型求解中是否存在单位根的检验，所以人们常称为单位根检验。

进行单位根检验的基本方法与参数显著性t检验的原理基本相同。只是作为检验依据的统计分布，不能依据t分布了，所以迪克-富勒采用蒙特卡罗试验编制了新的检验统计表。恩格尔-格兰杰为了更精确地对残差的平稳性进行检验，又重新试验编制了他们的检验表，后来麦金农将各统计表融合成综合的单位根检验表。由于使用软件我们可以省去查表判断的过程，在 R 软件中使用 fUnitRoots 包或者 tseries 包，就可以轻松实现变量序列的单位根检验。在 fUnitRoots 包中有两个命令 adfTest 和 unitrootTest；在

tseries 包中有 adf.test 命令都可以完成单位根的检验。以 fUnitRoots 包为例，具体使用方法如下：

首先，下载安装程序包。具体做法是点击 R 的程序包(Packpages)菜单，选择下载程序镜象(Set CRAN mirror...)地点，再选择安装程序包(Install Packpage(s)...)选项，在弹出的菜单中选择 fUnitRoots 选项，就可以自动安装了。

其次，在每次进行单位根检验时，先要使用 library(fUnitRoots)命令加载程序。就可以对某变量进行单位根检验了，命令格式如下：

$$\text{unitrootTest}(x, \text{lag}=1, \text{typ}="c") \tag{8-29}$$

$$\text{adfTest}(x, \text{lag}=1, \text{typ}="c") \tag{8-30}$$

参数如下：x 为检验时序；lag 为滞后期；参数 typ="c"表明默认的检验模型是有截距无趋势的。其可选项还有："nc"表示检验式无截距和趋势项；"ct"表示有截距也有趋势项。

由于该检验的原假设是存在单位根(即非平稳)，所以在检验的概率 P 值小于显著性水平时否定原假设。例如：

```
>x<-rnorm(1000,0,1)
>y<-cumsum(x)
>adfTest(x)
```

结果是：

```
Title:
Augmented Dickey-Fuller Test
Test Results:
PARAMETER:
Lag Order: 1
STATISTIC:
Dickey-Fuller: -22.6172
P VALUE:
0.01
```

即概率值 0.01 小于显著性水平(0.05)，否定序列不平稳的原假设，说明 x 是个平稳的过程。

再如：

```
>unitrootTest(y)
```

结果是：

```
Title:
Augmented Dickey-Fuller Test
Test Results:
PARAMETER:
Lag Order: 1
STATISTIC:
DF:-1.1701
```

P VALUE:

t:0.2213

n:0.4443

可见，两个概率都大于显著性水平(如0.05)，即不能否定非平稳的原假设，说明变量 y 是非平稳的。不过在使用平稳性检验程序时，我们还要注意到检验模型的选择问题。即当检验结果为非平稳时，要改变检验函数中的 typ 参数的设置，即在默认的 c 模型的检验结果为非平稳时，还要选择 nc 和 ct 再做平稳性检验。只要有一种情况下是平稳的，则数列就算是平稳的了，而这三种检验都是非平稳时，才是真正的非平稳。

3. 单整阶数的判断

通过单位根的平稳性检验，可以明确被检验数列的单整阶数，即当确定数列为非平稳时，需要对其进行一次差分后再进行检验，直至检验出现平稳时为止。

一个数列只有经过几次差分后才能平稳，则该数列就是几阶单整的过程。即经过 d 次差分才能平稳的系列，就是 d 阶单整过程。这是建立协整回归时，选择变量的必要环节之一。

(二)协整回归方程的估计与检验

估算协整回归方程的方法没有任何特殊的地方，只是通过协整检验后所确定的模型，才叫协整回归。广义的协整检验主要包含如下内容。

1. 协整可能性的判断

对反映系统各侧面的观察数据的平稳性进行检验，如果所有的变量都是同阶单整的，或者高于被解释变量阶数的最高阶解释变量有两个以上，则可能存在协整的关系。否则，存在被解释变量高于解释变量的阶数等情况，就有可能产生伪回归。

2. 对各变量滞后阶数的初步判断

初步构建要从 ADL 模型开始，即在可能存在协整关系的各变量间，计算绘制其自相关、偏自相关、互相关等图示，用以初步确定各变量的滞后期。即自相关函数的截尾阶数往往是其干扰因素的滞后期，偏自相关的截尾阶数是其自回归的滞后期数，互相关的阶数就是其分布滞后的滞后期数等。

3. 格兰杰因果关系的判断

将系统中的某个变量作为被解释变量，以其他各变量作为解释变量建立自回归分布滞后模型，通过 t 检验和 F 检验来判断解释变量是否为被解释变量的原因。这样，对于拥有 N 个变量构成的系统而言，就会有 N 个判别方程。以 X 和 Y 两个变量构成的系统为例，因果关系检验的主要内容如下。

(1) X 对 Y 有单向影响：表现为 Y 方程中 X 各滞后项的参数整体不为零，而 X 方程中 Y 各滞后项参数整体为零。

(2) Y 对 X 有单向影响：表现为 X 方程中的 Y 各滞后项的参数整体不为零，而 Y 方程中的 X 各滞后项的参数整体为零。

(3) Y 与 X 间存在双向影响：表现为在被解释变量 Y 和 X 的回归方程中，行为解释变量的 X 和 Y 的各滞后项的参数都同时整体不为零。

(4) Y 与 X 间不存在影响：表现为 Y 和 X 的各滞后项的参数都整体为零。

这里的检验对滞后期长度很敏感，所以要对不同的滞后期进行选择，以残差无自相关等符合基本假设的要求为准。具体的详细讲解可参见第十一章第三节的有关内容。

4. 残差项的平稳性检验

这是狭义的协整性检验，即协整检验的核心。只有残差序列是零均值、无趋势、无漂移项的平稳时序时，回归方程才可能是协整的。所以关于残差项的平稳性检验，可以使用 DF 或 ADF 等方法进行，但是恩格尔和格兰杰认为对残差平稳性的检验，要较一般的 DF、ADF 等检验更为严格，即检验的显著性水平要更小一些。同时他们还编制了一些新的检验统计表，进行更严格的平稳性检验。人们将其检验过程叫作 EG 检验和 AEG 检验，即恩格尔-格兰杰的协整性检验。另外，要注意协整关系不具唯一性，即在一个系统中不但存在多阶协整，还存在多组协整关系。

(1)在双变量的协整关系分析中，如果协整关系存在，则其变量必是同阶单整的，且协整关系是唯一的。

(2)在多变量的协整关系分析中，如果协整关系存在，则可能不止一个。例如，在 X、Y、Z、W 四个变量间有如下协整关系：$u = X - \beta_0 - \beta_1 Z \sim I(0)$，$v = Y - \alpha_0 - \alpha_1 W \sim I(0)$，则 u 与 v 的线性组合 $u + v = \varepsilon$ 也是一种协整关系，即 $\varepsilon = X - \beta_0 - \beta_1 Z + Y - \alpha_0 - \alpha_1 W \sim I(0)$。由此可知，协整关系式还可能是 $\delta = Y - \gamma_0 - \gamma_1 X - \gamma_2 Z - \gamma_3 W \sim I(0)$，所以将协整回归与经济理论结合才有意义。

(三)误差修正模型的测算与使用

误差修正一词最早由萨金特(Sargen)于 1964 年提出的，但是误差修正模型是 1978 年由大卫德森(Davidson)、亨格瑞(Hendry)、斯巴(Srba)和耶(Yeo)四人提出的，因此又简称为 DHSY 模型。

设协整变量 Y 与 X 之间长期均衡关系为 $Y_t \to f(X_t)$，它常表现为静态的均衡关系。但是由于非均衡干扰的作用，往往使这种关系产生非均衡的偏差，而长期的均衡机制又会在动态上对此偏差进行修正。反映该修正过程的模型就是误差修正模型(error correction model，EMC)。

1. 建模前提

在现实的回归分析过程中，多数非平稳变量的线性组合都不是协整的，只有少数情况下才存在协整关系。根据格兰杰定理(1987 年)，一般情况下，具有协整关系的单整变量之间一定可以建立 ECM。

(1)如果单整变量间不是协整的，则经差分变换后其经济意义合理，可以建立差分后的经典回归模型。

(2)如果单整变量间是协整的，则用差分转换的方式就不恰当了，往往违反经济理论和静态均衡等事实，这时要建立 ECM。

2. 建立ECM的EG两步法

这是在 EG 或 AEG 协整检验的基础上，分为如下两步来构建 ECM。

第一步，进行协整回归，估计长期均衡关系 $\hat{Y} = BX$，并获得其残差序列为 $e_t = Y_t - \hat{Y}_t = Y - BX$。

第二步，估计误差修正模型，即直接利用协整变量长期均衡的残差 e 来估计 ECM。

其基本形式为

$$\Delta Y_t = \delta \Delta X_t + \gamma e_{t-1} + v_t \tag{8-31}$$

可运用 OLS 估计参数 δ 和 γ，检验过程中要注意：

(1)协整回归的残差 $e_{t-1} = Y_{t-1} - BX_{t-1}$，称为误差修正项，是模型中被解释变量的最大滞后期。

(2)若 v_t 出现自相关，可以通过增加 ΔY、ΔX 的滞后期来消除。

(3)若增加了滞后项，则要同时调整误差修正项的滞后期，如

$$\Delta Y_t = \delta_1 \Delta X_t + \alpha \Delta Y_{t-1} + \gamma e_{t-2} + v_t \tag{8-32}$$

3. 对速度调整系数的分析

速度调整系数 γ 反映的是在当期被解释变量的变动中，由均衡机制的作用使被解释变量在上期的非均衡偏差基础上调整了 γ 倍的修正量。其作用机理表明：

(1)γ 绝对值越大，则均衡机制作用越大，校正非均衡偏差的能力就越强。当 $\gamma=0$ 时，不存在误差修正项，此时称解释变量是弱外生性的。

(2)ECM 可以削弱原模型中的多重共线性及自相关性。

4. 注意事项

(1)如果非平稳的 X、Y 存在协整关系时，ECM 中的各个差分变量及非均衡误差都将是平稳的。

(2)可以将误差修正项中的括号打开，直接对模型进行 OLS 估计，然后再变换为 ECM 的形式。

(3)在模型的精练过程中，对于 t 检验不显著的差分变量可以剔除，但是不能剔除非均衡误差项中的任何滞后变量，否则会影响变量间的长期均衡关系。

■ 本章小结

本章主要是针对经济模型的主体内容，进行检验和处理技术的学习。对有关变量的属性、变量之间的关系对模型的影响和变量的协整性进行了讲解。对于引入无关变量和遗漏重要解释变量的比较中，我们倾向于宁多毋漏；在多元模型的构建中，逐步回归与从一般到具体的建模方法中，我们更趋向选择从一般到具体的方法。传统的回归方法没有考虑到变量的平稳性问题，容易产生伪回归，所以我们要进行协整性检验，以寻求协整回归及 ECM 来反映现实系统中的长期均衡关系。

■ 思考与练习

1. 解释变量为虚拟变量时，对模型的检验有什么不同吗？当被解释变量为虚拟变量时，会出现什么样的情况呢？

2. 利用本章所学习的方法，对生产函数、消费函数两个模型进行检验练习，并评价出较为理想的模型。

第九章

模型形式的检验

关于模型形式的研究成果，主要是 2000 年获得诺贝尔经济学奖的美国经济学家赫克曼(J.J.Heckman)和麦克法登(D.L.Mcfadden)等学者们的努力和贡献，本章主要以单方程模型的形式为研究对象，就相关的主要知识做分析与介绍。

■ 第一节　解释变量决定的形式问题

由解释变量决定的模型形式问题，主要是指对回归方程的组成部分及其组成方式等问题的研究，对形式的检验主要是指对模型所反映的结构是否合理、系统层次及各组成部分的逻辑关系如何和模型是否为非线性等问题的研究。

一、线性嵌套与非嵌套形式的检验

当一个系统存在若干子系统，并在建模中需要找出关键子系统时，就会产生嵌套分析问题。这明显是对不同的模型形式进行选择的检验内容。

（一）嵌套形式

假设可供选择的模型有如下两种形式：

$$M_I: \quad Y = \beta_0 + X_k\beta_k + X_f\beta_f + u \tag{9-1}$$

$$M_{II}: Y = \alpha_0 + X_k\alpha_k + v \tag{9-2}$$

可见，在模型 I 中包含着模型 II，即模型 II 嵌套在模型 I 之中，或称模型 II 是模型 I 的特例。在这两个模型中，选择哪一个更合理，可通过假设 $H_0: \beta_f = 0$ 的检验来判断，具体检验时要注意如下几个要点。

（1）当我们拥有小样本时，且 β_f 中只有一个元素时，采用 t 检验；若 β_f 中的元素不止一个时，需要采用 F 检验进行。

（2）当我们拥有大样本时，可以使用 ML 检验进行判断。

（3）当否定原假设时，选择模型 M_I；当不能否定原假设时，选择模型 M_{II}。

（二）非嵌套模型

设可供选择的非嵌套模型有如下两种形式：

$$M_{\text{I}}: \quad Y = X_k\beta + u \tag{9-3}$$

$$M_{\text{II}}: \quad Y = X_f\alpha + v \tag{9-4}$$

在上述模型 I 中的 X_k 不同于或部分不同于模型 II 中的 X_f，则在这两个模型中，应该选择哪一个模型更合理，需要以回归系数 δ 和 θ 将两个模型组合在一起，并通过其显著性检验来判断哪一个更为显著。1981 年戴维森-麦金农（Davidson and MacKinnon）提出的联合估计（joint estimation）检验法，简称为 J 检验做法。具体做法如下。

首先，对原来模型 I 和模型 II 分别采用 OLS 估计，以其各自的拟合值作为工具变量。

其次，估算 $Y = \delta\hat{Y}_k + X_f\alpha + e_k$ 模型的参数，并检验 H_0： $\delta = 0$ 是否成立。即小样本时，采用 t 检验；大样本时，采用渐近正态分布进行检验。若不能否定原假设，则选择模型 II；若 δ 显著不为零，则选择模型 I，放弃模型 II。

再次，估算 $Y = X_k\beta + \theta\hat{Y}_f + e_f$ 模型的参数，并检验 H_0： $\theta = 0$ 是否成立。若不能否定原假设，则选择模型 I；若 θ 明显不为零，则选择模型 II，放弃模型 I。

最后，综合判断如表 9-1 所示。

表 9-1　　非嵌套模型选择参考表

假设结果：	$\theta=0$	$\theta\neq0$
$\delta=0$	模型 I 和模型 II 都不可选	不选模型 I，选模型 II
$\delta\neq0$	选模型 I，不选模型 II	模型 I 和模型 II 都可选

从表 9-1 可见，当 δ 和 θ 同时为零或同时不为零时，都是很难决定的。这是我们不希望出现的情况，不过这两种情况也确实很难遇到。

二、非线性关系的检验

线性模型是计量经济学习中最基础的模型形式，而现实中的实际模型往往是非线性的。在模型估算过程中，虽然已经接触过非线性问题，但是有关形式的可能性检验等问题，还需要我们做进一步的研究。即在对模型的形式检验中，不仅要体现在变量的线性组合方式上，还应该包含着变量之间的非线性关系问题。

（一）非线性的可能性检验

拉母齐（Ramsey）于 1969 年提出的回归设定误差检验法（regression specification error test, RESET），其基本思想是：如果线性回归模型设定有误，则残差项必将有所反映。这种反映常表现为解释变量的非线性特征。由于线性回归值是解释变量的线性组合，所以它的若干次幂将反映出解释变量的非线性特征，可以将工具变量的形式引入模型，并进行相应的显著性检验，若其系数显著，则表明模型设定有误。

1. 基本步骤

首先，估计初始回归方程，即以线性回归为基本形式估计初始回归值 $\hat{Y}$、残差 e，并检验残差，判断是否存在设定误差的可能性。如果残差项存在自相关和异方差，就可能是设定偏误的反映。

其次，将 $\hat{Y}^2$、$\hat{Y}^3$ 或 $\hat{Y}^4$ 项作为解释变量纳入到原模型中，并检验其偏回归系数是否显著。常采用各回归系数的联合显著性 F 检验进行，如果 F 检验显著，则说明模型的设定是有误的。

2. 主要优缺点

RESET 方法的主要优点是以拟合值的高次幂为解释变量，可以避免多重共线性，并不损失自由度。但是它的缺点是不能直接获得对模型形式的具体纠正方案，只能作为模型设定时的判断性参考。

(二)非线性形式不同时的检验

RESET 检验只能判断是否存在非线性关系的可能，而非线性的形式却很难确定，其具体的检验方法还需要进一步分析。

1. 形式不同的模型约定

设不同形式的两个可选择模型如下：

$$\mathrm{M_I}: Y = f(\beta, X_f) + u \tag{9-5}$$

$$\mathrm{M_{II}}: Y = h(\alpha, X_h) + v \tag{9-6}$$

其中，$f(\beta, X)$ 和 $h(\alpha, X)$ 是两个不同形式的线性或非线性的连续可微的方程，β 和 α 为可估计的参数。在上述模型 I 中的 X_f 和模型 II 中的 X_h 是各自的解释变量矩阵，两个模型的解释变量可以相同，也可以不同。考虑应该选择哪一个模型更合理，需要以权重 δ 和 $1-\delta$ 将两个模型组合在一起，则有以下几步。

首先，使用 δ 和 $1-\delta$ 的权重分布来构造加权线性组合：

$$Y = \delta \cdot f(\beta, X_f) + (1-\delta) \cdot h(\alpha, X_h) + e_\delta = h(\alpha, X_h) + \delta\left[f(\beta, X_f) - h(\alpha, X_h) \right] + e_\delta \tag{9-7}$$

其次，使用 $1-\theta$ 和 θ 的权重分布来构造加权线性组合：

$$Y = (1-\theta) \cdot f(\beta, X_f) + \theta \cdot h(\alpha, X_h) + e_\theta = f(\beta, X_f) + \theta\left[h(\alpha, X_h) - f(\beta, X_f) \right] + e_\theta \tag{9-8}$$

最后，依据假设 $\mathrm{H_0}$: $\delta=0$ 和 $\mathrm{H_0}$: $\theta=0$ 的显著性情况，采用 J 检验方法在两个模型之间进行选择。

2. 两模型之间的 J 检验步骤

使用 J 检验的方法，检验权重系数显著性的具体步骤如下。

(1)对假设 $\delta=0$ 的检验。对原来模型 I 和模型 II 分别采用非线性 nls () 函数的估计，以其各自的显著性拟合值 $\hat{Y}_f$、$\hat{Y}_h$ 作为工具变量，代入到线性组合模型中，以得到检验 δ 是否显著的组合模型如下：

$$Y = h(a, X_h) + \delta(\hat{Y}_f - \hat{Y}_h) + e_\delta \qquad (9-9)$$

若不能否定 δ 为零的假设，则选择模型 Ⅱ。

(2) 对假设 $\theta=0$ 的检验。构造翻转形式的线性组合及工具变量形式模型有

$$Y = f(b, X_f) + \theta(\hat{Y}_h - \hat{Y}_f) + e_\theta \qquad (9-10)$$

若不能否定 θ 为零的假设，则选择模型 Ⅰ。

(3) 综合判断。综合上述两种情况，δ 和 θ 同时显著或同时不显著的情况都不大可能，而当 δ 显著 θ 不显著时，我们选择模型 Ⅰ；当 θ 显著 δ 不显著时，我们选择模型 Ⅱ。

第二节　被解释变量决定的形式检验

被解释变量是我们建模研究对象，其一般情况下都是假设它是不知取何值的随机变量，而对其观察结果将受其自身的性质不同表现出不同的特点，因此本节将就其特殊问题做如下介绍和分析。

一、被解释变量形式不同的检验

当被解释变量自身观察与其对应观察所表现的规律性不同时，就面临着哪种模型更准确的相关问题，所以也就产生了不同形式的被解释变量的模型选择分析。

(一) 被解释变量形式不同的模型

当我们建模选择被解释变量形式不定时，设两个模型的形式如下：

$$M_{\text{I}}: \ Y = f(\beta, X_f) + u \qquad (9-11)$$

$$M_{\text{II}}: \ g(Y) = h(\alpha, X_h) + v \qquad (9-12)$$

其中，$f(\beta, X)$ 和 $h(\alpha, X)$ 是两个连续可微的方程，因被解释变量的形式不同，不能直接使用这两个方程进行加权组合。

(二) 不同被解释变量形式的 J 检验

作为 J 检验的方法扩展，我们采用对两个模型的残差项进行线性组合的做法，并称为 P_E 检验法，具体做法如下。

1. 使用 J 检验的方程式做初步处理

首先，我们将模型 Ⅰ 的参数估计结果 b 和回归估计结果 $\hat{Y} = f(b, X_f)$，作为参数 β 和被解释变量 Y 的工具变量，并将其代入到以第一个方程和第二个方程的回归差构成的信息项的线性组合的判断模型中，有

$$Y = f(b, X_f) + \theta\,[\check{g}(Y) - g(\hat{Y})] + e_\theta \qquad (9-13)$$

其中，$\check{g}(Y)$ 是第二个方程的回归结果；$g(\hat{Y})$ 是以第一个方程的回归值为工具变量的第二

个方程的回归函数值。这里检验 H_0：$\theta=0$，即不能否定原假设时，选择模型 I。

其次，在模型 II 中将估计结果 a 和 $\check{g}(Y)=h(a,X_h)$，作为 α 和 $g(Y)$ 的工具变量，同时，将估计值 $\check{g}(Y)$ 的反函数作为 Y 的估计，则将 $\ddot{Y}=g^{-1}[\check{g}(Y)]$ 进一步作为 Y 的工具变量，线性组合为如下模型：

$$g(Y) = h(a, X_h) + \delta(\hat{Y} - \ddot{Y}) + e_\delta \tag{9-14}$$

同理，这里的原假设为 H_0：$\delta=0$，即不能否定原假设时，就选择模型 II。

2. 综合判断

如果只有上述两个模型，则 δ 和 θ 同时显著或同时不显著的情况都不大可能出现，而当 $\delta=0$ 且 $\theta\neq0$ 时，我们选择模型 I；当 $\theta\neq0$ 且 $\delta=0$ 时，我们选择模型 II。

二、选择性被解释变量及其建模

在社会经济的研究对象中，常有表现为选择性问题的时候。而在一定范围内取值或选择的被解释变量会影响到模型的形式。研究中存在的主要问题如下。

(一)截断数据问题

在人们的选择中，常存在不可能取值的区域。因此对现象的观察就必然会出现截断(truncation)数据问题。

1. 截断数据的含义

截断数据是指数据的"掐头"或"去尾"问题，即不能从全部总体中抽取样本，而只能从总体的部分中抽取样本，这就使样本观察值都大于或都小于某个固定的值。例如，在消费函数中收入是以工资调查的数据来计量的，由于工资的调查范围是有工资收入的群体，而靠资产收入等不依赖工资收入生存的群体就调查不到了。这样收入的数据就只能是最低工资和最高工资之间的数据，即这种数据就属于截断小于最低值和大于最高值的数据。

2. 截断数据的条件概率分布

截断被解释变量的计量建模，会因数据的取值限制而发生一些改变，其原有的分布将不再适用了，取而代之的将是模型估计的条件概率分布。具体情况如下。

设 Y 的概率密度函数为 $f(Y)$，$F(Y)$ 为累计概率，即分布函数；a 为 Y 的总体取值范围内的一个常数，即观察现象的截断点。则有条件概率：

$$f(Y|Y>a) = f(Y)/P(Y>a) = f(Y)/[1-F(a)] \tag{9-15}$$

或

$$f(Y|Y<a) = f(Y)/P(Y<a) = f(Y)/[F(a)] \tag{9-16}$$

3. 截断数据的条件期望

在截断数据条件下的回归条件期望将会表现为

$$E(Y \mid Y > a, X) = \int_{a}^{+\infty} Y \frac{f(Y)}{1 - F(a)} \mathrm{d}Y \tag{9-17}$$

或

$$E(Y \mid Y < a, X) = \int_{-\infty}^{a} Y \frac{f(Y)}{F(a)} \mathrm{d}Y \tag{9-18}$$

可以证明截断数据时的最小二乘估计的残差是零均值异方差的随机变量。因此，使用最小二乘估计参数是不恰当的，而应该使用极大似然估计等方法进行参数估计。

(二)归并被解释变量的计量问题

在统计中常将处于某一范围的样本观察值，都使用一个相同的值来代替，这种归并(censoring)的做法就变相地产生了数据的"删失"问题。例如，在指标化管理过程中，经常会以指标的限定来控制数量，这就会使我们对其真正的需求无法观察，使实际样本表现为都大于或都小于指标限定值。与截断数据类似，归并数据的计量模型也存在异方差问题，需要使用极大似然估计的方法。

(三)离散选择计量问题

当选择只有两类时，即人们在"有与无"或"是与非"等两分法下进行选择时，就表现为虚拟变量为被解释变量的计量经济模型，常被称为二元选择模型；而选择项目在两种以上的情况时，就叫作多元选择模型。当然多元选择模型可以看作是并列的虚拟变量，因此虚拟变量的计量分析问题，就成了多元选择模型的分析基础，所以这里主要研究虚拟变量的二元选择模型。由第五章中所学的内容可知，虚拟变量作为解释变量对回归模型的影响不大，可在建模中直接使用。但是，虚拟变量作为被解释变量时，则会产生很多问题，需要我们进一步分析。

1. 线性概率模型及其含义

当被解释变量为只取值 1 和 0 的虚拟变量，而解释变量仍以最基础的线性关系存在时，所建立起来的线性模型常被称为线性概率模型(linear probability model, LPM)。该模型的基本形式如下：

$$Y = X\beta + \varepsilon \tag{9-19}$$

其中，Y 为虚拟变量构成的列向量；X 为确定性变量构成的矩阵；β 为回归系数；$X\beta$ 仍然是在 X 条件下的期望值，即 $E(Y_i \mid X_i) = X_i\beta$；$\varepsilon$ 为误差项。由于虚拟变量只取 0 和 1，则对应于不同的 X_i 会有不同的 $Y = 1$ 的条件概率 P_i，即有

$$E(Y_i \mid X_i) = 1 \times P_i + 0 \times (1 - P_i) = P_i \tag{9-20}$$

可见，该条件期望所对应的向量将是一系列的概率值，即 0 和 1 之间的数值构成的列向量。而该概率值向量中各概率的大小，取决于 X_i 条件的限定，即各影响因素对 $Y = 1$ 的决定程度 $X\beta$，因此也就有了：

$$P = XB \qquad (9\text{-}21)$$

从而在 Y 取 0 或 1 的具体向量与 XB 决定的概率 P 向量之间，就建立起了一一对应的关系，然而这种对应关系也存在误差等问题，需要我们做进一步的具体分析。

2. 二项选择模型的经济意义问题

被解释变量是虚拟变量时，是以 0 或 1 表示人们的选择结果。而回归方程的估计结果 P，只是人们选择 $Y=1$ 时的可能性概率。即由于 $Y=0$ 时是人们不选择的结果，而 $Y=1$ 是人们选择的结果。所以人们选择与否要取决于选择所产生的效用是否大于不选择的效用，即当选择的效用大于不选择的效用时，人们会选择 $Y=1$，则选择的概率也将大于不选择的概率。即选择的效用与选择的概率相关，只有当两者的效用相同时，其概率将各为 0.5，这时是否选择，就取决于随机因素的作用了。所以在多数情况下回归拟合值是在 0 与 1 之间的概率值，且呈线性累积分布。但是随着干扰性随机因素的作用，这一概率分布并非始终符合其规范性的意义要求，时常表现出回归拟合值会有可能产生大于 1 或小于 0 的非概率意义的数值，所以它不是理想的概率计量模型。

3. 概率分布的形式问题

在线性概率模型中，被解释变量取 1 的概率密度函数很难确定和准确地测算。因为绝大多数的统计概率分布都是非线性的，有关的分布形式等问题还需要作进一步研究和解决。

4. 二项选择模型的残差属性问题

当被解释变量是虚拟变量时，线性概率模型的回归残差分别为

$$u_1 = 1 - XB = 1 - P_1 \text{ 或 } u_0 = -XB = -P_1 \qquad (9\text{-}22)$$

其可能存在如下主要问题。

首先，残差的非正态性。即虚拟变量为被解释变量时，其分布属于二项分布，而非正态分布，这必然导致其线性回归残差的非正态性。由于估计模型时并不要求残差的正态性质，所以使用 OLS 估计仍然是线性和无偏的。但是在参数的区间估计和假设检验中，涉及其参数的分布问题，所以在现实的检验中，我们常常根据中心极限定理，要求采用大样本数据进行。

其次，残差存在异方差性。由于被解释变量为 1 时，其残差为 $1-XB$，此时的条件期望表现为 P_i；当被解释变量为 0 时，其残差为 $-XB$，其概率为 $1-P_i$。因此，残差的方差将为

$$
\begin{aligned}
\mathrm{Var}(u_i) &= E\left[u_i - E(u_i)\right]^2 = E(u_i^2) = (-P_i)^2(1-P_i) + (1-P_i)^2(P_i) \\
&= P_i(1-P_i)(P_i + 1 - P_i) = P_i(1-P_i)
\end{aligned}
\qquad (9\text{-}23)
$$

并且随着 X_i 的不同而表现为 P_i 的不同，所以说虚拟变量为被解释变量时的回归残差具有异方差性。

最后，可决系数(判定系数) R^2 通常较小，即拟合优度较低。由于虚拟变量只取 0 和 1 这两个值，而拟合值又都在两者之间，所以拟合的优度较普通变量要低出很多。

第三节 二项选择模型的计量分析

二项选择模型是比较常见的经济计量模型，这里简单介绍如下。

一、模型的形式与估算的解决思路

被解释虚拟变量 Y 的取值为 0 或 1，是我们可以观察到的现实选择的结果，其选择的动力是回归方程中的各要素。然而在各要素与选择结果之间，却很难找到其恰当的函数关系，为此我们需要构建一个过渡函数，来反映解释变量各因素与人们所选择结果的决定概率 P 之间的对映关系。这个过渡函数一方面要连接解释变量各因素，另一方面要连接二元选择的结果。可见使用一个什么样的函数来表达这一隐含关系，是离散的二元选择模型要解决的关键问题。

(一) 基本解决思路

由于概率的取值在 0 和 1 之间，其总和为 1，所以人们根据这两个特点使用从 0 到 1 递增的累计分布函数，来反映选择 1 时的累积概率值。即选择 1 的概率较大时就选择 1，不会选择 0；而当选择 1 的概率较小时就选择 0。这与概率分布图示很相近，如图 9-1 所示。

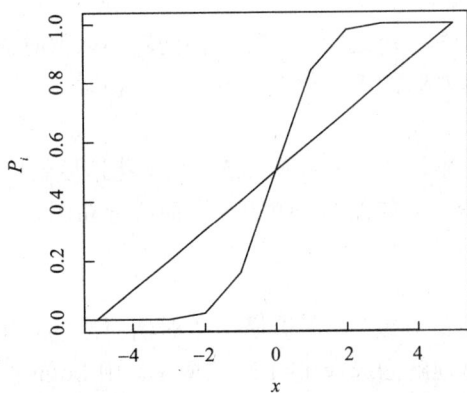

图 9-1 以正态累计分布表示的效用与线性累计概率对比图

图 9-1 的横轴是正态分布的随机变量取值，它应该与选择模型中的解释变量各因素相对应，即各解释变量的降维结果。将回归方程的回归值与该随机变量对应的概率值对应，然后由随机变量对应的概率值作为效用值与二项选择值对应，则实现了各回归因素与选择结果对应关系的描述。

我们可以将图 9-1 的纵轴所表达的累积概率理解为与效用值对应的概率值，而横轴则是决定因素的降维结果，其正负方向也与效用成正比。即随机变量取负值，且趋向 $-\infty$ 时，其效用趋于 0；而当随机变量取正值，且趋向 $+\infty$ 时，其效用趋于 1。可见这种将效用与概率对应，且以随机变量取正时选择 1，取负时选择 0，实现了以该曲线图的纵轴来表述效用与二元选择问题的对应关系。

(二)常见的模型

由于在现实中存在着很多的分布类型，人们在选择对应的概率分布函数时，会产生不同的假设及对应的图示，但都应该是单调递增的非线性模型。

实践中最常用的概率分布模型主要有两个：一是正态分布函数描绘的 Probit 模型；二是逻辑斯蒂函数描绘的 Logit 模型。

二、Logit模型

逻辑斯蒂(Logistic)曲线描绘了生命成长的过程，应用中常简写为 Logit，其形态接近正态的累计概率分布曲线，只是计算较正态简单一些，所以历史上应用较为广泛。

(一)模型的基本形式与性质

Logit 分布的图形与图 9-1 中的曲线很类似，其基本函数形式为

$$P_i = F(z_i) = \frac{1}{1 + \mathrm{e}^{-z_i}} \tag{9-24}$$

其中，z_i 是一个具体的函数，一般取线性函数的形式 XB，即回归解释变量的各因子组合成的变量，也是概率分布函数的自变量；P_i 是与效用值相对应的累积概率值，这样 Logit 模型将具有如下性质。

(1)当 X_i 趋向较大取值时 P_i 趋向 1，当 X_i 趋向较小取值时 P_i 趋向 0，且变化速度趋缓；即该累积概率函数所对映的效用值是以 0 和 1 为极限的，这也保证了回归结果所对应的概率取值 P_i 为 0～1。

(2)当 X_i 在平均水平附近时，P_i 趋向 0.5，且变化速度趋快；所以说，P_i 将随着 X_i 的变化而呈非线性的改变，即如图 9-1 中的 S 形曲线分布图。

(二)Logit模型的估计

由于 Y 的直接观察值是 0 或 1，而选择 $Y=1$ 时所对应的效用值，即图 9-1 中的曲线上各点的纵坐标 P_i，则可理解为选择 $Y_i=1$ 时的概率。由 Logit 曲线可知与各概率值相对应的随机变量 z 的取值是由线性组合 XB 决定的，而为了求解各概率对应的 XB 的参数值 B，我们需要采取如下处理办法。

1. Logit模型的变量置换

因为 $P_i = \dfrac{1}{1 + \mathrm{e}^{-z_i}}$，则有 $1 - P_i = 1 - \dfrac{1}{1 + \mathrm{e}^{-z_i}} = \dfrac{1}{1 + \mathrm{e}^{z_i}}$，所以概率比为 $\dfrac{P_i}{1 - P_i} = \dfrac{1 + \mathrm{e}^{z_i}}{1 + \mathrm{e}^{-z_i}} = \mathrm{e}^{z_i}$，对该式两边取对数，则有

$$\ln\left(\frac{P_i}{1 - P_i}\right) = z_i = X\beta \tag{9-25}$$

这就是 Logit 模型经过变量置换后的基本形式，当概率比为正时，随着 X 的增加，选择 1 的可能性也增大了；当概率比为负时，随着 X 的减少，而选择 1 的可能性也在减

少。这说明该变换与 Logit 原始形式的求解是等价的，即 Logit 估计的基本步骤如下。

(1)对样本数据进行分组。即以 X 的大小为分组标志，将样本的对应数据 (Y_i, X_i) 分配为各组的标志值。

(2)计算各组的确定性标志的比重 P_i。

(3)以各组的 X 值或 X 均值及其对应的概率比值 P_i，来构成参数估计的数据。

(4)采用线性估计的程序来估算各参数值。

2. 注意事项

(1)为了保证概率比数据的自由度，需要在分组时考虑到组内的数据量要足够多。

(2)使用线性估算时以样本中各组估算的 P_i 为依据，来计算概率比，并将其置换为被解释变量。

(3)当概率比在某组中为 0 时，其对数将不复存在，所以在分组时要避免产生 $P_i=0$ 或 $P_i=1$ 的情况。

(4)当解释变量 X 为多元时，为了保证概率值与各变量作用的关系恰当性，需要将各解释变量标准化处理后再做估算。

三、Probit模型简介

该模型是以正态分布的累计分布函数作为过渡的效用函数，来估算二项选择模型的选择概率。其基本做法如下。

(一)Probit模型的基本形式

Probit 模型的构建思路及其基本的过渡关系如下。

首先，设人们在二元选择时效用函数为线性的形式，且选择 1 或 0 时的效用函数分别为

$$U_1 = XA_1 + \varepsilon_1 \text{ 和 } U_0 = XA_0 + \varepsilon_0 \qquad (9\text{-}26)$$

即 X 取不同值时，人们选择 1 或 0 时的效用描绘情况。而人们选择 1 还是 0，取决于效用大小的比较，即

$$U_1 - U_0 = X(A_1 - A_0) + (\varepsilon_1 - \varepsilon_0) \qquad (9\text{-}27)$$

设选择 1 与 0 的效用差为比较效用 $U = U_1 - U_0$，即当比较效用 $U > 0$ 时，选择 1；当比较效用 $U < 0$ 时，选择 0。这样选择 1 的回归系数 $B = (A_1 - A_0)$，将是选择 1 的边际效用与选择 0 的边际效用之差。所以二项选择模型为

$$U = XB + E \qquad (9\text{-}28)$$

这样，选择 1 的概率将为比较效用 U 的函数，即有

$$P(Y = 1) = P(U > 0) = P(E > -XB) \qquad (9\text{-}29)$$

其次，由于在标准正态分布函数中有

$$P_i = P(U < Z_i) = F(Z_i) \quad (-\infty \leqslant Z < \infty) \tag{9-30}$$

即 F 表明临界值 Z 的较小制概率分布函数，则在 E 为对称假设下有

$$P(E > -XB) = 1 - F(-XB) = F(XB) \tag{9-31}$$

所以有

$$P_i = P(U > 0) = F(XB) \tag{9-32}$$

由 $U > 0$ 选择 1，则 $F(XB)$ 对应的概率为 P_i，就是 $Y = 1$ 对应的概率，即 P_i 的大小又取决于 XB。

（二）Probit模型的参数估计

在正态分布的约束下，求解模型参数的常用方法是极大似然估计。即

$$P(Y_1, Y_2, \cdots, Y_n) = \prod_{Y=0}[1 - F(XB)] \cdot \prod_{Y=1} F(XB)$$

即 $L = \prod_{i=1}^{n}[F(XB)]^{Y_i}[1 - F(XB)]^{1-Y_i}$ 。

对数似然函数为

$$\ln L = \sum_{i=1}^{n}\{Y_i \ln F(XB) + (1 - Y_i)\ln[1 - F(XB)]\}$$

设 f_i 为概率密度函数，F_i 为累积概率分布函数，则对数似然函数最大化的一阶条件为

$$\frac{\partial \ln L}{\partial B} = \sum_{i=1}^{n}\left[\frac{Y_i f_i}{F_i} + (1 - Y_i)\frac{-f_i}{1 - F_i}\right]X_i = 0 \tag{9-33}$$

在已知式(9-33)中的密度函数和分布函数的条件下，完全可以求解模型中的参数估计量。

四、R中的求解程序

求解二元选择模型可以使用 R 中提供的广义线性模型的求解函数，其命令如下：

$$glm(线性公式, 模型方法选择, 数据源) \tag{9-34}$$

其中各参数使用方法如下：

(1) 线性公式 formula。公式的列示方法与前述相同，只是被解释变量可以采取两种方法表述：一是不分组时，以 0 和 1 表示的虚拟变量；二是分组时，以矩阵表示的"是"与"非"两列的统计结果。

(2) 模型方法选择 family。这是模型方法选择参数，默认时是正态分布模型，即与 lm 函数相同。而选择 family=binomial 时，就是二项选择模型，其默认方法是 Logit 模型；

而要选择 Probit 模型时，就要使用 family=binomial（link=probit）来表达。

(3) 数据框 data。指定公式和模型中使用的数据来源。

【例 9-1】对某社区的 28 位被调查者是否使用某产品的情况进行调查，得到如下主要数据：年龄 $X1$、周收入 $X2$、性别 $X3$、是否使用 Y。如表 9-2 所示。

表 9-2 社区使用 Y 产品的调查表

序号	$X1$	$X2$	$X3$	Y
1	18	850	0	0
2	21	1200	0	0
3	23	850	0	1
4	23	950	0	1
5	28	1200	0	1
6	31	850	0	0
7	36	1500	0	1
8	42	1000	0	1
9	46	950	0	1
10	48	1200	0	0
11	55	1800	0	1
12	56	2100	0	1
13	58	1800	0	1
14	18	850	1	0
15	20	1000	1	0
16	25	1200	1	0
17	27	1300	1	0
18	28	1500	1	0
19	30	950	1	1
20	32	1000	1	0
21	33	1800	1	0
22	33	1000	1	0
23	38	1200	1	0
24	41	1500	1	0
25	45	1800	1	1
26	48	1000	1	0
27	52	1500	1	1
28	56	1800	1	1

使用 R 命令如下：

```
>gyxxhg<-glm(Y~X1+X2+X3,family=binomial(link=probit),data=dcsj)
```

检验结果是 $X2$ 不显著，分别剔除 $X2$ 和常数项后，估计结果如下：

```
glm(formula=Y～X1+X3+0,family=binomial(link=probit),data=dcsj)
Coefficients:
     Estimate  Std. Error   z value   Pr(>|z|)
X1   0.02225    0.01017     2.188     0.02870*
X3  -1.44034    0.51109    -2.818     0.00483**
Signif.codes:0 '***' 0.001 '**' 0.01 '*' 0.05 '.' 0.1 ' ' 1
(Dispersion parameter for binomial family taken to be 1)
     Null deviance:38.816  on 28  degrees of freedom
Residual deviance:29.764  on 26  degrees of freedom
AIC:33.764
Number of Fisher Scoring iterations: 4
```

使用 predict(回归对象)->Pre 得到该估计值的结果，并进一步使用 Pi<-pnorm(Pre) 换算可得到估算的 Probit 最终结果；而广义线性回归估计使用的是 Logit 选项，则其最终结果为 Pi<-exp(Pre)/(1+exp(Pre))。

■ 第四节　面板数据的计量经济模型

在数据的时空特征上，人们常将其分为截面数据、时序数据和面板数据(panel data)三类，前面所学的建模知识多是以截面数据和时序数据为主，本节以面板数据的计量问题为主要内容，介绍如下。

一、面板数据模型的设定

在面板数据经济计量模型的设计中，因数据同时包含了时间和空间上的差异，所以其模型就应该设计出这种差异。且在模型中又都存在着截距和斜率等各回归系数，它们都可能存在着时空上的差异。所以可将包含这些差异的模型，看作是面板数据的基本模型，其具体形式如下：

$$Y_{it} = X_{it}\beta_{it} + \varepsilon_{it}$$

该基本模型也可以称为变参数模型，其参数的求解过程很困难，因模型中不同时间和不同空间的各回归系数都是不同的，求解其系数的数据自由度不够，所以常需要对其进行各种系数相同的约束性检验，从而判断出不同的模型形式。同时，根据造成各系数改变的原因是否明确，还可以将模型进一步划分为固定影响(fixed-effect)、随机影响(random-effect)及自回归影响等各类模型，具体可参照第六章第三节的内容。而在面板数据模型中常见的模型可划分为如下几种。

(一)变截距模型

变截距模型(panel data model with variable intercept)是指面板数据模型中各偏回归系数在时空上都相同，只有截距项在时间上或空间上表现不同的模型。其形式如下：

$$Y_{it} = \beta_{0i} + X_{it}\beta + \varepsilon_{it} \text{ 或 } Y_{it} = \beta_{0t} + X_{it}\beta + \varepsilon_{it}$$

其中，β_{0i} 是不随时间改变的不同空间单位的截距；β_{0t} 是不随空间改变的不同时间的截距；β 是不随时空改变的回归系数列向量，其第 k 个元素 β_k 是 X_k 变量的偏回归系数。

(二)变系数模型

变系数模型(panel data model with variable coefficient)是指面板数据模型中各截距项在时空上都相同，只有某些偏回归系数表现为时间或空间单位上的差异。其形式如下：

$$Y_{it} = \beta_0 + X_{it}\beta_i + \varepsilon_{it} \text{ 或 } Y_{it} = \beta_0 + X_{it}\beta_t + \varepsilon_{it}$$

其中，β_i 是不随时间而改变的各空间单位的回归系数列向量，其第 k 个元素 β_{ik} 为第 i 个单位变量 X_k 的偏回归系数；β_t 是不随空间改变而随时间变化的回归系数列向量，其第 k 个元素 β_{kt} 表明第 t 时变量 X_k 的偏回归系数；β_0 为不随时空改变的常数截距项。

(三)混合回归模型

混合回归模型(pooled regression model)是指面板数据模型中，各回归系数都不随时空的改变而变化的模型。其基本形式为

$$Y_{it} = X_{it}\beta + \varepsilon_{it}$$

其中，β 是参数列向量，其基本元素 β_k 为第 $k(k = 0,1,2,\cdots,K)$ 个解释变量 X_k 的偏回归系数。

二、面板数据模型的参数估计

对于混合回归模型使用最小平方法、极大似然法等常规的估计方法就可以实现了。而对于变截距或变系数模型而言，就需要考虑模型的可解问题了。这些问题的处理难度不大，只是工作量多一些，所以这里只介绍其求解方法的一般原理。

(一)借助虚拟变量的方法

我们知道以加法方式加入虚拟变量会改变模型的截距，以乘法的方式加入虚拟变量会改变模型的斜率。即以分块矩阵的形式将各虚拟变量矩阵设定在 X 的分块阵的相应位置来实现虚拟变量的加入。

(二)协方差估计法

协方差估计法也叫内部估计法，该方法首先将变量值都做中心化处理，即以离差的形式估算回归系数，以去除截距项的作用。然后在被解释变量各时空平均水平的基础上，扣除各回归系数作用的水平后就得到了不同水平的截距项。

三、协变分析检验法

协变分析检验法是用于检验面板数据模型形式的方法。该检验方法的基本程序如下。

（一）假设的形式

检验面板数据模型的基本形式，主要考虑模型中的参数变动与否。所以其基本假设形式如下：

$$H_1:\ \beta_{itk}=\beta_k,\quad H_2:\ \beta_{0i}\neq\beta_0,\quad H_3:\ \beta_{itk}\neq\beta_k$$

这是一个分阶段的假设，即首先假设各回归系数是稳定不变的常数，如果接受假设1，则说明该模型的截距和斜率都是常数，即经济结构是一致的，就没有必要做进一步的检验了。如果拒绝假设1，则要在截距不同而斜率相同的假设下进一步做检验。如果假设2被接受了，则表明模型存在一般水平上的差异；如果假设2被否定了，则说明有偏回归系数不一致的问题存在。

（二）检验的方法

该检验的基本方法步骤可归纳如下。

首先，要以 H_1 的混合回归模型为最初的约束方程，然后以某一回归系数（如截距项）不同的 H_2 假设形式的模型为无约束的方程，进行第一环节的约束性 F 检验。不能否定混合回归时，则说明 H_1 成立；而否定 H_1，则说明 H_2 有可能成立，则需要做以 H_2 为原假设的进一步检验。

其次，以 H_2 为原假设，以 H_3 为备择假设，进行第2轮的检验。如果不能否定 H_2，则确定了 H_2 的结论；如果 H_2 不成立，有可能是 H_3 成立。

对上述过程的重复进行，只是更改的 H_2 设定，同时考虑到否定 H_1 的各种情况，就可以确定面板数据模型的最终形式了。

■ 本章小结

模型的形式是建模中必须考虑的问题，它不仅取决于已知的经济理论，更取决于观测数据所反映的经济现实。所以有关模型形式的检验也是计量经济检验的重要环节，为此我们要从模型的线性部分选择、非线性的形式、被解释变量的形式决定，以及观察数据的视角等方面决定的不同形式的恰当性进行一系列的单方程检验，以使单方程模型达到符合理论与现实观察的目的。

■ 思考与练习

1. 结合前述各章的例题，对生产函数和消费函数进行模型可能形式的相关检验，以确定较为合适的模型形式。

2. 对某面板数据的经济系统做协变分析，以检验其具体的模型形式。

第十章

联立方程模型

单方程模型只能反映某一事物的因果关系，而要反映较复杂的多事物构成的系统关系，则需要使用联立方程模型。本章介绍联立方程的基础知识及使用方法。

■ 第一节　联立方程模型的设计

联立方程模型是由多个方程式构成的系统模型，其在设计过程中会遇到如下主要问题。

一、联立方程模型的构成要素及其关系

联立方程相对于单方程不只是方程的数目增加了，从变量上看，一个变量可能在多个方程中使用，使得各方程之间的关系更加复杂了；从参数上看，能否恰当地解释现实的规律，不仅取决于单一方程的合理性，还要受到其他方程的影响；从残差上看，各方程之间不再相互独立，且容易产生系统性的偏差；从形式上看，会因理论的不确定性而存在多样化的选择等问题。因此，联立方程模型在诸多方面都不会是单方程模型的简单罗列。具体说明如下。

(一)联立方程模型中的变量

变量是构成模型的主体，每个单方程模型都反映着解释变量与被解释变量之间的因果关系。而在联立方程中，经常存在某一方程中的被解释变量是另一个方程中的解释变量。这必然要产生随机性解释变量等问题，为此我们将变量重新分类如下。

1. 内生变量与外生变量

内生变量(endogenous variables)是指影响联立方程系统的同时，还受系统内其他因素影响的经济变量，多以 Y 来表示。即内生变量 Y 的数值由系统内其他因素决定，并具有与系统内某些方程的残差项不独立的特性。例如，在第 g 个方程中的被解释变量 Y 是内生的，所以 Y 具有随机性的特点，而将该内生变量 Y 作为第 1 个方程中的解释变量，则 Y 与第 g 个方程的残差必然相关，且与方程 1 的残差项 u 都属于随机性的，两者也可能不独立了。这就会使 $\mathrm{Cov}(Y,u) \neq 0$，即残差与解释变量相互独立的假设不再成立。

外生变量(exogenous variables)是指影响内生变量,但是其本身不受系统内各因素影响的经济变量,多以 X 来表示。X 的外生确定性,使得 X 与随机性的残差项 u 无关,即属于能够满足 $\text{Cov}(X,u)=0$ 的要求变量。

2. 当期内生变量与前定变量

对于动态观察的内生变量而言,其观察研究的时期,常被称为当期。而观察研究期之前的各时期常称为滞后期,在研究当期数据决定时,其滞后期的数据往往是给定的。所以我们有必要将内生变量当期与滞后期的数据区分开来,并将滞后内生变量与外生变量合并为在当期之前已经确定了的变量,称为前定变量或先决变量(predetermined variables)。

(二)联立方程模型中的方程属性

在联立方程模型中,可以同时存在于系统中的单方程模型很多,其中按照方程的属性可以分为如下两类。

1. 随机性方程

在联立方程模型中,包含随机残差项的单方程被称为随机性方程。其主要是用以反映经济行为、统计规律、可能的技术关联、制度的作用模拟等方面存在不确定性的方程。

2. 恒等式方程

在联立方程中,以恒等式的形式出现的单方程,即不包含残差项的方程。其主要作用是描述经济均衡、关系定义、对等因素、制度规定等确定性经济关系。其确定性特征,使得方程中不包含随机残差项,在方程组中起着硬约束的作用。

(三)联立方程模型中的参数属性

在联立方程组中,各单方程是同时出现的。某些内生变量在多个方程中同时出现,就导致了方程之间的联系,如果我们不考虑这种联系,而简单地使用单方程的估计方法来估算各方程的回归系数,则估计量将是有偏的,且是非一致的。

【例 10-1】设最简单的居民消费及收入使用联立方程模型如下:

$$\begin{cases} C_t = \alpha + \beta Y_t + \varepsilon_t \\ Y_t = C_t + S_t + M_t \end{cases}$$

其中,第一个方程是凯恩斯绝对收入假说下的消费方程,即居民的消费 C 由基本消费 α 和收入水平 Y 决定量 βY 等两部分构成的,其 β 是边际消费倾向,该方程有随机残差项,所以它是个随机方程;第二个方程是收入 Y 构成的恒等式定义方程,即收入 Y 用于消费(当期使用)的 C 与用于储蓄(准备以后用)的 S 及净出口(出口减进口)的 M 等三部分构成。

在这一简单的宏观分析模型中,C 和 Y 是内生变量,即消费 C 是由收入 Y 和边际消费倾向 β 决定的;收入 Y 又是由消费使用量 C 与准备以后用的 S 及净出口 M 决定的,其理论依据是收入由生产决定,而生产主要是由储蓄和净出口等因素决定。这样在该联立方程的模型中,储蓄 S 和净出口 M 就是由模型外的因素决定的外生变量。利用该模型说明参数估计的性质如下。

首先，将消费方程代入到收入定义方程中，有

$$Y_t = \alpha + \beta Y_t + S_t + M_t + \varepsilon_t$$

整理该式有

$$Y_t = \frac{\alpha}{1-\beta} + \frac{S_t}{1-\beta} + \frac{M_t}{1-\beta} + \frac{\varepsilon_t}{1-\beta}$$

$$\mathrm{Cov}(Y_t, \varepsilon_t) = E\left\{[Y_t - E(Y_t)][\varepsilon_t - E(\varepsilon_t)]\right\} = E\left[\left(\frac{\varepsilon_t}{1-\beta}\right)\varepsilon_t\right]$$

$$= E\left[\frac{\varepsilon^2}{1-\beta}\right] = \frac{1}{1-\beta}E(\varepsilon^2) = \frac{1}{1-\beta}\sigma^2$$

该式表明：无论消费倾向是多少，只要消费方程是确定性的函数关系，即没有误差项时，内生变量 Y 与不存在的误差才能相互独立。这样在消费方程中的解释变量 Y 与误差 ε 独立的假设不再成立了。

其次，对消费方程的变量进行中心化处理，并以相应的小写字母表示，则求其参数 β 的估计量 b 为

$$b = \frac{\sum yc}{\sum y^2} = \frac{\sum y(\beta y + e)}{\sum y^2} = \beta + \frac{\sum ye}{\sum y^2}$$

对该估计量求期望有

$$E(b) = \beta + \sum E\left(\frac{ye}{\sum y^2}\right)$$

该式说明在 Y 与 ε 不再独立的情况下，后半部分不再为零，所以就有 $E(b) \neq \beta$。即在联立方程模型中，单方程的参数估计不再是无偏的。

最后，对参数 b 的估计量两端取概率的极限，有

$$P\lim_{n\to\infty}(b) = \beta + P\lim_{n\to\infty}\left(\frac{\sum ye}{\sum y^2}\right) = \beta + \frac{P\lim\limits_{n\to\infty}\left(\frac{1}{n}\sum ye\right)}{P\lim\limits_{n\to\infty}\left(\frac{1}{n}\sum y^2\right)}$$

$$= \beta + \frac{\mathrm{Cov}(Y, \varepsilon)}{\mathrm{Var}(Y)} \neq \beta$$

该式表明在 Y 与 ε 不独立时，其参数估计量 b 也不是一致性的估计，且估计值与期望值的差距，取决于 Y 与 ε 的偏回归程度。

(四) 联立方程模型的残差及相关信息问题

如前所述，若使用单方程的估计方法来估算联立方程中的某一方程，则估计量是有偏的，且是非一致的。其根本原因是单方程的估计不能考虑各变量间的有关信息，即在

联立方程中用单方程 OLS 估计将损失相关变量的信息。同时，在联立方程模型中每个随机方程之间往往也存在某种相关性，并多表现于不同方程的随机误差项之间。如果用单方程模型的方法估计某一个方程，将损失不同方程之间相关性信息。为此，在联立方程模型中，我们要充分利用变量间和方程间的各类信息，开辟新的估计方法，使参数的估计尽可能无偏且有效。

二、联立方程模型的表述与规范

联立方程的规范表达有两种形式，具体介绍如下。

(一)结构式联立方程模型

1. 结构式模型的定义

根据经济理论和经验性规律建立的、描述经济变量之间直接结构关系的方程，称为结构方程(structural equations)。由多个结构方程构成的联立方程模型，常被称为结构式模型。结构式模型的各方程都属于对变量间的因果关系的反映，而反映这些关系的参数也常被称为结构参数(structural parameters or coefficients)。

2. 完备的结构式模型的表述规范

设具有 G 个内生变量、K 个先决变量的联立方程系统，应该具有 G 个结构方程，这时的模型被称为完备的结构式模型。即独立的结构方程的数目等于内生变量的数目，每个内生变量都分别由一个方程来描述。习惯上用 Y 表示内生变量构成的矩阵，X 表示先决变量构成的矩阵，ε 表示随机项矩阵，β 表示内生变量的结构参数矩阵，Γ 表示先决变量的结构参数(包括常数项)矩阵。则以矩阵式表示的结构模型为

$$\beta Y + \Gamma X = \varepsilon \text{ 或} (\beta \quad \Gamma)\begin{pmatrix} Y \\ X \end{pmatrix} = \varepsilon \tag{10-1}$$

其中各要素的含义如下：

$$\beta = \begin{pmatrix} \beta_{11} & \beta_{12} & \cdots & \beta_{1G} \\ \beta_{21} & \beta_{22} & \cdots & \beta_{2G} \\ \vdots & \vdots & & \vdots \\ \beta_{G1} & \beta_{G2} & \cdots & \beta_{GG} \end{pmatrix}, \quad \Gamma = \begin{pmatrix} \Gamma_{11} & \Gamma_{12} & \cdots & \Gamma_{1K} \\ \Gamma_{21} & \Gamma_{22} & \cdots & \Gamma_{2K} \\ \vdots & \vdots & & \vdots \\ \Gamma_{G1} & \Gamma_{G2} & \cdots & \Gamma_{GK} \end{pmatrix},$$

$$Y = \begin{pmatrix} Y_1 \\ Y_2 \\ \vdots \\ Y_G \end{pmatrix} = \begin{pmatrix} Y_{11} & Y_{12} & \cdots & Y_{1n} \\ Y_{21} & Y_{22} & \cdots & Y_{2n} \\ \vdots & \vdots & & \vdots \\ Y_{G1} & Y_{G2} & \cdots & Y_{Gn} \end{pmatrix}, \quad X = \begin{pmatrix} X_1 \\ X_2 \\ \vdots \\ X_K \end{pmatrix} = \begin{pmatrix} X_{11} & X_{12} & \cdots & X_{1n} \\ X_{21} & X_{22} & \cdots & X_{2n} \\ \vdots & \vdots & & \vdots \\ X_{K1} & X_{K2} & \cdots & X_{Kn} \end{pmatrix},$$

$$\varepsilon = \begin{pmatrix} \varepsilon_1 \\ \varepsilon_2 \\ \vdots \\ \varepsilon_G \end{pmatrix} = \begin{pmatrix} \varepsilon_{11} & \varepsilon_{12} & \cdots & \varepsilon_{1n} \\ \varepsilon_{21} & \varepsilon_{22} & \cdots & \varepsilon_{2n} \\ \vdots & \vdots & & \vdots \\ \varepsilon_{G1} & \varepsilon_{G2} & \cdots & \varepsilon_{Gn} \end{pmatrix}$$

与单方程表述不同的是 Y 在单方程中是数据列向量，而这里是内生变量列向量，其每个变量都以行向量来表述。X 也是单方程的转置，且所有的要素都以矩阵表述。

【例 10-2】由例 10-1 中的模型可见 C 和 Y 是内生变量，而有无 α、S、M 是外生变量，则结构模型各要素的参数矩阵可表述如下：

$$\beta = \begin{pmatrix} 1 & -\beta \\ -1 & 1 \end{pmatrix}, \qquad \Gamma = \begin{pmatrix} -\alpha & 0 & 0 \\ 0 & -1 & -1 \end{pmatrix}$$

其中，β 方阵的行是按方程顺序来排列的，其负值的元素都是从原结构模型中由右侧向左侧移项时产生的结果；列是按照内生变量 C、Y 的顺序排列的。Γ 的行是方程顺序，列是常数项、S、M 顺序。对应的内生变量和前定变量及残差的矩阵如下：

$$Y = \begin{pmatrix} C_1 & C_2 & \cdots & C_n \\ Y_1 & Y_2 & \cdots & Y_n \end{pmatrix}, \qquad X = \begin{pmatrix} 1 & 1 & \cdots & 1 \\ S_1 & S_2 & \cdots & S_n \\ M_1 & M_2 & \cdots & M_n \end{pmatrix}, \qquad \varepsilon = \begin{pmatrix} \varepsilon_1 & \varepsilon_2 & \cdots & \varepsilon_n \\ 0 & 0 & \cdots & 0 \end{pmatrix}$$

从该例出发求解其中的参数是很困难的，且内生变量在各方程中都以解释变量的方式存在，与其各残差项都不独立，使得各方程的参数估计都是有偏的。

（二）简化式联立方程模型

用所有先决变量作为每个内生变量方程的解释变量，所形成的模型称为简化式模型。它并不反映经济系统中变量之间的直接经济关系。由于简化式模型中作为解释变量的各变量中没有内生变量，可以采用 OLS 估计每个方程的参数，所以它在联立方程模型研究中具有重要的作用。在简化式模型中，各方程常被称为简化式方程（reduced-form equations），而各参数就称为简化式参数（reduced-form coefficients）。其规范的表达方式为

$$Y = \Pi X + E \tag{10-2}$$

其中参数和残差矩阵如下：

$$\Pi = \begin{pmatrix} \Pi_{11} & \Pi_{12} & \cdots & \Pi_{1K} \\ \Pi_{21} & \Pi_{22} & \cdots & \Pi_{2K} \\ \vdots & \vdots & & \vdots \\ \Pi_{G1} & \Pi_{G2} & \cdots & \Pi_{GK} \end{pmatrix}, \qquad E = \begin{pmatrix} E_1 \\ E_2 \\ \vdots \\ E_G \end{pmatrix} = \begin{pmatrix} E_{11} & E_{12} & \cdots & E_{1n} \\ E_{21} & E_{22} & \cdots & E_{2n} \\ \vdots & \vdots & & \vdots \\ E_{G1} & E_{G2} & \cdots & E_{Gn} \end{pmatrix}$$

【例 10-3】将例 10-1 模型转化为简化式，可估计出无偏的结果，表示如下：

$$\begin{cases} C_t = \pi_{10} + \pi_{11} S_t + \pi_{12} M_t + E_{1t} \\ Y_t = \pi_{20} + \pi_{21} S_t + \pi_{22} M_t + E_{2t} \end{cases}$$

这里以 π 表示对 Π 进行估计的结果。

三、参数关系体系

将结构式模型的参数矩阵与简化式的参数矩阵建立起对等的关系，如图 10-1 所示。

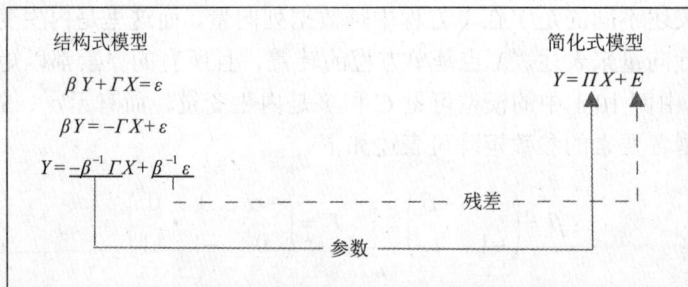

图 10-1　结构式与简化式模型的关系

图 10-1 中的实线描述了简化式参数与结构式参数之间的关系,称为参数关系体系;虚线描绘了两种方式之间的残差的关系。参数关系体系不仅反映出两种表达方式的参数之间的联系,更为我们提供了一种求解联立方程组的途径,即首先估计简化式参数,然后再利用参数关系体系,计算得到结构式参数。从参数关系体系还可以看出,简化式参数反映了先决变量对内生变量的直接与间接影响之和,这是简化式模型的另一个重要作用。

【例 10-4】将例 10-1 中的第二个方程代入到第一个方程中,有

$$C = \frac{\alpha}{1-\beta} + \frac{\beta}{1-\beta}S + \frac{\beta}{1-\beta}M + \frac{\varepsilon}{1-\beta} = \pi_{10} + \pi_{11}S + \pi_{12}M + e$$

所以有参数关系:

$$\frac{\alpha}{1-\beta} = \pi_{10}, \quad \frac{\beta}{1-\beta} = \pi_{11} \text{ 或 } \frac{\beta}{1-\beta} = \pi_{12}$$

求解该方程组,可得

$$\beta = \frac{\pi_{11}}{1+\pi_{11}} \text{ 或 } \beta = \frac{\pi_{12}}{1+\pi_{12}}, \quad \alpha = \frac{\pi_{10}\pi_{11}}{1+\pi_{11}} + \pi_{10} \text{ 或 } \alpha = \frac{\pi_{10}\pi_{12}}{1+\pi_{12}} + \pi_{10}$$

可见在求得简化式模型的参数后,可以通过参数关系体系获得结构式的参数解。

■ 第二节　联立方程模型的识别问题

通过参数关系体系虽然找到了一种可能的求解联立方程的办法,但是方程组本身是否可解,以及解的有效性等问题,却决定着我们能否实现模型的求解问题,这在建模中常被称为模型的识别问题。

一、模型识别的意义

通过例 10-4 的观察可以理解联立方程的解不一定是唯一的,也可能根本没有解,所以我们要研究模型的识别问题。

(一)有关识别的定义

模型能否求解出结构参数，就是模型的可识别问题，具体的含义有如下几种。

1. 从参数关系体系上定义

在已知简化式参数估计值时，如果某方程的全部结构参数可以通过参数关系体系方程组得到确定的估计值，则该方程就是可以识别的。这样我们可以从简化式模型"$Y = \Pi X + E$"出发，再通过参数关系体系"$\Pi = -\beta^{-1}\Gamma$"来求得结构参数的估计值：

$$\beta = -\Gamma\, \Pi^{-1} \tag{10-3}$$

这样只要通过 Π 的可逆性，就可以判断模型是否可识别了。

2. 从统计形式上定义

在联立方程中的每一个方程式都有其被解释变量和解释变量，如果两个方程的变量构成相同，即变量都是相同的，则称为具有相同的统计形式。如果一个方程组中的各方程都不具有相同的统计形式，则联立方程模型才是可识别的。具体的判断方法有如下两种。

方法一：如果联立方程模型中某个结构方程不具有确定的统计形式，则称该方程不可识别。

方法二：如果联立方程模型中某些方程的线性组合可以构成与某一个方程相同的统计形式，则称该方程不可识别。

【例 10-5】判断如下方程组的可识别性。

$$\begin{cases} C_t = \alpha_0 + \alpha_1 Y_{t-1} + \varepsilon_{1t} \\ I_t = \beta_0 + \beta_1 Y_t + \beta_2 Y_{t-1} + \varepsilon_{2t} \\ Y_t = C_t + I_t \end{cases}$$

该例中第一个方程是消费方程，因其他方程的任何线性组合都不能构成与该方程相同的统计形式，所以说消费方程是可识别的。

第二个方程是投资方程，它是不可识别的，因为第一个与第三个方程的线性组合(可消去 C)构成了与投资方程相同的统计形式。

由于该联立方程系统有两个随机方程，且其中的投资方程是不可识别的，所以该模型系统是不可识别的。

(二)单方程的识别类型

就单方程而言不但存在识别与不识别之分，对于可识别的方程，还存在着两种识别情况，即恰好识别(just identification)与过度识别(over identification)。其各自含义如下。

1. 恰好识别

如果某一个随机方程具有一组确定的参数估计量(唯一的一组解时)，称其为恰好识别。

2. 过度识别

如果某一个随机方程具有多组参数估计量，即有确定的多组解时，称其为过度识别。

这里要注意到方程的解与识别的关系问题，即在求解方程组时，一般情况下方程的个数要与未知数的个数相同。而方程的数目大于未知数数目时，常被认为是无解；如果方程数目小于未知数的数目，被认为有无穷多解。但是在模型的识别问题中，无穷多解就意味着没有确定值，所以，如果参数关系体系中有效方程数目小于未知结构参数的估计量数目，则被认为是不可识别。如果参数关系体系中有效方程数目大于未知结构参数估计量数目，那么每次从中选择与未知结构参数估计量数目相等的方程数，可以解得一组结构参数估计值，换一组方程，又可以解得一组结构参数估计值，这样就可以得到多组结构参数估计值，被认为可以识别，但不是恰好识别，而是过度识别。

(三)联立方程组的识别

上述对识别的定义，是针对结构方程而言的。在联立方程模型中每个需要估计其结构参数的随机方程都存在识别问题。而恒等方程由于不存在参数估计问题，所以也不存在识别问题。但是，在判断随机方程的识别性问题时，应该将恒等方程考虑在内。

如果一个模型中的所有随机方程都是可以识别的，则认为该联立方程模型系统是可以识别的。反过来，如果一个模型系统中存在不可识别的随机方程，则认为该联立方程模型系统是不可以识别的。同样，在联立方程组中有唯一的一组参数解时，称为恰好识别的；而有多组参数解时称为是过度识别的。

二、联立方程模型识别的判断条件

通过参数关系体系或统计形式来判断模型的可识别性是很麻烦的，为此人们总结出一些规范的程序来判断模型的可识别性问题。具体的程序有如下两个。

(一)结构式的识别条件

这种规范的判断方法是直接从结构式模型出发，逐一对模型中的每一个随机方程进行可识别性判断。

设结构式联立方程为 $\beta Y + \Gamma X = \varepsilon$ ，其共有 G 个内生变量，且每个内生变量对应一个方程；共有 K 个先决变量(含常数项)；其中第 g 个随机方程中包含 G_g 个内生变量和 K_g 个先决变量(含常数项)；并设矩阵 $\{\beta_0\Gamma_0\}$ 是从结构参数矩阵 $\beta\Gamma$ 中提取的元素构成的子阵，其元素为第 g 个方程中未包含的变量在其他 $G-1$ 个方程中所对应的参数，按原有的顺序排列组成的系数子矩阵。则利用该子阵，做具体的判断如下。

1. 判断秩条件

判断秩条件(rank condition)是用来判断结构方程是否可识别的基本条件，具体标准有如下两条：①子阵 $\{\beta_0\Gamma_0\}_g$ 的秩 $R(\beta_0\Gamma_0)_g < G-1$ ，则第 g 个结构方程不可识别；②子阵 $\{\beta_0\Gamma_0\}_g$ 的秩 $R(\beta_0\Gamma_0)_g = G-1$ ，则第 g 个结构方程可识别。

2. 阶条件

阶条件(order conditon)是用以判断结构方程的识别程度的条件，即秩条件判断为可识别时，再做如下判断：①如果 $K-K_g = G_g-1$ ，则第 g 个结构方程恰好识别；②如果 $K-K_g > G_g-1$ ，则第 g 个结构方程过度识别。

【例 10-6】判断例 10-5 的简单宏观经济模型的识别情况，则需先根据模型确定参数分块矩阵如下：

$$\begin{cases} C_t = \alpha_0 + \alpha_1 Y_{t-1} + \varepsilon_{1t} \\ I_t = \beta_0 + \beta_1 Y_t + \beta_2 Y_{t-1} + \varepsilon_{2t} \\ Y_t = C_t + I_t \end{cases} \Rightarrow (\beta \Gamma) = \begin{pmatrix} 1 & 0 & 0 & \begin{vmatrix} -\alpha_0 & -\alpha_1 \\ \end{vmatrix} \\ 0 & 1 & -\beta_1 & -\beta_0 & -\beta_2 \\ -1 & -1 & 1 & 0 & 0 \end{pmatrix}$$

因其存在两个随机方程，对其各系数子阵及其秩的计算如下：

$$R\begin{pmatrix} 1 & -\beta_1 \\ -1 & 1 \end{pmatrix}_1 = 2, \quad R\begin{pmatrix} 1 \\ -1 \end{pmatrix}_2 = 1$$

对于第一个方程而言：首先，由于第一个随机方程的系数子阵的秩为 $R_1 = 2$，且模型的内生变量个数 $G = 3$，即 $R_1 = G - 1$，所以第一个方程是可以识别的；其次，由于第一个方程中的内生变量有 1 个 $G_1 = 1$，且模型的前定变量 $K = 2$，并且第一个方程中的前定变量 $K_1 = 2$，则有 $K - K_1 < G_1 - 1$，所以说第一个方程是过度识别的。

对于第二个方程而言：由于 $R_2 = 1$，$G = 3$，则有 $R_2 < G - 1$，所以说第二个方程是不可识别的。

对于联立方程模型而言：由于第二个方程是不可识别的，所以整个模型也是不可识别的。这与从统计形式的定义上看，所得到的结果是一致的。

(二)简化式的识别条件

与结构式模型判断一致的简化式方法，其判别的方程为 $Y = \Pi X + E$；与结构式对应，共有 G 个内生变量，且每个内生变量对应一个方程；共有 K 个先决变量(含常数项)；其中第 g 个随机方程中包含 G_g 个内生变量和 K_g 个先决变量(含常数项)；并设矩阵 Z_g 为简化式系数矩阵 Π 中划去第 g 个结构方程所不包含的内生变量所对应的行，以及第 g 个结构方程中包含的先决变量所对应的列之后，剩余的参数按原顺序排列所组成的矩阵。作具体的判断也是秩条件和阶条件，其中阶条件与结构式判断相同，只是秩条件有所不同，具体标准为：子阵 Z_g 的秩 $R(Z_g) < G_g - 1$ 时，第 g 个结构方程不可识别；子阵 Z_g 的秩 $R(Z_g) = G_g - 1$ 时，则第 g 个结构方程可识别。

第三节　联立方程模型的估算

联立方程是由多个方程构成的，其求解方法一直是人们关心和探索的主要问题。内生变量与误差项的相关性，使得单方程估计是有偏的且具有非一致的性质；同时使用单一方程的估计，还漏掉了不同方程之间的信息，也使估计结果不准确。但是在人们的探索过程中，经常采用的求解方法大致上可分为两类：一是逐个方程分别求解的有限信息估计方法；二是所有方程同时进行估算的完全信息估计方法。

一、联立方程的逐一方程估算法

逐一方程估算的方法实质上是单方程估算，其常用的方法主要有如下几种。

(一) 普通最小二乘法

逐一方程进行单方程的普通最小二乘法或极大似然估计时，其应用条件非常苛刻，所以几乎无法应用，具体条件介绍如下。

(1) 在联立方程中各方程之间是相互独立的，这在联立方程中几乎是不可能的。

(2) 每个方程都要符合经典基本假设，这在联立方程中也是几乎不成立的。

如果不符合上述条件，而使用 OLS 估计，将得到一系列有偏且非一致的估计量。

(二) 间接最小二乘法

该方法要先求解简化式模型的各参数，然后再利用参数关系体系，求解出结构式模型的参数。其估计量在小样本下是有偏的，大样本下是一致的。具体的应用条件如下。

(1) 只有在恰好可识别的方程，才能得到确定的解。

(2) 简化式各方程中的前定变量之间要求无共线性存在。

(3) 各简化式方程的残差项符合经典基本假设。

(三) 工具变量法

联立方程模型中，解决内生变量与残差项相关的最理想方法就是工具变量法。如第八章所述，寻找一个与残差无关的代表性的工具变量是非常困难的。所以存在着具体的选择问题。

(1) 选择系统内的其他方程中的前定变量。即在联立方程中选择被估计变量方程之外的其他方程的前定变量为工具变量，以保证其与被估计方程的残差的无关性；同时为保证工具变量的代表性，最好是选择其所代表的内生变量方程中的前定变量。如果这样的前定变量不只一个，就应该利用因子线性组合或主成分提取等方法综合为一个变量。

(2) 二阶段最小二乘法。以简化式各内生变量的回归值作为工具变量代入到结构方程中，然后再进行一次最小二乘估计，则称为二阶段最小二乘法 (2SLS)。因回归值作为工具变量最具有代表性，其在小样本下虽是有偏的，但在大样本下却是一致性的。它不但适合于恰好识别的方程，还适合于过度识别的方程。当然这种方法同样要求结构式方程要符合经典的基本假设。

二、系统估算法

系统估算方法是指联立方程求解过程中，同时考虑变量和方程之间的相关信息，并一次性对各方程的所有结构参数同时求解的方法。所以也常称为完全信息估计法，具体的估计方法主要有三阶段最小二乘法 (3SLS) 和完全信息极大似然估计法等多种方法。其中最典型的方法就是三阶段最小二乘法，它是 Theil 和 Zellner 在 1962 年提出的，即在 2SLS 的基础上，进行广义最小二乘（GLS）估计，从而得到三阶段最小二乘法的结果。具体介绍如下。

(一) 三阶段最小二乘法的介绍

设联立方程模型的结构式为 $\beta Y + \Gamma X = \varepsilon$，简化式模型为 $Y = \Pi X + E$，则三阶段最小二乘的参数求解过程如下。

1. 通过简化式获得工具变量

以简化式回归值作为工具变量，需先计算求解简化式参数 Π，并估算各内生变量的回归值 $\ddot{Y}$。即以最小二乘法对该方程组中的每个随机方程的简化式进行最小二乘参数估计，以得到简化式方程组的参数阵 Π，再通过 ΠX 求得作为工具变量的回归代表值 $\ddot{Y}$。

2. 通过二阶段最小二乘法获得残差权数

对于结构方程 $\beta Y + \Gamma X = \varepsilon$ 的各内生解释变量而言，将简化式回归值 $\ddot{Y} = \Pi X$ 作为结构方程中各内解释变量的工具变量后，模型可表述为

$$Y = Z\delta + U$$

式中的 $\delta = (\delta_1, \delta_2, \cdots, \delta_G)'$ 为二阶段各方程的参数估计分块列向量，其中各分向量是各方程二阶段回归系数的列向量；$U = (u_1, u_2, \cdots, u_G)'$ 为二阶段各方程的残差列向量；$Z = \mathrm{diag}(Z_1, Z_2, Z_G)$ 是各方程的解释变量分块矩阵，其中 $Z_g = (\ddot{Y}'X')$。具体内容为

$$Y = \begin{pmatrix} Y_1 \\ Y_2 \\ \vdots \\ Y_G \end{pmatrix} = \begin{pmatrix} Z_1 & 0 & \cdots & 0 \\ 0 & Z_2 & \cdots & 0 \\ \vdots & \vdots & & \vdots \\ 0 & 0 & \cdots & Z_G \end{pmatrix} \begin{pmatrix} \delta_1 \\ \delta_2 \\ \vdots \\ \delta_G \end{pmatrix} + \begin{pmatrix} U_1 \\ U_2 \\ \vdots \\ U_G \end{pmatrix} = Z\delta + U \tag{10-4}$$

二阶段残差的内容如下：

$$U = \begin{pmatrix} u_1 \\ u_2 \\ \vdots \\ u_G \end{pmatrix} = \begin{pmatrix} u_{11} & u_{12} & \cdots & u_{1n} \\ u_{21} & u_{22} & \cdots & u_{2n} \\ \vdots & \vdots & & \vdots \\ u_{G1} & u_{G2} & \cdots & u_{Gn} \end{pmatrix} \tag{10-5}$$

即二阶段残差的方差-协方差阵为

$$V(U) = E(UU') = E \begin{pmatrix} u_1u_1 & u_1u_2 & \cdots & u_1u_G \\ u_2u_1 & u_2u_2 & \cdots & u_2u_G \\ \vdots & \vdots & & \vdots \\ u_Gu_1 & u_Gu_2 & \cdots & u_Gu_G \end{pmatrix} = \begin{pmatrix} \sigma_{11} & \sigma_{12} & \cdots & \sigma_{1G} \\ \sigma_{21} & \sigma_{22} & \cdots & \sigma_{2G} \\ \vdots & \vdots & & \vdots \\ \sigma_{G1} & \sigma_{G2} & \cdots & \sigma_{GG} \end{pmatrix} = \Sigma \tag{10-6}$$

该矩阵的得值不同，可以表述为如下几种情况。

(1) 在各方程的残差都是同方差的，且各方程的残差之间及各方程的残差自身都无自相关时，其方差-协方差为

$$\Sigma = \begin{pmatrix} \sigma^2 I_n & 0 & \cdots & 0 \\ 0 & \sigma^2 I_n & \cdots & 0 \\ \vdots & \vdots & & \vdots \\ 0 & 0 & \cdots & \sigma^2 I_n \end{pmatrix} = \sigma^2 I_n \otimes I_G \tag{10-7}$$

(2) 在各方程之间的残差存在异方差，但各方程之间和各方程的残差都无自相关时：

$$\Sigma = \begin{pmatrix} \sigma_{11}I_n & 0 & \cdots & 0 \\ 0 & \sigma_{22}I_n & \cdots & 0 \\ \vdots & \vdots & & \vdots \\ 0 & 0 & \cdots & \sigma_{GG}I_n \end{pmatrix} = \operatorname{diag}(\sigma_g^2 \mid g = 1, 2, \cdots, G) \otimes I_n \qquad (10\text{-}8)$$

(3) 各方程之间的残差存在异方差，同时各方程之间同期自相关，但各方程的残差无自相关时：

$$\Sigma = \begin{pmatrix} \sigma_{11}I_n & \sigma_{12}I_n & \cdots & \sigma_{1G}I_n \\ \sigma_{21}I_n & \sigma_{22}I_n & \cdots & \sigma_{2G}I_n \\ \vdots & \vdots & & \vdots \\ \sigma_{G1}I_n & \sigma_{G2}I_n & \cdots & \sigma_{GG}I_n \end{pmatrix} = \Sigma \otimes I_n \qquad (10\text{-}9)$$

(4) 各方程之间的残差存在异方差，同时各方程之间同期自相关，各方程的残差也自相关时：

$$\Sigma = \begin{pmatrix} \sigma_{11}\Omega_{11} & \sigma_{12}\Omega_{12} & \cdots & \sigma_{1G}\Omega_{1G} \\ \sigma_{21}\Omega_{21} & \sigma_{22}\Omega_{22} & \cdots & \sigma_{2G}\Omega_{2G} \\ \vdots & \vdots & & \vdots \\ \sigma_{G1}\Omega_{G1} & \sigma_{G2}\Omega_{G2} & \cdots & \sigma_{GG}\Omega_{GG} \end{pmatrix} = \sigma^2 \Omega \qquad (10\text{-}10)$$

3. 三阶段广义最小二乘法

通过前两个阶段的最小二乘估计虽然可以得到模型的结构参数估计值，但是残差往往是存在自相关和异方差的。这是因为前两个阶段的求解都是就单一方程进行的，并没有真正考虑变量在各方程之间的关联，从而使其在各方程之间的残差，以及各方程自身的残差分布特征上，表现为异方差或自相关的特征。这种特征实质上是变量在各方程之间交互作用的具体表现，所以将其分摊到各方程和各变量之中，就能够使残差表现为同方差和无自相关的要求。而这种分解最有效的做法，就是以异方差和自相关的程度为权重进行加权后的最小二乘计算。其中以异方差为权重的计算叫作加权最小二乘法，而以异方差和自相关为权重的计算常被称为广义最小二乘法，它是消除异方差和自相关的有效手段。

对二阶段的残差 U 观察存在异方差和自相关时，即当 $\Sigma = \sigma^2 \Omega$ 时，就应该采用广义最小二乘来求解结构方程，可以得到其无偏一致性的估计量。即设协方差阵 $\Omega = DD'$，使用其中的 D 的逆矩阵为权重对模型进行加权，并在加权置换后再采取最小二乘公式估计参数 β 的过程，并设 β 的估计值为 B，具体计算过程如下：

$$D^{-1}Y = D^{-1}ZB + D^{-1}U \qquad (10\text{-}11)$$

$$B = [(D^{-1}Z)'(D^{-1}Z)]^{-1}(D^{-1}Z)'(D^{-1}Y) = [Z'(D')^{-1}D^{-1}Z]^{-1}Z'(D^{-1})'D^{-1}Y = (Z'\Omega^{-1}Z)^{-1}Z'\Omega^{-1}Y \qquad (10\text{-}12)$$

可以证明该公式所得到的回归残差是同方差无自相关的，证明如下：

$$E[D^{-1}UU'(D^{-1})'] = D^{-1}E(UU')(D^{-1})' = D^{-1}\sigma^2\Omega(D^{-1})' = \sigma^2 D^{-1}DD'(D')^{-1} = \sigma^2 I \qquad (10\text{-}13)$$

可见三阶段最小二乘法可以将各残差的偏移分配到各方程的回归系数中，使其达到符合基本假设的要求，但是这要在模型设定正确的前提下，才是有效的。

(二)R中系统估计的程序函数

使用 R 软件进行联立方程的估计，可下载安装 systemfit 程序包，使用 systemfit 命令来实现。具体函数形式为

$$\text{systemfit}(公式,\text{method}="OLS",\text{inst}=N,\text{data}=\text{list}(),\ldots) \qquad (10\text{-}14)$$

该函数的主要参数说明如下。

(1)公式：以每一个公式对象存放一个单方程公式，再以列单对象存放多个单方程公式对象的列表，语法规则与单方程相同。

(2)method：该参数是对估算方法的选择，其默认方法是单方程 OLS。选择其他方法时都可以使用其缩写，主要有加权最小二乘(WLS)、看似无关回归(SUR)、两阶段最小二乘法(2SLS)、加权两阶段最小二乘法(W2SLS)或三阶段最小二乘法(3SLS)等。例如，选择三阶段最小二乘法时可写：method="3SLS"。

(3)Inst：以此参数为各方程列出工具变量或工具变量列单，是 2SLS、W2SLS、3SLS 等方法中的必选项，可以"工具对象$<\text{-}\sim$工具变量 1+工具变量 2+$\cdots$"的形式及 list(工具对象 1,工作对象 2,$\cdots$)等形式给出。

(4)data：指定包含模型中各变量数据的数据框。

作为知识的扩展，这里以线性方程组为主进行介绍，非线性方程组可以使用 nlsystemfit 命令进行估计，具体的使用中如遇到问题，可查看在线帮助。

【例 10-7】以消费方程和投资方程为基础，加上外贸方程，可构建一个简化的宏观经济模型如下：

gdp=jmxf+zfxf+ztz+jck，jmxf=a_0+$a_1$gdp+u_1，ztz=b_0+$b_1$gdp+u_2，jck=c_0+$c_1$zfxf+u_3

调查数据如附表 3 所示，根据其资料估计联立方程，并初步采用 OLS 估算后，并分别存放在 xffc、tzfc 和 ckfc 这三个对象中。观察其估算结果，发现 ckfc 方程的常数项不算显著，所以剔除后重新估算。最后以 gdp 和 zfxf 为工具变量，使用三阶段最小二乘法估计如下：

```
>xffc<-jmxf~gdp
>tzfc<-ztz~gdp
>ckfc<-jck~zfxf+0
>mx<-list(xffc,tzfc,ckfc)
>inst<-~zfxf+gdp
>systemfit(mx,method="3SLS",inst=ins,data=gdpzcsj)->lljg
```

```
>summary(lljg)
systemfit results
method:3SLS
         N   DF     SSR       detRCov    OLS-R2  McElroy-R2
system  108  103  1974018624  7.77934e+19  0.99393  0.999953
         N   DF     SSR       MSE        RMSE      R2        Adj R2
eq1      36   34  448770467  13199131   3633.06  0.996077  0.995962
eq2      36   34  936722198  27550653   5248.87  0.995519  0.995387
eq3      36   35  588525958  16815027   4100.61  0.670086  0.670086
The covariance matrix of the residuals used for estimation
          eq1         eq2         eq3
 eq1    13186337   -12517402   -4004355
 eq2   -12517402    27445226  -11494592
 eq3    -4004355   -11494592   16634122
The covariance matrix of the residuals
          eq1         eq2         eq3
 eq1    13199131   -12480674   -4016931
 eq2   -12480674    27550653  -11683265
 eq3    -4016931   -11683265   16815027
The correlations of the residuals
          eq1         eq2         eq3
 eq1    1.000000   -0.655926   -0.268946
 eq2   -0.655926    1.000000   -0.541786
 eq3   -0.268946   -0.541786    1.000000
3SLS estimates for 'eq1' (equation 1)
Model Formula:jmxf~gdp
Instruments:~zfxf+gdp
               Estimate     Std.Error     t value     Pr(>|t|)
(Intercept)  4.07264e+03  7.47492e+02   5.44841    4.4909e-06***
gdp          3.53332e-01  3.73512e-03  94.59725    <2.22e-16***
Signif.codes: 0 '***' 0.001 '**' 0.01 '*' 0.05 '.' 0.1 ' ' 1
Residual standard error: 3633.060885 on 34 degrees of freedom
Number of observations: 36 Degrees of Freedom: 34
SSR:448770467.282294 MSE:13199131.390656 Root MSE:3633.060885
Multiple R-Squared: 0.996077 Adjusted R-Squared: 0.995962
3SLS estimates for 'eq2' (equation 2)
Model Formula: ztz ~ gdp
Instruments: ~zfxf + gdp
```

```
                Estimate      Std.Error    t value      Pr(>|t|)
(Intercept) -4.68328e+03  9.44242e+02   -4.95983  1.9365e-05***
gdp          4.78278e-01  5.12362e-03   93.34764  <2.22e-16***
```
Signif.codes: 0 '***' 0.001 '**' 0.01 '*' 0.05 '.' 0.1 ' ' 1
Residual standard error: 5248.871583 on 34 degrees of freedom
Number of observations: 36 Degrees of Freedom: 34
SSR:936722198.464531 MSE:27550652.896016 Root MSE:5248.871583
Multiple R-Squared: 0.995519 Adjusted R-Squared: 0.995387
3SLS estimates for'eq3'(equation 3)
Model Formula:jck~zfxf+0
Instruments:~zfxf+gdp

```
            Estimate    Std.Error    t value       Pr(>|t|)
Zfxf       0.2561708   0.0240379    10.657        1.563e-12***
```
Signif.codes: 0 '***' 0.001 '**' 0.01 '*' 0.05 '.' 0.1 ' ' 1
Residual standard error: 4100.613049 on 35 degrees of freedom
Number of observations: 36 Degrees of Freedom: 35
SSR:588525958.091226 MSE:16815027.374035 Root MSE:4100.613049
Multiple R-Squared: 0.670086 Adjusted R-Squared: 0.670086

从计算结果上看各项统计检验都很好，不过这里没有考虑工具变量的恰当性，也没有做其他的各类检验。

■本章小结

本章是模型形式内容的延续和发展，主要介绍了联立方程模型的构建、识别与估算等方法。其核心内容是构建一个系统反映复杂经济关系的可识别的联立方程模型，而实现其系统性的估算是该章学习的难点，这需要使用软件程序来实现。建模中要注重经济理论对经济关系的决定性，同时要考虑模型中各方程的可识别性。在实现估算的过程中要注意，单方程的某些检验仍然必须进行，并且需要通过检验，模型才可以使用。

■思考与练习

1. 根据经济学某一系统的理论认识，来构建一个市场或一个简化了的宏观经济模型，并对其进行识别判断及修正。

2. 结合你对例 10-7 中各变量的观察及数据整理，分别设定各方程的估计变量来估算该方程组，然后再做一系列的相关检验，以达到模型能够使用的目的。

第十一章

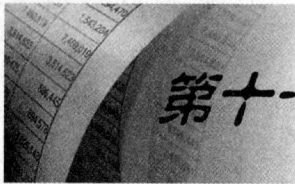

模型的使用检验

实践是检验真理的唯一标准，这是我国在改革开放的历史转折期，进行真理标准大讨论的主流共识。在计量经济模型的质量评价中，也同样实用。如果一个模型经过了前面所述的层层检验，虽然可能是个很优秀的模型，但是还应该在实践中做最后的关键性检验。

对社会经济现象的准确预测，始终是人们关心并努力探寻的东西。而在对计量经济模型的使用中，预测是对模型最基本的使用，所以本章主要从预测的视角，来说明模型的使用检验等技术问题。

预测的本质是掌握事物发展变化过程中的动力因素，而这一动力在不同的现象之间表现的差异很大，有的是人们的政策行为决定的，有的是自身的增长力量左右的，有的是随机性的干扰影响的，也有的是相关因素的关联改变的。所以本章将考虑这些因素，就预测的主要内容做具体介绍。

■ 第一节　单一变量模型的预测与评价

对单一变量的模型，主要考虑其自身的动力作用。一般情况下，我们根据鉴往知来的思想来对单一变量模型进行预测和评价。主要内容如下。

一、单一变量的趋势预测

单一变量的变化趋势可以分解为长期趋势(long-term trend)和周期性波动(cyclical fluctuation)等因素的作用。其主要测定方法如下。

(一)趋势的测定

长期趋势是指现象在发展变化过程中由于受到某种固定的、起根本性作用的因素影响而在较长时间内呈现出来的总态势，是时间序列变动的基本形式。它具体表现为不断增加或减少的线性或非线性的基本趋向；也可以表现为只围绕某一固定的轨道震荡的动向。测试趋势方法很多，有效的主要方法有如下两类。

1. 时间变量的趋势回归

这是在观察以往的时序分布特征的基础上，选择较为恰当的趋势方程来模拟现象的发展变化轨迹的方法。该趋势方程可以是线性的，也可以是非线性的。一般是以时间变量为解释变量、以趋势变量为被解释变量来建立回归方程的方法进行模拟。所以：

(1) 当各期增量较平稳的时候，选择一个直线方程来模拟。

(2) 当各期增量呈递增、递减或物极必反的形势表现时，可选择时间变量的二次方作为解释变量，来建立一个抛物线形的趋势方程。

(3) 当各期的增量呈现出阶梯性改变时，往往需要配合一条时间变量的三次方及以上的高次方等形式为解释变量，来构建趋势方程。

【例 11-1】调查获得我国 2002 年一季度至 2014 年三季度共计 51 个季度的农业总产值数据，如表 11-1 所示。

表 11-1　我国农业总产值数据表

年份	一季度	二季度	三季度	四季度
2002	1056.6	3096.3	4823.2	5955.4
2003	1087.1	2980.8	5013.9	5788.3
2004	1216.4	3786.2	6111.8	7024
2005	1350.1	4089	6776.4	7397.9
2006	1653.5	4647.3	7293.6	7927.9
2007	1813	5129	8287.3	9428.8
2008	2187	6005	9691.6	10170.6
2009	2271	6643.6	10517.4	11179.1
2010	2722.4	7856.4	12904.5	13457.8
2011	3120.1	8811	15178.7	14878.8
2012	3567.5	9799.1	16415.4	17158.5
2013	3862.2	10803.8	17666.8	19164.6
2014	4292.6	11707.8	18798.7	

将这些数据描绘成图像，如图 11-1 中的折线所示。因为观察其变化趋势属于非线性，且使用三次方曲线估计的效果最好，即该三次方曲线是以农业点产值 nyzcz 为被解释变量，以 1～51 自然数的一、二、三次方为解释变量建立的回归方程。如图 11-1 中的平滑曲线所示。

2. 速度趋势推算法

这是以事物故有的发展变化速度为依据进行估算预测的常用方法。但预测中常根据一些定性的外生因素对速度做必要的调整，这些外生因素主要是人为的政策性因素，如发展计划、规划、政策、法律等重大的改变。而调整的方法通常采用德尔菲式的专家调查法或发展速度计划调整等方法来预计赋值。人们常将这类对外生变量的预测方法叫作主观赋值法。

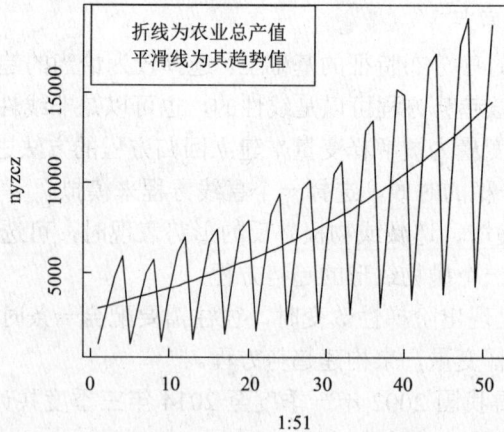

图 11-1 我国农业总产值的分布及趋势图

(二)周期性因素的测定

1. 周期的类型及其特征

周期性因素特征的判断方法，可参见第七章第三节中关于变量的自相关、偏自相关及互相关函数的拖尾和结尾等分布特征，来判断选择其可能的自回归、移动平均、单整等形式和滞后期限等周期性模型，并进一步估算、检验，用于预测。

2. 周期性模型的估算

在 R 中估算 ARIMA 模型的函数为

$$\text{arima}(x, \text{order}=c(0,0,0), \text{xre}=N, \text{inc}=T, \text{method}="CSS-ML", \cdots) \tag{11-1}$$

各参数说明如下：

(1) x 为单变量时序。

(2) order=c(0,0,0)是需要分别设置的求解变量的自回归、单整、移动平均的阶数。

(3) method 是拟合方法的选择，即包含极大似然法(ML)和条件最小二乘法(CSS)。默认的(除非有缺失值)是使用 CSS 找到起始估计值，然后再使用 ML 估计最终值。

(4) xre 是加入的外生解释变量列表。

(5) inc 是包含截距项的模型，即非残差项的模型估计。

注意：使用 arima.sim(model=list(ar=c(系数列表)···), n=序列长度)命令，可以产生一个模拟的 AR、MA、ARMA、ARIMA 等序列。

【例 11-2】我国农业总产值的剔除周期性的趋势分析如下。

首先，利用 ADF 检验，观察其为平稳的，即有

```
> adfTest(nyzcz,typ="ct")
Title:
 Augmented Dickey-Fuller Test
Test Results:
  PARAMETER:
    Lag Order: 1
```

```
STATISTIC:
  Dickey-Fuller: -13.0362
P VALUE:
  0.01
```

其次，观察其自相关和偏自相关函数，如图 11-2 所示。

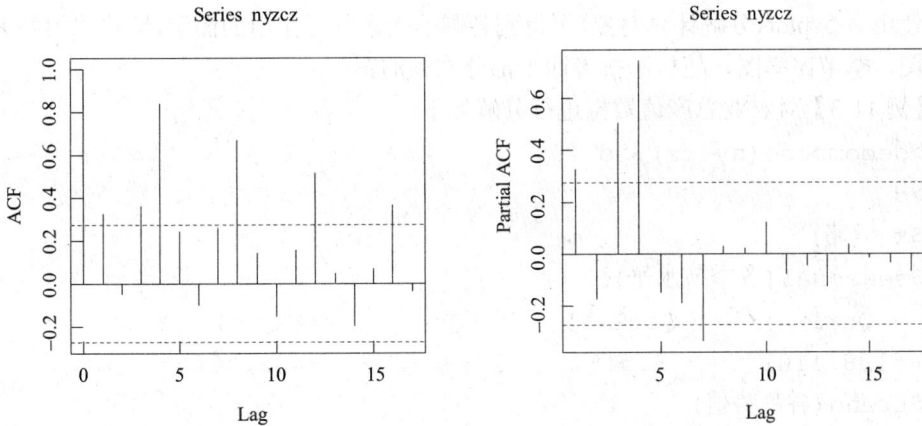

图 11-2 农业总产值的自相关和偏自相关图

从相关图上可见该序列可能存在滞后四期的明显自相关，所以使用滞后四期的估计会更有效，其求解函数如下：

```
>lm(nyzcz[5:51]~nyzcz[1:47]+0)->hg
>summary(hg)
Call:
lm(formula=nyzcz[5:51]~nyzcz[1:47]+0)
Residuals:
    Min        1Q      Median       3Q         Max
 -899.35    -214.68    -24.95     177.92     1177.86
Coefficients:
            Estimate  Std. Error   t value    Pr(>|t|)
nyzcz[1:47] 1.114975   0.007487    148.9     <2e-16 ***
Signif.codes:0 `***' 0.001 `**' 0.01 `*' 0.05 `.' 0.1 ` ' 1
Residual standard error: 428.9 on 46 degrees of freedom
Multiple R-squared:0.9979     Adjusted R-squared: 0.9979
F-statistic:2.218e+04 on 1 and 46 DF   p-value: < 2.2e-16
```

(三)趋势与周期混合时的分解预测

根据传统时序分析的思想，可以将变量的变化过程分为趋势、季节、随机干扰等因素的综合作用。我们使用 R 中的 decompose 函数，做出的有关的分解分析如下。

1. 因素的分解计算

在 R 程序中对趋势、季节、干扰等因素进行分解的程序命令如下：

$$\text{decompose}(\text{x,type="add"}) \qquad\qquad (11\text{-}2)$$

参数说明如下：

(1)x 为时序。

(2)type 为模型选择参数，默认值"add"为加法模型，而选择 type="mul"则为乘法模型。

2. 分解绘图

使用命令 plot（分解计算对象）可得到各影响因素分解作用的图示，即将原始序列图、趋势图、季节比率图、随机干扰等四个部分并列的图示。

【例 11-3】对农业总产值数据进行分解如下：

```
>decompose(nyzcz)->d
>d
$x   (略)
```

$seasonal(各季节水平)

Qtr1	Qtr2	Qtr3	Qtr4
-5198.1101	-993.5187	2788.7243	3402.9045

$trend(各趋势值)

	Qtr1	Qtr2	Qtr3	Qtr4
2002	NA	NA	3736.688	3726.062
2003	3735.463	3738.412	3733.688	3850.525
2004	4088.438	4380.137	4551.312	4605.875
2005	4726.800	4856.612	4941.275	5048.987
2006	5183.425	5314.325	5400.512	5480.663
2007	5665.087	5976.912	6211.275	6367.525
2008	6652.562	6920.825	7024.050	7114.375
2009	7297.425	7526.713	7709.200	7917.225
2010	8367.212	8950.438	9284.987	9454.025
2011	9857.625	10319.525	10553.075	10732.513
2012	11010.613	11450.163	11771.962	11934.388
2013	12216.400	12623.587	12928.150	13094.950
2014	13349.438	NA	NA	

$random(随机因素)

	Qtr1	Qtr2	Qtr3	Qtr4
2002	NA	NA	-1702.21179	-1173.56700
2003	2549.74759	235.90620	-1508.51179	-1465.12950
2004	2326.07259	399.58120	-1228.23679	-984.77950
2005	1821.41009	225.90620	-953.59929	-1053.99200
2006	1668.18509	326.49370	-895.63679	-955.66700
2007	1346.02259	145.60620	-712.69929	-341.62950
2008	732.54759	77.69370	-121.17429	-346.67950
2009	171.68509	110.40620	19.47571	-141.02950

2010	-446.70241	-100.51880	830.78821	600.87050
2011	-1539.41491	-515.00630	1836.90071	743.38300
2012	-2245.00241	-657.54380	1854.71321	1821.20800
2013	-3156.08991	-826.26880	1949.92571	2666.74550
2014	-3858.72741	NA	NA	

使用如下命令可以绘制时序的分解图(图 11-3)：

```
>plot(d)
```

Decomposition of additive time series

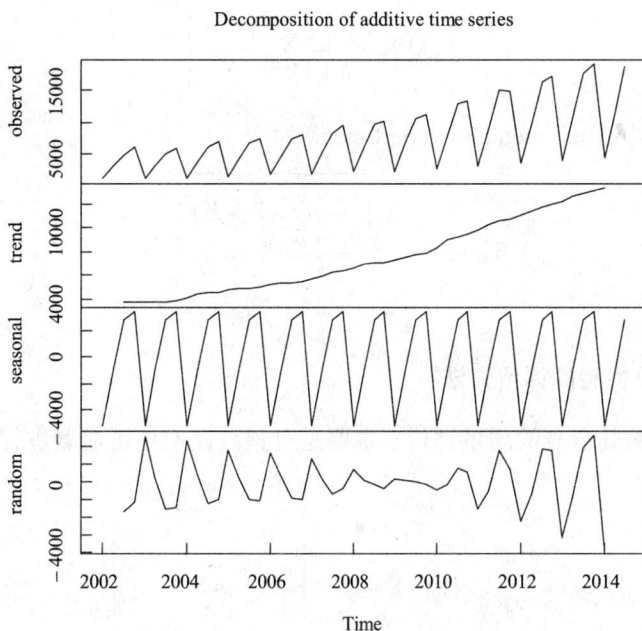

图 11-3　时序分解图示

图 11-3 是程序给出的原图，其中第一部分为时序的原始数据图；第二部分为长期趋势曲线图；第三部分为季节比率图；第四部分为随机残差项的曲线分布图。

二、预测效果的评价

检验预测效果的方法很多，多是在几种预测方法之间做比较和评价时才能使用，只有少数的以检验为基础的评价方法才可以单独使用。为此从如下几个视角介绍各类评价指标。

(一)基于残差的主要评价指标

设预测变量为 Y，预测结果值为 $\hat{Y}$，预测的时序的各时期为 t，预测期长度为 h，预测的基础期为 s，则基于残差进行预测效果评价主要方法，都是以所得数值趋近于零为佳。所以，这类方法主要在两个模型的预测比较中使用，即该类指标越小者，其对应的模型就越好。具体的主要测算指标如下：

误差均方根(root mean squared error, RMSE)为

$$RMSE = \sqrt{\frac{1}{h+1}\sum_{t=s}^{s+h}(\hat{Y}_t - Y_t)^2} \tag{11-3}$$

平均绝对误差(mean absolute error, MAE)为

$$MAE = \frac{1}{h+1}\sum_{t=s}^{s+h}\left|\hat{Y}_t - Y_t\right| \tag{11-4}$$

相对误差绝对值的平均数(mean absolute percentage error, MAPE)为

$$MAPE = \frac{1}{h+1}\sum_{t=s}^{s+h}\left|\frac{\hat{Y}_t - Y_t}{Y_t}\right| \tag{11-5}$$

泰勒不等系数(Theil inequality coefficient)为

$$Theil = \frac{\sqrt{\dfrac{1}{h+1}\sum_{t=s}^{s+h}(\hat{Y}_t - Y_t)^2}}{\sqrt{\dfrac{1}{h+1}\sum_{t=s}^{s+h}\hat{Y}_t^2}\sqrt{\dfrac{1}{h+1}\sum_{t=s}^{s+h}Y_t^2}} \tag{11-6}$$

(二)基于假设检验的评价方法

就单一模型做其自身的质量评价，主要是对预测误差是否显著进行检验，具体做法如下。

1. 假设形式

$$H_0: \hat{Y} = Y, \quad H_1: \hat{Y} \neq Y$$

2. 检验统计量

$$T = \frac{Y_t - \hat{Y}_t}{S_t} \sim t(N) \tag{11-7}$$

该统计量是服从自由度为 N 的 t 分布，其标准化形式的分母是预测模型的估计标准误，不同的模型会有不同的算式，参见式(11-15)和式(11-17)中的相关内容。自由度也是根据模型的变量数等因素确定的，参见式(4-2)的 t 检验内容。

3. 检验判断

在显著性水平 α 的要求下，与 t 检验相同。即当 $|T| < t_{\alpha/2}$ 时接受原假设，即预测效果很好；反之拒绝原假设，即预测效果不佳。

【例11-4】从例11-2中关于农业总产值四期滞后的回归分析中，得知其残差的标准误差为 428.9，该序列最后一期的预测值 hg$f[47]=19698.045，最后一期的实际值为 18798.7，T 分布的自由度为 $n-1 = 47-1 = 46$，则 t 检验的结果如下：

```
>(nyzcz[51]-hg$f[47])/428.9
-2.096864
>pt(-2.096864,46)
[1] 0.0207662
```

可见概率小于0.05，说明T统计量不在以零为中心的肯定预测误差接近于零的区域，而落在了表明预测准确性很小的否定域，即最后一期的预测效果并不理想。

(三)差比评价系统

设S为预测变量的标准差，r为预测值$\hat{Y}$与观察值Y的相关系数，我们可以分别计算偏差比、方差比、协方差比三个差比系数，用来说明各部分差异在预测误差中的占比情况，即三者之和为1。具体计算指标如下：

偏差比(bias proportion, BP)为

$$BP = \frac{\left(\overline{\hat{Y}_t} - \overline{Y}\right)^2}{\sum\left(\hat{Y}_t - Y_t\right)^2 / h} \tag{11-8}$$

该指标是以预测值和观察值的均值是否相同进行评价的，用以说明偏差水平上的差异程度。

方差比(variance proportion, VP)为

$$VP = \frac{(S_{\hat{Y}} - S_Y)^2}{\sum(\hat{Y}_t - Y_t)^2 / h} \tag{11-9}$$

该指标是以预测值的标准差和观察值的标准差接近为依据评价的，用以说明变异造成的差异程度。

协方差比(covariance proportion, CP)为

$$CP = \frac{2(1-r)S_{\hat{Y}}S_Y}{\sum\left(\hat{Y}_t - Y_t\right)^2 / h} \tag{11-10}$$

该指标是以预测值与观察值的相关系数为依据评价的，用以说明相关性偏离的程度。

(四)速度评价指标

该方法是由希尔（H. Theli）提出的，所以常被称为希尔不等系数法。定义希尔不等系数为

$$U = \sqrt{\frac{\sum\left(P_t - A_t\right)^2 / h}{\sum A_t^2 / h}} \tag{11-11}$$

其中，P_t是以Y的t期预测值为基础的边际变化率；A_t是Y的t期观察值为基础的边际变化率，即有

$$P_t = \frac{\hat{Y}_{s+t+1} - \hat{Y}_{s+t}}{\hat{Y}_{s+t}}, \qquad A_t = \frac{Y_{s+t+1} - Y_{s+t}}{Y_{s+t}}$$

该指标分析有如下几种情况：

(1)当$U=0$时，有$P_t=A_t$，说明模型的预测值与观察值一致，所以U接近于零是预测最佳的情况。

(2)当 $U=1$ 时，必有 $P=0$，说明预测值保持原水平不变。

(3)当 $U>1$ 时，则表明 P 与 A 的符号相反，预测偏差加大，是预测的最差情况。

第二节　单方程回归预测

单方程的回归模型多反映事物的因果关系，即在解释变量的决定下，被解释变量发生改变的结果。因此，其预测时需要使用本章第一节所述方法，先对解释变量做出预测，然后再利用回归方程对被解释变量做出预测。预测中涉及如下两方面的问题。

一、点预测

点预测是指在点估计思想基础上所进行的预测，即给定解释变量的特定值 X_0 前提下，对其被解释变量的条件均值点或具体数值点的预测。由于被解释变量是内生的，而解释变量是先决变量，所以解释变量的范围不同，预测的主要功能和作用也会不同。如果解释变量的取值范围在建立模型时的 X 样本范围之内，则对被解释变量的预测就称为内插预测，常用于建模过程的检验。而给定的解释变量取值是样本区间之外的点，则预测过程就称为外推预测。实际预测的通常情况就是外推预测，它是满足人们对预测最终需求的产品。

(一)均值的点预测

点预测的实质是对平均水平的一种点估计，它是所有预测的基础。因此其是否符合无偏性和有效性等性质的要求，就决定了预测的质量。这需要在预测时做充分的考虑，具体证明如下：

设预测模型为

$$(\hat{Y}_0 \mid X_0) = X_0 B \tag{11-12}$$

其中，$\hat{Y}_0$ 是 X_0 条件下的预测值，由于求出的是单个预测值，故称为"点预测"。在点预测中的预测值 $\hat{Y}_0$ 是基于平均水平 $E(Y_0 \mid X_0)$ 来预测的，所以常称为均值的预测。其基本性质如下。

1. 预测的期望

$$E(\hat{Y}_0 \mid X_0) = E(X_0 B) = X_0 E(B) = X_0 \beta \tag{11-13}$$

式(11-13)表明使用回归方程进行预测，其结果是一种无偏的估计。

2. 预测的方差

对于预测的方差观察如下：

$$\begin{aligned}
\text{Var}(\hat{Y}_0 \mid X_0) &= \text{Var}(X_0 B) = E\left[(X_0 B - X_0\beta)(X_0 B - X_0\beta)'\right] \\
&= E\left\{\left[X_0(B-\beta)\right]\left[X_0(B-\beta)\right]'\right\} = X_0 E\left[(B-\beta)(B-\beta)'\right]X_0' \\
&= X_0 \text{Var}(B) X_0' = X_0 \sigma^2 (X'X)^{-1} X_0' = \sigma^2 X_0 (X'X)^{-1} X_0'
\end{aligned} \tag{11-14}$$

式(11-14)表明被解释变量预测值的方差,是模型同方差通过解释变量偏离中心程度的调整,即该预测的方差随着解释变量的改变而改变,且随着外推长度的增加而扩大。

3. 预测的分布

在误差项服从正态分布的假设下,预测值的分布将是

$$(\hat{Y}_0 \mid X_0) \sim N \left[X_0 \beta, \sigma^2 X_0 (X'X)^{-1} X_0' \right] \tag{11-15}$$

式(11-15)说明均值的预测估计量 $X_0 B$ 是无偏的估计量,其方差随解释变量而改变。式(11-15)将是我们进行后续学习的基本工具,也是我们使用正态分布的依据。

(二)具体值的点预测

对某时期被解释变量的具体值的预测,也常称为个别值的预测,这种预测也是在平均意义上进行的,只是考虑预测时的总体真值。这些具体值的预测值具有如下特点。

1. 具体预测值的期望

具体预测值的期望可表示为

$$E(\hat{Y}_0 \mid X_0) = E(X_0 B + \varepsilon_0) = X_0 \beta + E(\varepsilon_0) = X_0 \beta \tag{11-16}$$

可见不论是对个别值 Y_0 的预测,还是对期望值 $E(Y_0 \mid X_0)$ 的预测,样本回归值 $\hat{Y}_0 = X_0 B$ 都是最佳的预测统计量。

2. 具体预测值的方差

同样,对于具体的个别值分布的方差测算为

$$\begin{aligned}
\mathrm{Var}(\hat{Y}_0 \mid X_0) &= \mathrm{Var}(X_0 B + \varepsilon_0) \\
&= E \left[(X_0 B - X_0 \beta - \varepsilon_0)(X_0 B - X_0 \beta - \varepsilon_0)' \right] \\
&= E \left\{ \left[X_0 (B - \beta) - \varepsilon_0 \right] \left[X_0 (B - \beta) - \varepsilon_0 \right]' \right\} \\
&= E \left[X_0 (B - \beta)(B - \beta)' X_0' - 2 X_0 (B - \beta) \varepsilon_0 + \varepsilon_0 \varepsilon_0' \right] \\
&= X_0 E \left[(B - \beta)(B - \beta)' \right] X_0' + E(\varepsilon_0 \varepsilon_0') \\
&= X_0 \mathrm{Var}(B) X_0' + \sigma^2 \\
&= X_0 \sigma^2 (X'X)^{-1} X_0' + \sigma^2 \\
&= \sigma^2 \left[1 + X_0 (X'X)^{-1} X_0' \right]
\end{aligned} \tag{11-17}$$

3. 具体值的分布

结合上述期望和方差,具体值预测的概率分布为

$$(\hat{Y}_0 + \varepsilon_0) \sim N \left\{ X_0 \beta, \sigma^2 [1 + X_0 (X'X)^{-1} X_0'] \right\} \tag{11-18}$$

式(11-18)说明 $X_0 B$ 仍然是个别值预测的无偏估计,只是其变化的方差较均值预测多了一倍的同方差。

二、区间预测

在点预测中虽然考虑到预测的无偏性问题，但并没有考虑到样本观测值的代表性及其误差的影响。即在点预测中都假定随机因素 ε 的影响为零，这常常是与现实不符的。同时，我们虽然知道点预测值的分布，但是在点预测中并没有使用其概率分布等信息，所以也不可能计算其预测的准确区间和把握程度等内容。区间预测则要考虑这些因素来完成预测任务，以满足具有精度要求的预测工作。具体内容如下。

(一)均值的区间预测

区间预测的基本原理是在概率分布的基础上，使用如下关系式进行的：

$$P\left(\left|Y_0 - \hat{Y}_0\right| < \Delta\right) = 1 - \alpha \tag{11-19}$$

即实际值与预测值的偏差小于允许的误差 Δ 的概率为 $1-\alpha$，其中 α 为显著性的小概率水平，$1-\alpha$ 则是较大的把握性概率。根据式(11-15)将其标准化的形式为

$$P\left\{\left|(Y_0 - \hat{Y}_0) / \left\{\sigma[X_0(X'X)^{-1}X_0']^{0.5}\right\}\right| < U\right\} = 1 - \alpha$$

其中，总体的真值 $Y_0 = X_0\beta$ 是预测值 $\hat{Y}_0 = X_0 B$ 的期望，在预测中由于总体误差的标准差 σ 未知，我们所能使用的就是残差估计的标准误差 s，作为总体方差的来替代，则标准化时就构成了 t 统计量为

$$t = \frac{X_0 B - X_0 \beta}{s\sqrt{X_0(X'X)^{-1}X_0}} \sim t_{(n-K-1)}$$

其中，s 是利用样本资料估算的残差的标准差的估计值。根据该式可以得到均值预测，在 $1-\alpha$ 的置信水平下，以 $t_{\alpha/2}$ 表示标准化临界值，则有

$$P\left\{\left|(Y_0 - \hat{Y}_0) / \left\{s[X_0(X'X)^{-1}X_0']^{0.5}\right\}\right| < t_{\alpha/2}\right\} = 1 - \alpha$$

即

$$P\left\{\left|Y_0 - \hat{Y}_0\right| < t_{\alpha/2} s[X_0(X'X)^{-1}X_0']^{0.5}\right\} = 1 - \alpha$$

则有预测允许误差为

$$\Delta = t_{\alpha/2} s\sqrt{X_0(X'X)^{-1}X_0'} \tag{11-20}$$

其置信区间为

$$\hat{Y}_0 = X_0 B \pm t_{\alpha/2} S_c$$

这里的 t 分布临界值的自由度为 $n-K-1$，其中 n 为样本容量，K 为解释变量数；

S_c 为预测标准差的估计值，$S_c = s[X_0(X'X)^{-1}X_0']^{0.5}$，$s$ 为样本残差的标准差。

(二)个别值的区间预测

个别值的区间预测与均值的区间预测就相差在预测的标准差上，即在 $1-\alpha$ 的置信水平下的预测置信区间为

$$\hat{Y}_0 + \varepsilon_0 = X_0 B \pm \Delta$$

其中，允许误差 $\Delta = t_{\alpha/2} S_p$，它与均值预测不同的地方，就是预测标准差的估计值 S_p，即

$$S_p = s[1 + X_0(X'X)^{-1}X_0']^{0.5}$$

(三)允许误差与预测精度的关系

通过允许误差的观察可知：不论是均值预测，还是个别值的预测，其在给定置信水平下的允许误差，随着 X_0 的变化而改变。即在样本一定的前提下，允许误差的各构成要素中只有 X_0 是变化的量。在标准化的情况下越接近与平均水平 $E(X)$ 的 X_0，所对应的允许误差就越小，越远离平均水平时 $X_0 X_0'$ 就越大。可见，在置信水平给定的前提下，越接近于平均水平的允许误差越小，即预测的精度越高；而远离平均水平的预测精度就低。如图 11-4 所示。

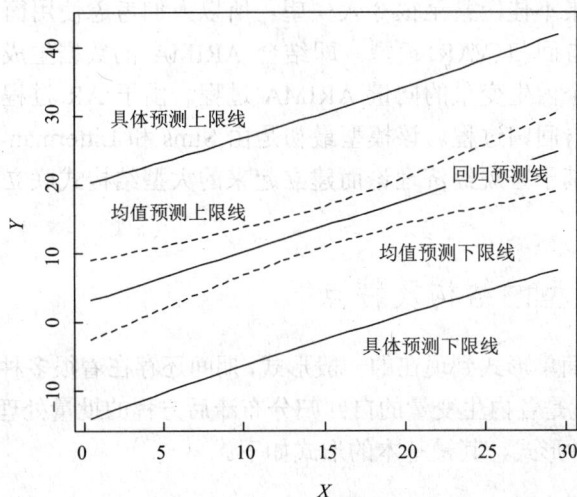

图 11-4　预测置信区间分布图

综合上述分析，在对于 Y 的总体均值 $E(Y|X)$ 与个体值 Y 的预测置信区间，存在如下关系：

(1)样本容量 n 越大，预测精度(或称为准确程度)越高，反之预测精度越低。

(2)样本容量一定时，置信带的宽度，在 X 均值处最小，在其附近进行内插预测时的精度很高；而 X 越远离其均值，置信带越宽，即预测的精度将很快下降。

(3)样本容量和把握程度一定时，个别值预测的置信带宽度较平均值的置信带宽度，要宽出两倍的标准差。

(4)预测的精度不等于置信程度，不能将把握程度与预测精度混淆。当置信程度(即预测的把握程度 $1-\alpha$)提高时，t 值就随之增加，进而允许误差也随之扩大。所以说，预测的把握程度越大，其精度就越低。

(四)R中对多元回归的预测

在 R 中可以使用 predict( )函数来取得多元回归预测，该函数的用法如下：

$$predict(回归对象，外生数据框,int="pre", level=0.95) \qquad (11-21)$$

该函数在使用中要注意如下几点：

(1)预测中的外生数据，需要以数据框的形式来存储。可以是单值，也可以是序列。

(2)进行区间预测时需要同时使用后两个参数，其中 int 中选择 con 是平均值的预测，而选择 pre 则是个别值的预测；level 是对置信水平在要求。

■ 第三节　多方程模型预测

联立方程的预测，主要是对内生变量的预测，它们取决于系统内各外生变量的决定。所以预测中更多的是使用简化式进行的。当然在结构分析、政策模拟、检验理论等方面的使用，还需要结构式模型来完成。但是由于受经济理论的限制，很多结构式模型在预测中的效果不佳，甚至很令人失望。所以人们考虑使用简化式进行预测，并发展出精典的向量自回归(VAR)模型。即结合 ARIMA 的数据生成系统知识，多方程模型可以看作是多个内生变量的向量 ARIMA 过程。由于 AR 过程使用较多，所以常见的分析就是向量自回归过程。该模型最初是由 Sims 和 Litterman 提出的，并在预测方面明显好于那些基于宏观经济理论而建立起来的大型结构式联立方程模型。现就有关内容介绍如下。

一、VAR模型的结构及特点

VAR 从最初的简单形式到现在的一般形式，期间还存在着很多种不同的形式及其特点，但其基本内容就是各内生变量的自回归分布滞后方程的批量处理。该模型从不同的视角解释有着很多种形式，其最基本的形式如下。

(一)VAR的形式

Sims 认为 VAR 模型应该是全部内生变量与其滞后期的标准模型，即只有一系列的自回归方程组合构成的向量自回归模型，它没有外生变量构成的作用程度。在现实的经济现象中多数都属于随机性的，具有内生特征的变量，所以不加任何限制而使用的 VAR，也叫作非限制性 VAR (unrestricted VAR)模型。它是不区分变量的属性，而将其都看作是内生的做法。

设：Y_t 是全部内生变量组成的 G 维列向量；$0 \leqslant p \leqslant P$ 是滞后阶数；T 是样本期数；$A_1, \cdots, A_p$ 都是 $G \times G$ 阶内生系数矩阵系列；ε_t 是扰动变量组成的 G 维列向量，其协方差阵 $\sigma(G)$ 是一个 $G \times G$ 的正定矩阵。则 VAR 一般表达式为

$$Y_t = A_0 + A_1 Y_{t-1} + A_2 Y_{t-2} + \cdots + A_P Y_{t-P} + \varepsilon_t \tag{11-22}$$

其中各部分的具体内容如下：

$$Y_t = \begin{pmatrix} Y_{1,t} \\ Y_{2,t} \\ \vdots \\ Y_{G,t} \end{pmatrix}, \quad Y_{t-p} = \begin{pmatrix} Y_{1,t-p} \\ Y_{2,t-p} \\ \vdots \\ Y_{G,t-p} \end{pmatrix}, \quad A_0 = \begin{pmatrix} A_{10} \\ A_{20} \\ \vdots \\ A_{G0} \end{pmatrix}, \quad A_p = \begin{pmatrix} a_{11p} & a_{12p} & \cdots & a_{1Gp} \\ a_{21p} & a_{22p} & \cdots & a_{2Gp} \\ \vdots & \vdots & & \vdots \\ a_{G1p} & a_{G2p} & \cdots & a_{GGp} \end{pmatrix}, \quad \varepsilon_t = \begin{pmatrix} \varepsilon_{1t} \\ \varepsilon_{2t} \\ \vdots \\ \varepsilon_{Gt} \end{pmatrix}$$

这种形式与联立方程的简化式基本相同，且较简化式更为简化了一步，即没有外生变量。而对于其中的某个变量而言，其单方程就是一个典型的自回归分布滞后模型。如果 VAR 模型中有 G 个变量，则其就是 G 个自回归分布滞后模型构成的简化式联立方程组。

（二）VAR模型的基本假设与特点

任何模型都有其基本假设，VAR 模型所含的基本假设如下。

1. 模型中的所有变量都是内生的

由于简化式联立方程模型的解释变量可以分为两部分：一部分是滞后内生变量；另一部分是外生变量。如果做系统中的各外生变量 X 与内生变量 Y 的回归 $Y_t = BX_t + Z_t$，则可取得残差 Z_t 的序列数据，它是没有外生变量影响的各变量值。若以此类所有的残差数据来构建 VAR 模型，则可以得到系统中不受外生影响的全部内生变量构成的 VAR 模型。所以说 Sims 将全部变量都看作内生的做法，实质上是假定其外生作用都被剔除的前提下的分析过程。这样就单个方程来看，其被解释变量的滞后就是自回归的部分，而其他内生解释变量的滞后又构成了分布滞后部分。所以就各个单方程来看，它们都是自回归分布滞后的 ADL 模型。即在经济理论（或变量属性）未知的情况下，ADL 模型就成为探索性的从一般到具体的建模方法所选定的最初形式。

2. VAR模型是个稳定的系统

最初的 VAR 模型主要用于经济预测，其效果要好于在现有理论基础上建立的结构式联立方程，所以人们认为它是相对稳定的系统。这里的稳定是在模型的设定合理的前提下，才能得到保证的，所以稳定性也就成为各类模型的假设之一。由稳定性可知其基本要求有：

（1）以滞后算子表示的 VAR 模型就是 $A(L)Y = \varepsilon$，其中，$A(L) = I - A_1 L - A_2 L^2 - \cdots - A_p L^P$。

（2）Y 中的各变量都是平稳的。

（3）$\varepsilon_t \sim \text{i.i.d.} N(0, \sigma^2)$，$\text{Cov}(\varepsilon_{it}, \varepsilon_{jt}) = 0$，即 ε 是白噪声过程。

（三）VAR模型的主要特点

VAR 模型最主要的作用是为预测服务，所以人们只关注其一般性的动态规律。这样在使用 VAR 模型时，就具有如下几个特点。

（1）不以严格的经济理论为依据。建立 VAR 模型时并不需要考虑模型所反映的经济关系，进而将各回归系数都不进行约束性的 t 检验或 F 检验。

（2）VAR 模型的解释变量中不包括任何当期变量，所有与联立方程模型有关的问题（主要是参数估计量的非一致性等问题）在 VAR 模型中都不存在。即解释变量全部都是各内生变量的滞后期，所以需要确定模型的最大滞后期，使模型能反映出变量间相互影响的绝大部分信息。

(3)由于 VAR 模型各方程的解释变量都是滞后的前定变量,所以不必对解释变量在预测期内的取值做任何假定或估算,用于预测使用非常方便可行。

(4) VAR 模型估计需要很大的计算量,其变量的多少和滞后期的大小,都关系到计算的数量和结果。例如,一个 VAR 模型含有 3 个变量,最大滞后期 $P=3$,则有 $PN^2=3\times3^2=27$ 个参数需要估计。当样本容量较小时,多数参数估计量的误差较大。

(5)用 VAR 模型做近期外推预测较为准确,但是做长期的外推预测时,则只能预测出变动的趋势,且对短期波动预测不理想。

二、VAR模型的估计与滞后期检验

VAR 模型的理论简单,测算上的重复工作较大,所以需要使用软件来实现。

(一)VAR模型的估计

估算 VAR 模型的途径很多,可以使用 R 中的联立方程求解函数 systemfit(公式,数据框)等命令对 VAR 模型进行估计;当然也可以使用 ar(数据框)得到各列是不同的方程的估计结果、各行是回归系数和估计的方差等信息。在 vars 包中的 VAR()函数是较好的以 OLS 估算每个方程的命令,具体如下:

$$VAR(Y, p = 1, \text{type} = \text{"const"}, \text{season} = \text{NULL}, \text{exogen} = \text{NULL},$$

$$\text{lag.max} = \text{NULL}, \text{ic} = c(\text{"AIC"}, \text{"HQ"}, \text{"SC"}, \text{"FPE"})) \tag{11-23}$$

各参数使用说明如下:

(1) Y 为包含各内生变量的数据。

(2) p 为滞后期要求。

(3) type 是对模型是否包含确定性因素的选择。仅含常数项时选择"const",仅含趋势项时选择"trend",两者都包含时选择"both",两项都没有时选择"none"。默认时是有常数项"const"。

(4) season 是对季节性虚拟变量的设定。

(5) exogen 是对外生变量的设定。

(6) ic 是选择滞期的判断准则,默认是全选择。

(二)VAR模型的检验

由于 VAR 模型的解释变量只是由各变量的滞后变量构成,同时又不考虑其显著性检验等问题,所以该模型的检验主要是对各变量滞后期的选择。检验的主要方法如下。

1. 确定滞后阶数 P 的LR检验

LR(likelihood ratio)检验的原假设:在滞后数为 P 时,系数矩阵 A_p 的元素均为 0;备择假设是系数矩阵 A_p 中至少有一个元素显著不为 0。

1980 年 Sims 确定的 χ^2 检验的统计量为

$$LR = -2(T - P)(\log L_{(P-1)} - \log L_{(P)}) \sim \chi^2(n^2)$$

其中，$L_{(P)}$ 为 VAR 的最大滞后期 P 时的似然函数，一般情况下，计算出 LR 后，与 5% 的 χ^2 临界值水平比较，如果是 LR $>\chi^2_{0.05}$ 则拒绝原假设，表示统计量显著，此时增加滞后值能够显著增大极大似然估计值；否则，接受原假设，即该滞后期不显著。

LR 检验的方法是从最大的滞后数开始进行检验，每次减少一个滞后期，直到拒绝原假设为止。检验中所使用的似然比的数值可在 summary（VAR 结果）中获得。

2. 残差信息测算检验

判断模型的滞后期时，人们经常使用 AIC 信息准则（akaike information criterion）和 SC 准则（Schwarz criterion），参见式（7-18）和式（7-19）的相关内容。即 AIC 和 SC 的值越小模型就越显著，但该检验不能单独使用，要结合其他恰当性检验进行。

3. 最终预测误差

最终预测误差准则（final prediction error criterion, FPEC）是寻找使最终预测误差（FPE）最小的滞后阶数 P 的依据指标。FPE 的基本计算式为

$$\text{FPE}(P) = s_P^2 (T+P)/(T-P) \tag{11-24}$$

其中，s_P^2 为滞后 P 期残差的方差估计；T 为样本长度；P 为滞后期。这一指标也是越小越好，且此处理能够平衡选择较低阶数造成的偏离性的风险与选择较高滞后阶数造成的方差增大的风险。

三、VAR模型的进一步应用

从 VAR 建模出发，经过一系列的检验和精简，最终形成少数的几个稳定均衡的方程，是从一般到具体建模的基本目标。当现实的经济变量是平稳的序列时，可以直接采用 OLS 估计其 VAR 模型；而经济变量是不平稳的序列时，则直接使用 VAR 模型易产生伪回归。为此，人们从 VAR 出发寻找出一套建立协整方程的方法，并系统地实现了从一般到具体的基本建模方案，具体内容如下。

（一）Johansen协整检验

由于社会经济现象多是非平稳的，所以我们设 VAR 模型中的每个变量 $Y_g \sim I(1)$，即都是一阶单整过程，则在 P 阶滞后的 VAR 模型的右侧同时加减一项 $A_P Y_{t-P+1}$，则可以得到

$$Y_t = A_0 + A_1 Y_{t-1} + A_2 Y_{t-2} + \cdots + (A_{P-1} + A_P) Y_{t-P+1} - A_P \Delta Y_{t-P+1} + \varepsilon_t$$

接下来在上式的基础上再加减一项 $(A_{P-1} + A_P) Y_{t-P+2}$，则上式将变为

$$Y_t = A_0 + A_1 Y_{t-1} + A_2 Y_{t-2} + \cdots + (A_{P-2} + A_{P-1} + A_P) Y_{t-P+2} - (A_{P-1} + A_P) \Delta Y_{t-P+2} - A_P \Delta Y_{t-P+1} + \varepsilon_t$$

依此类推，直到同时加减 $(A_2 + \cdots + A_P) Y_{t-1}$ 为止，则有

$$Y_t = A_0 + (A_1 + A_2 + \cdots + A_P) Y_{t-1} - (A_2 + \cdots + A_{P-1} + A_P) \Delta Y_{t-1}$$
$$- \cdots - (A_{P-1} + A_P) \Delta Y_{t-P+2} - A_P \Delta Y_{t-P+1} + \varepsilon_t$$

两边同时减去 Y_{t-1} 有

$$\Delta Y_t = A_0 + \pi Y_{t-1} + \pi_1 \Delta Y_{t-1} + \pi_2 \Delta Y_{t-2} + \cdots + \pi_{P-1} \Delta Y_{t-P+1} + \varepsilon_t \tag{11-25}$$

其中，$\pi = (A_1 + A_2 + \cdots + A_P) - I$，$\pi_p = -(A_{p+1} + A_{p+2} + \cdots + A_{P-1} + A_P)$，$p = 1, 2, \cdots, P-1$。该式的操作过程就是对各阶滞后变量都进行差分的过程，即将单整过程经过差分必然会得到平稳的过程。所以说如果协整关系存在，则式(11-25)的各分项将都是平稳的，即 πY_{t-1} 项也是平稳的。因此，该式就是著名的误差修正模型，而 πY_{t-1} 就是误差修正项。

基于 π 的特征，Johansen 于 1988 年、Johansen 与 Juselius 一起于 1990 年提出了利用该模型的系数矩阵 π（称为压缩矩阵或影响矩阵）进行多重协整性检验的方法，通常称为 JJ 检验。即以影响矩阵的秩来判断协整关系如下：当 rank$(\pi)=0$ 时，表明 VAR 模型中没有协整关系的向量存在；当 rank$(\pi)=G$ 时，表明所有的变量都是平稳的；当 $0 < \text{rank}(\pi) = r < G$ 时，表明该 VAR 系数中存在着 r 个协整关系。

Jonansen 还证明了在协整关系存在的条件下，矩阵 π 还可以进一步分解为 α 和 β 两部分的乘积，其中 α 就是各协整模型的误差修正项的回归系数权重构成的矩阵，即速度调整系数矩阵；而 β 就是各协整模型的协整向量（协整回归系数构成的向量）构成的协整矩阵。

JJ 检验过程的 R 函数在 urca 包中，由 ca.jo 命令来实现。具体内容如下：

$$\begin{aligned}&\text{ca.jo}(\text{x,type=c}(\text{"eigen","trace"}),\text{ecdet=c}(\text{"none","const","trend"}),\text{K=2},\\&\text{spec=c}(\text{"longrun","transitory"}),\text{season=NULL,dumvar=NULL})\end{aligned} \tag{11-26}$$

各参数说明如下：

(1) x 是为求取协整关系的矩阵或数据框。

(2) type 是检验方法的选择，即在最大特征根法 eigen 与特征轨迹法 trace 之间，及两者都要使用的选择。

(3) ecdet 是协整方程的属性，即在协整方程中是否包含截距和确定性趋势。none 不包含截距，const 是包含常数项，trend 是包含趋势在内。

(4) K 为 VAR 系统的最大滞后期。在数据项数允许的范围内设置。

(5) spec 是向量误差修正的规范要求，在长期与即时之间选择。

(6) season 是在季节性数据中必须设置相应的频率，如"4"是指季度数据。

(7) dumavr 表示如果是虚变量应该包括一个矩阵的行维度。

该程序的计算结果会分别给出：检验平稳性的基础特征值、协整关系数量 r 的假设检验过程，以及以各被解释变量的协整系数为 1 的标准化的各协整方程的系数矩阵 β 和荷载矩阵 α。

由于该检验只适合 $I(1)$ 过程的检验，且对滞后期很敏感，需要使用恰当的滞后期，所以最好在滞后期确定后使用。

（二）Granger因果关系检验

由 Granger 于 1969 年提出、Sims 于 1972 年推广的因果关系检验方法，解决了 X 是否引起 Y 的原因问题，主要看现在的 Y 能够在多大程度上被过去的 X 解释，即加入 X

的滞后值是否使模型解释的程度提高了。如果 X 在 Y 的预测中有帮助，或者 X 与 Y 的相关系数在统计上显著时，就可以说：Y 是 X 引起的 Granger 因果关系。在协整系统基本确定后，需要明确具体的协整关系时，要结合因果关系和滞后期等检验，来选择确定最终的协整模型。结合第八章第四节的内容，介绍因果关系检验的具体内容。

1. Granger因果关系及其定义

设对 Y_t 进行 h 期预测的均方误差为

$$\text{MSE} = \sum(\hat{Y}_{t+i} - Y_{t+i})/h \tag{11-27}$$

则 Granger 因果关系判断的基本思想如下：如果 $h>>0$，基于 $(Y_t, Y_{t-1}, \cdots)$ 预测 Y_{t+h} 得到的均方误差 MSE_Y，与基于 $(Y_t, Y_{t-1}, \cdots)$ 和 $(X_t, X_{t-1}, \cdots)$ 两者共同作用得到的预测 Y_{t+h} 的均方误差 MSE_{YX} 相同，则 Granger 判断 X 不是 Y 的原因。其具体定义如下。

对于线性函数，若有

$$\text{MSE}\big[E(Y_{t+h} \mid Y_t, Y_{t-1}, \cdots)\big] = \text{MSE}\big[(Y_{t+h} \mid Y_t, Y_{t-1}, \cdots; X_t, X_{t-1}, \cdots)\big] \tag{11-28}$$

则称 X 对于未来的 Y 是无线性影响的信息。

反之，如果 X 的前期信息对 MSE 的减少有贡献时，则称 X 在 Granger 意义上对 Y 有因果关系。

注意：Granger 对因果关系的判断有效性与时序数据的时间跨度有关，在时间跨度与事物变化不一致时，可能会出现错误的推论。

2. 多变量间无Granger因果关系的条件

对于有 m 个变量的 VAR 模型，利用从 $t-1$ 到 $t-P$ 期的所有信息，以 a 为 A 的估计矩阵，则最优预测如下：

$$\hat{Y}_t = a_1 Y_{t-1} + a_2 Y_{t-2} + \cdots + a_P Y_{t-P} \quad (t = 1, 2, \cdots, T)$$

作为两个变量的推广，对多变量的组合给出如下的系数约束，即如果在 $\text{VAR}(p)$ 中，不存在 Y_{jt} 到 Y_{it} 的所谓的 Granger 意义上的因果关系，其必要条件是

$$a_{ij}(p) = 0 \quad (p = 1, 2, \cdots, P)$$

其中，$a_{ij}(p)$ 是 a_p 的第 i 行第 j 列的元素。

3. Granger因果关系检验的主要方法

Granger 因果关系检验实质上是检验一个内生变量的滞后变量是否可以引入到其他内生变量的方程中。一个变量如果受到其他变量的滞后影响，则称它们具有 Granger 因果关系。例如，在一个二元 p 阶的 VAR 模型中：

$$\begin{pmatrix} Y_t \\ X_t \end{pmatrix} = \begin{pmatrix} a_{10} \\ a_{20} \end{pmatrix} + \begin{pmatrix} a_{11(1)} & a_{12(1)} \\ a_{21(1)} & a_{22(1)} \end{pmatrix} \begin{pmatrix} Y_{t-1} \\ X_{t-1} \end{pmatrix} + \begin{pmatrix} a_{11(2)} & a_{12(2)} \\ a_{21(2)} & a_{22(2)} \end{pmatrix} \begin{pmatrix} Y_{t-2} \\ X_{t-2} \end{pmatrix}$$

$$+ \cdots + \begin{pmatrix} a_{11(p)} & a_{12(p)} \\ a_{21(p)} & a_{22(p)} \end{pmatrix} \begin{pmatrix} Y_{t-p} \\ X_{t-p} \end{pmatrix} + \begin{pmatrix} \varepsilon_{1t} \\ \varepsilon_{2t} \end{pmatrix}$$

当且仅当系数矩阵中的 $a_{12}(p)$ 全部为 0 时，变量 X 不是引起 Y 的 Granger 原因，即 X 外生于 Y，这时判断的方法是 F 检验或 χ^2 检验。

(1) 使用 F 检验。对上述二元 p 阶 VAR 模型的 X 是否为 Y 的 Granger 因果关系进行的 F 检验过程如下。

首先，确定原假设：X 不是 Y 的 Granger 因果关系。例如，H_0：$a_{12}(p)=0$，$p=1,2,\cdots,P$；H_1：至少存在一个 p 使得 $a_{12}(p)\neq 0$。

其次，检验统计量为

$$S_1 = \frac{(RSS_0 - RSS_1)/p}{RSS_1/(T-2p-1)} \sim F(p, T-2p-1)$$

其中，RSS_1 是无约束方程的残差平方和，即不包含检验系数阵的模型的残差平方和；RSS_0 是有约束方程的残差平方和，即包含 X 滞后变量的方程的残差平方和；在满足正态分布的假设下，S_1 服从 F 分布。但是其检验结果与滞后程度有关，且对处理非平稳性的方法极其敏感。

最后，做出判断，即如果 $S_1 > F_\alpha$ 则拒绝原假设，认为 X 是 Y 的 Granger 原因；否则接受原假设，认为 X 不是 Y 的 Granger 原因。

(2) 使用 χ^2 检验。这是与 F 检验接近等价的检验，原假设与 F 检验相同，检验统计量为

$$S_2 = T(RSS_0 - RSS_1)/RSS_1 \sim \chi^2(p)$$

S_2 服从自由度为 p 的 χ^2 分布，若 $S_2 < \chi^2_\alpha$ 接受原假设，认为 X 不是引起 Y 的原因；若 $S_2 > \chi^2_\alpha$ 拒绝原假设，认为 X 是 Y 的 Granger 原因。

■ 本章小结

本章主要以预测技术为模型最基本的使用，来介绍模型的使用性检验。根据模型的复杂程度，其使用的技巧也略有不同。在单一变量的预测中，主要看其趋势；而在单一方程的回归模型中，就涉及点预测和区间预测，以及均值预测与个别值预测等技术问题；在多方程的预测中介绍了向量自回归的预测技术和应用问题，并在多变量的协整分析的基础上，实现从一般到具体的建模思想推导下的误差修正模型的构建。

■ 思考与练习

1. 观察一个系统的不同侧面，形成一系列的数据系列，依据这些数据做单变量的预测、单方程的预测及多方程的预测等测试，以熟练这些预测方法及有关程序。

2. 就前面各例题中的生产函数和消费函数做单方程的预测检验，并说明哪个模型更优秀。

参 考 文 献

靳云汇, 金赛男. 2011. 高级计量经济学(上、下). 北京: 北京大学出版社.

李雪松. 2008. 高级经济计量学. 北京: 中国社会科学出版社.

李子奈, 潘文卿. 2000. 计量经济学. 3 版. 北京: 高等教育出版社.

汤银才. 2008. R 语言与统计分析. 北京: 高等教育出版社.

王斌会. 2010. 多元统计分析及 R 语言建模. 广州: 暨南大学出版社.

王涛. 2014. 统计学——基于 R 软件的实现. 2 版. 北京: 科学出版社.

王星. 2009. 非参数统计. 北京: 清华大学出版社.

张晓峒. 2007. 计量经济学基础. 3 版. 天津: 南开大学出版社.

附 录

附表 1 我国宏观经济主要指标数据表

年份	GDP	JJRK	SCZJZ	M2	ZBXC	ZRK	CPI
1990	18667.82	65323	5888.42	15293.4	6747	114333	103.1
1991	21781.5	66091	7337.1	19349.9	7868	115823	103.4
1992	26923.48	66782	9357.38	25402.2	10086.3	117171	106.4
1993	35333.92	67468	11915.73	34879.8	15717.7	118517	114.7
1994	48197.86	68135	16179.76	46923.5	20341.1	119850	124.1
1995	60793.73	68855	19978.46	60750.5	25470.1	121121	117.1
1996	71176.59	69765	23326.24	76094.9	28784.9	122389	108.3
1997	78973.03	70800	26988.15	90995.3	29968	123626	102.8
1998	84402.28	72087	30580.47	104498.5	31314.2	124761	99.2
1999	89677.05	72791	33873.44	119897.9	32951.5	125786	98.6
2000	99214.55	73992	38713.95	134610.3	34842.8	126743	100.4
2001	109655.17	73884	44361.61	158301.9	39769.4	127627	100.7
2002	120332.69	74492	49898.9	185006.97	45565	128453	99.2
2003	135822.76	74911	56004.73	221222.8	55963	129227	101.2
2004	159878.34	75290	64561.29	254107	69168.41	129988	103.9
2005	184937.37	76120	74919.28	298755.7	77856.82	130756	101.8
2006	216314.43	76315	88554.88	345603.59	92954.08	131448	101.5
2007	265810.31	76531	111351.95	403442.21	110943.25	132129	104.8
2008	314045.43	77046	131339.99	475166.6	138325.3	132802	105.9
2009	340902.81	77510	148038.04	606225.01	164463.22	133450	99.3
2010	401512.8	78388	173595.98	725851.8	193603.91	134091	103.3
2011	473104.05	78579	205205.02	851590.9	228344.28	134735	105.4
2012	519470.1	78894	231934.48	974159.46	252773.24	135404	102.6

附表 2　2011 年中国各地区的宏观经济数据表

地区	GDP	LC	SCS	GZ	YY	ZRK	GT	JCK	CZSR	CPI	ZLSQ	JYRS
北京	16251.93	7992.38	2566.16	2155.8	3537.59	2019	5578.9	38955598	3006.28	105.6	40888	685.9
天津	11307.28	4378.14	1771.81	1416.06	3741.27	1355	7067.7	10337617	1455.13	104.9	13982	268.2
河北	24515.76	12496.98	2951.14	3130.75	5936.89	7241	16389.3	5360084	1737.77	105.7	11119	555.4
山西	11237.55	4675.44	1833.04	1794.36	2934.71	3593	7073.1	1474306	1213.43	105.2	4974	409.7
内蒙古	14359.88	6240.45	2083.49	1590.76	4445.18	2482	10365.2	1193090	1356.67	105.6	2262	262.4
辽宁	22226.7	10268.9	4142.88	3041.69	4773.23	4383	17726.3	9603585	2643.15	105.2	19176	579.6
吉林	10568.83	4085.94	1637.88	1825.16	3019.85	2749	7441.7	2206093	850.1	105.2	4920	277.9
黑龙江	12582	4615.53	2117.2	1410.16	4439.11	3834	7475.4	3852268	997.55	105.8	12236	466.2
上海	19195.69	7709.62	3713.4	2298.34	5474.33	2347	4962.1	43754862	3429.83	105.2	47960	497.3
江苏	49110.27	20523.13	7272.03	6588.02	14727.09	7899	26692.6	53958089	5148.91	105.3	199814	811.3
浙江	32318.85	13185.55	5248.01	3908.75	9976.54	5463	14185.3	30937777	3150.8	105.4	130190	995.7
安徽	15300.65	7435.3	2076.1	1881.07	3908.18	5968	12455.7	3130925	1463.56	105.6	32681	411.6
福建	17560.18	8741.77	2287.51	1834.11	4696.79	3720	9910.9	14352243	1501.51	105.3	21857	596.3
江西	11702.82	5143.98	1965.45	1607.25	2986.14	4488	9087.6	3146881	1053.43	105.2	5550	344.4
山东	45361.85	17443.68	7605.5	6510.37	13802.3	9637	26749.7	23588608	3455.93	105	58844	1050.4
河南	26931.03	13439.43	3358.46	3179.39	6953.75	9388	17769	3262258	1721.76	105.6	19259	839.1
湖北	19632.26	9432.57	2676.1	2485.28	5038.31	5758	12557.3	3358693	1526.91	105.8	19035	586.1
湖南	19669.56	9802.1	3240.66	2134.42	4492.39	6596	11880.9	1894376	1517.07	105.5	16064	551.4
广东	53210.28	24287.53	8567.19	6986.46	13369.1	10505	17069.2	91346733	5514.84	105.3	128413	1238.2
广西	11720.87	6806.45	1484.65	1659.59	1770.18	4645	7990.7	2335597	947.72	105.9	4402	341.6
海南	2522.66	1273.37	438.44	377.71	433.14	877	1657.2	1275604	340.12	106.1	765	85.1
重庆	10011.37	4930.41	1486.41	1068.85	2525.7	2919	7473.4	2920764	1488.33	105.3	15525	337.2
四川	21026.68	9381.81	3241.96	2683.3	5719.61	8050	14222.2	4772417	2044.79	105.3	28446	614
贵州	5701.84	2982.45	946.78	794.52	978.09	3469	4235.9	488758	773.08	105.1	3386	241
云南	8893.12	4271.34	1822.4	1100.03	1699.35	4631	6191	1602877	1111.16	104.9	4199	350.1
西藏	605.83	384.47	48.78	89.32	83.26	303	516.3	135837	54.76	105	142	23.3
陕西	12512.3	4911.66	2272.65	1464.67	3863.32	3743	9431.1	1464727	1500.18	105.7	11662	393.7
甘肃	5020.37	2307.07	909.98	855.36	947.95	2564	3965.8	872858	450.12	105.9	2383	199.3
青海	1670.44	756.12	292.11	270.88	351.33	568	1435.6	92382	151.81	106.1	538	60.6
宁夏	2102.21	1061.65	256.71	317.36	466.49	639	1644.7	228575	219.98	106.3	613	60.9
新疆	6610.05	3345.03	1084.37	884.74	1295.91	2209	4632.1	2281967	720.43	105.9	2642	279.4

资料来源：国家统计局网站

附表 3　我国支出法核算的 GDP 数据表

年份	GDP	JMXF	ZFXF	ZTZ	JCK
1978	3605.6	1759.10	480.00	1377.90	−11.40
1979	4092.6	2011.50	622.20	1478.90	−20.00
1980	4592.9	2331.20	676.70	1599.70	−14.70
1981	5008.8	2627.90	733.60	1630.20	17.10
1982	5590.0	2902.90	811.90	1784.20	91.00
1983	6216.2	3231.10	895.30	2039.00	50.80
1984	7362.7	3742.00	1104.30	2515.10	1.30
1985	9076.7	4687.40	1298.90	3457.50	−367.10
1986	10508.5	5302.10	1519.70	3941.90	−255.20
1987	12277.4	6126.10	1678.50	4462.00	10.80
1988	15388.6	7868.10	1971.40	5700.20	−151.10
1989	17311.3	8812.60	2351.60	6332.70	−185.60
1990	19347.8	9450.90	2639.60	6747.00	510.30
1991	22577.4	10730.60	3361.30	7868.00	617.50
1992	27565.2	13000.10	4203.20	10086.30	275.60
1993	36938.1	16412.10	5487.80	15717.70	−679.50
1994	50217.4	21844.20	7398.00	20341.10	634.10
1995	63216.9	28369.70	8378.50	25470.10	998.60
1996	74163.6	33955.90	9963.60	28784.90	1459.20
1997	81658.5	36921.50	11219.10	29968.00	3549.90
1998	86531.6	39229.30	12358.90	31314.20	3629.20
1999	91125.0	41920.40	13716.50	32951.50	2536.60
2000	98749.0	45854.60	15661.40	34842.80	2390.20
2001	109028.0	49435.86	17498.03	39769.40	2324.70
2002	120475.6	53056.57	18759.95	45565.00	3094.10
2003	136613.4	57649.81	20035.70	55963.00	2964.91
2004	160956.6	65218.48	22334.12	69168.41	4235.60
2005	187423.4	72958.71	26398.83	77856.82	10209.05
2006	222712.5	82575.45	30528.40	92954.08	16654.60
2007	266599.2	96332.50	35900.37	110943.25	23423.06
2008	315974.6	111670.40	41752.09	138325.30	24226.77
2009	348775.1	123584.62	45690.18	164463.22	15037.04
2010	402816.5	140758.65	53356.31	193603.91	15097.60
2011	472619.2	168956.63	63154.92	228344.28	12163.34
2012	529399.2	190584.58	71409.05	252773.24	14632.38
2013	586673.0	212187.51	79978.13	280356.11	14151.28